PETITE HISTOIRE DES NOMS DE LIEUX, VILLES ET VILLAGES DE FRANCE

DU MÊME AUTEUR

AUX ÉDITIONS ALBIN MICHEL

Lettre ouverte aux bradeurs de l'Histoire, 1981.
Le Magasin de chapeaux, 1992.

AUX ÉDITIONS FAYARD

Histoire de France, 1976.
Les Guerres de Religion, 1980.
La Grande Guerre, 1983.
Poincaré, 1984.
La Seconde Guerre mondiale, 1986.
La Troisième République, 1989.
L'Histoire du monde contemporain, 1991.

CHEZ D'AUTRES ÉDITEURS

La Paix de Versailles et l'opinion française, Flammarion, 1972.
Problèmes et forces politiques de la France contemporaine, Nathan, 1973.
Nos ancêtres les Français, Orban, 1982.
Histoire de la radio et de la télévision, Perrin, 1984.
Histoire de la France : de Vercingétorix à Charles de Gaulle, Marabout, 1987.

PIERRE MIQUEL

Petite histoire
DES NOMS DE LIEUX, VILLES ET VILLAGES DE FRANCE

Albin Michel

22, rue Huyghens, 75014 Paris.

ISBN 2-226-06461-3

Lieux de naissance
et naissance des lieux

PENDANT LONGTEMPS, les préposés au guichet de la Poste faisaient épeler aux clients venus toucher leur mandat leur lieu d'origine. Où êtes-vous né ? C'est la question de l'état civil, du premier jour de rentrée scolaire, de l'arrivée au régiment. C'est le premier facteur d'identification de l'ancienne France. On n'annonce pas le lieu-dit, le hameau, le carrefour des Trois-Chênes, mais la commune où sont archivés les papiers ; jadis, la paroisse. Ici commence la vie sociale.

Aujourd'hui les guichetiers de la Sécurité sociale parlent chiffres et code postal. On naît de plus en plus à Évry ou à Parly-II. À Vélizy-Villacoublay ou à Marne-la-Vallée, villes aux noms d'emprunt. On naît de moins en moins à Vilbret ou à Durdat-Larequille, à Monteils ou à Montpezat. Les cliniques, les hôpitaux sont en ville et l'on n'accouche plus chez soi. Les matrones n'existent plus : les obstétriciens sont docteurs spécialistes et leurs internes, stagiaires ou sages-femmes opèrent, masqués et gantés de blanc, praticiens sans nom qui donnent la vie, non plus sur le grand lit d'une chambre matrimoniale, mais dans une salle de travail.

Pourtant les lieux de naissance subsistent dans les généalogies. Ceux qui sont à la recherche de leur propre passé doivent parcourir un département, faire ouvrir les églises fermées, demander les registres d'état civil au maire. Ils découvrent alors, aux archives des préfectures, les liasses épaisses, témoins de l'histoire des générations.

À la recherche de lieux de naissance, on tombe de

proche en proche sur la naissance du lieu, on en découvre l'identité en même temps que la raison d'être. Car un nom n'est jamais le fait du hasard.

Les généalogistes amateurs s'épuisent parfois à retrouver les origines : elles se perdent dans la nuit des temps.

Seuls les Saint-Phalle, Bouillon ou Courteheuse, qui avaient leur bannière à Jérusalem au temps des croisades, ont un nom, celui de leurs domaines. Les autres ont des prénoms devenus des noms, ou des noms d'esclaves, ou des noms de manses, ces lieux habités par les vilains. Si modestes soient-ils, ces prénoms nominés sont suivis généralement d'un surnom destiné à faciliter l'identification : la Marie des Charmes ou le Robert des Tilloux gardent une trace dans les archives depuis le XVIIe siècle dans le meilleur des cas. Les guerres de Religion au XVIe siècle les ont très souvent incendiées. Quand Monsieur Malo, riche armateur de Dunkerque, crée au XIXe siècle Malo-les-Bains, on peut immédiatement le distinguer du bon saint évangélisateur de la Bretagne. Mais pour retrouver l'origine des noms très anciens, qui sont l'immense majorité, on ne peut toujours compter sur les archives. Force est de s'en remettre à l'étude des noms, la *toponymie*, devenue science et réflexion sur les noms de lieu comme matériau de l'histoire. On retrouve, grâce à eux, le passage des peuples envahisseurs. Gaulois perchés sur les *oppida*, Romains constructeurs de routes, Barbares installés par les maîtres gallo-romains comme ces Alains de la Beauce qui ont donné Allainville, envahisseurs germaniques, colons venus d'ailleurs, des postes francs en pays de langue d'oc, des saints que l'on se jette au visage quand on se fait la guerre... Toute l'histoire émerge alors des noms de villages et de bourgs, fraîche et neuve des couleurs de cette science nouvelle : la toponymie. On se rend compte que les Saint-Denis sont la frontière des rois de l'Île-de-France, avant que Saint-Denis ne soit aux Anglais, du temps de Charles VII. Il faut alors trouver un saint de rechange, plus français, plus capétien, pour les lieux où l'on plante des forts. On a recours à saint Michel, qui terrasse les dragons et se joue, dans sa presqu'île inspirée au coin de la Bretagne et de la Normandie, des incursions anglaises. Les villages parlent depuis le lointain Moyen Âge : ils racontent les angoisses, les luttes, les désastres, les espoirs, les repeuplements. Rien n'est plus bavard qu'un nom de lieu.

Certains sont maudits : la ligne des villages abandonnés de Meuse, en 1918, celle de l'Argonne et du secteur de Verdun, l'effroyable quadrilatère connu sous le nom badin de « Chemin des Dames » que Mesdames, filles de Louis XV, empruntaient pour se rendre au château voisin de la Bove, qui plonge du plateau découpé jusqu'à l'Aisne. L'histoire est à l'origine de l'abandon, de la malédiction. On ne revient pas sur les lieux de mort. Pas davantage, au Moyen Âge, sur les lieux de peste : des villages entiers ont été désertés par leurs habitants pendant les années de peste noire au XIVe siècle. Reconstruits ? Évités, contournés d'abord, comme si les miasmes maléfiques guettaient les survivants. Pourtant les terres sont là, fumantes de promesses. Il faut revenir. Parfois on change le nom, on l'enguirlande de saints comme pour le protéger du retour des grands malheurs. Les saints font encore belle besogne pour repérer les lieux où sourdent les eaux pures, où les fontaines bienfaisantes surgissent, où l'on soigne les maux des vierges et des femmes stériles, des vieux et des infirmes. Martin le Tourangeau est ainsi présent jusqu'en Bourgogne. Devant lui, dit la légende, refleurirent en novembre les aubépines, quand il revint d'Angers dans sa bonne ville de Tours. Tant il est vrai qu'on ne peut comprendre les noms des villages sans faire appel à la tradition orale, à l'histoire des pauvres gens qui ne savent ni lire ni écrire, seulement prier. Et le nom de leur village est, la plupart du temps, une prière.

La nuit des temps

L'origine des noms de villages se perd dans la nuit des temps, au point qu'elle demeure souvent inexplicable. Beaucoup de nos paroisses portent des noms antérieurs à la conquête romaine de la Gaule, du temps des Celtes, cinq cents ans au moins avant notre ère. Les druides, hostiles à l'écriture, voulaient transmettre un savoir uniquement oral. C'est pourquoi l'on ne dispose que d'un tout petit nombre de mots d'origine celtique — cent cinquante tout au plus — dont beaucoup sont gravés sur des pierres, comme l'inscription découverte à la fin du siècle dernier à Coligny dans l'Ain, qui décrit un calendrier gaulois. Par ignorance du celtique, langue parlée par les Gaulois, on a du mal à trouver la signification des noms de lieu, plus encore des noms de peuple. Bourges, pour les Romains, s'appelait Avaricum. Elle était la capitale des Bituriges. Après la chute de Rome, on a oublié Avaricum pour prendre le nom du peuple des Bituriges qui, par abréviation, a donné Be(t)ourges puis Bourges. Mais pourquoi ce nom de Bituriges ? La science est muette sur ce point. On risque cependant une explication : *rix*, c'est le roi (*riges* au pluriel), et *Bitu*, pour un Gaulois, c'est le monde. Les Bituriges seraient donc les rois du monde, appellation fort ambitieuse pour des cultivateurs aux granges bien garnies.

Le déplacement du nom du peuple à celui de la cité ou du village est un phénomène constant, qui laisse les chercheurs perplexes : on abandonne Lutèce, capitale d'une île de la Seine, pour Paris, où s'installa la tribu des Parisii. Mais pourquoi ce nom donné à ce peuple ? Son territoire est bien borné par les forêts épaisses qui l'entourent, dont certaines subsistent encore aujourd'hui : forêts de Sénart, de Saint-Germain, de Verrières ou d'Armainvilliers. L'étymologie des Parisii est incertaine. On hasarde que le nom viendrait du mot celtique *par* qui désigne un navire et de *gwys* ou *ys* qui veut dire l'homme. Le *parys* serait donc un matelot. Il est vrai que les Parisii habitaient une île et qu'ils faisaient commerce grâce à leurs bateaux. Ils étaient établis sur les deux rives de la Seine entre les Carnutes, les Bellovaces et les Senones. On est plus sûr de l'origine de Lutèce : c'est l'altération de Lucotetia qui vient du celtique *louk, teih*, le lieu des marais. Les matelots parisiens naviguaient donc dans les eaux glauques de palus infestés de moustiques, à la recherche d'un poisson fugace. On comprend que leur île n'ait guère tenté leurs belliqueux voisins bellovaces, pas plus que les riches Carnutes. On comprend aussi que la ville, ayant drainé ses marécages, n'ait pas tenu à les conserver dans son nom et qu'elle ait choisi celui de son peuple, plus avenant, un peuple de marins manœuvrant des bateaux qui ne coulent pas.

Certains noms, directement traduits du gaulois, sont transparents : ainsi Riom, riante sous-préfecture auvergnate, vient incontestablement de *Rigo* et de *Magus*. C'est le marché du roi. Quel roi ? Celui des Arvernes, sans doute, dont la capitale aujourd'hui disparue se nommait Gergovie. Si l'on sait que Vercingétorix voulait dire « le grand chef des guerriers » le nom de Gergovie, dont l'étymologie nous échappe, désignait sans doute la haute citadelle des Arvernes, à une lieue de Clermont-Ferrand. César nomme la tribu des Boïens, au sud de Clamecy dans la Nièvre dans ses *Commentaires* : Arx-in-Boiis. Il s'agit aussi d'une citadelle, qui a donné son nom au hameau d'Arzembouy.

Gergovie est un contre-exemple : c'est une citadelle qui ne tient son nom d'aucun peuple. Le cas le plus fréquent, avant l'arrivée des Romains, était que les cités prennent le nom des tribus : ainsi Cocosa, ville disparue du sud-ouest, était la capitale du petit peuple des Cocosates, qui vivait dans les Landes alors fort inhospitalières. On situe généralement Cocosa entre Lesperon et Sindères. Si l'on a perdu de vue Cocosa et ses heureux habitants, qui jouxtaient le golfe de Gascogne, Saubusse est toujours sur la carte, entre Bayonne et Dax. Elle tire son nom de la tribu des Sibusates comme Tartas vient des Tarusates. Dans le Lot-et-Garonne, connaissez-vous Sos ? C'était, jadis, la capitale du peuple des Sotiates dont il a gardé le nom.

Mais pourquoi Lyon vient-il de Lugdunum ? Les spécialistes se livrent à ce sujet une bataille sans fin. Certains citent le Grec Clitophon qui reprend lui-même un texte de Plutarque et attribue à la naissance de Loudounon une origine magique. Deux nobles Gaulois, Momoros et Atepomaros, avaient perdu le gouvernement de la cité, confisqué par Seseroneos qui leur avait ravi le trône royal. Ayant consulté les oracles, ils décidèrent de construire une ville sur une colline dominant le Rhône. À peine avaient-ils commencé les travaux que des corbeaux survinrent, nuage noir et menaçant qui s'abattit sur les fondations. Momoros choisit ainsi pour sa cité le nom de la colline *(dounon)* des corbeaux *(lougon)*. D'autres spécialistes, se défiant de la légende, pensent que Lyon signifie seulement la tour de la colline. Pour l'historien Ferdinand Lot, si *dunum* est bien la colline, *Lug* est le dieu du soleil et de la vie, dont on retrouve le nom dans les villes de Laon et de Loudun, un dieu qui sait tout faire, béni des artistes et des artisans. On a laissé choir la légende des corbeaux, pourtant liée aux dieux et de sens symbolique fort dans l'Antiquité : ils obscurcissent le ciel à la mort de Cicéron, dans sa maison du bord de la mer.

Le légendaire est présent à propos de la fondation des villes antiques, en Gaule comme ailleurs. Marseille est fondée en 600 avant le Christ par les Grecs venus de Phocée, une ville coloniale au débouché de la vallée du Rhône et de la Saône, par où viendront plus tard les convois d'étain de Grande-Bretagne. Pourquoi Massalia ? Le grand Larousse du XIXe siècle y voyait la maison *(mas)* des Saliens, tribu celto-ligure installée sur place, en conflit avec d'autres tribus. Un mariage mythique permet la fondation : le Grec Protos, chef de l'expédition phocéenne demande à voir le roi de la tribu celtique, Nans. Sa fille doit choisir un époux parmi des prétendants réunis sur la grève, aux marches du palais. Pour désigner l'homme de son choix, elle doit lui tendre une coupe d'eau fraîche, tirée d'une source. Gyptis, la jeune fille, choisit Protos, au grand étonnement des Gaulois. Le roi cède aux jeunes époux une colline dominant le port, où ils fondent une cité. Les Saliens ne sont pas loin, plutôt ennemis qu'amis. Les tribus celto-ligures se font constamment la guerre, mais Massalia survit. La racine *mas*, selon Dauzat, désigne la source de l'eau pure, et non la maison.

Antibes désigne aussi un lieu : la ville située en face. De quoi ? D'une autre ville, dont le nom signifie victoire, *Nikê*, Nice. Athéna Nikê est adorée à Athènes et, probablement sa filleule, à Nice. Quant à Monaco, le site évoque une étape d'Hercule sur le chemin d'Espagne où il va affronter Géryon. Il est aussi possible que, plus simplement, les Marseillais aient construit sur ce rocher un poste militaire *(arx)* pour se protéger contre les tribus ligures de la montagne, toujours hostiles aux Grecs. Un temple unique était construit sur le rocher, peut-être en l'honneur d'Hercule : *monos oïkos*, Monaco.

Les premières villes parlent des lieux mais aussi des ports, des ponts, des rochers, parfois des arbres. Elles nomment les frênes ou les hêtres, les pommiers ou les baies sauvages, elles chantent les eaux de source ou les torrents, les puits et les trous sans fond. Elles renseignent sur la nature des premiers temps, les roseaux et les marécages, les brumes et les monts clairs, qui deviennent des Clermont, qu'ils soient sur Oise ou en Puy-de-Dôme. Les premières appellations sont anonymes. Il est plaisant de lire dans Marseille le nom d'un lieu où les jeunes filles puisent dans leurs mains de l'eau de source fraîche. Plus tard, beaucoup plus tard, apparaissent les noms de personnes.

Au temps de nos ancêtres gaulois

Si l'inventaire des noms de lieux est un enchantement, il donne une image poétique de la Gaule au temps où les tribus des Belges (les plus féroces et les plus braves, selon César) sortaient à peine de l'immense forêt Charbonnière. C'était aussi le temps où l'on rendait un culte à la Seine ou aux sources de la Loire, mais où, depuis longtemps déjà étaient cultivées les riches plaines à blé de Beauce et de Brie, où les troupeaux paissaient dans les herbages normands, où les moutons tondaient l'herbe du Berry. On ne tarda pas, pour impressionner l'adversaire et marquer plus nettement les contours de la cité, à débaptiser les lieux pour leur donner les noms des peuples : on interdisait ainsi un territoire et il devenait prudent de le contourner, car les rudes Carnutes ou les agressifs Arvernes n'entendaient pas accueillir les migrants. Les noms de peuples marquent, dès lors, un espace, ils ne sont plus un simple repère géographique dans une Gaule aux clairières rares : dans les plaines riches, les peuples se partagent la manne du ciel et les richesses du sol.

Voyageurs, soyez attentifs, Limoges est la cité des Lemovices, de même que Saintes est aux Santones et Sens aux Senones. Les Veliocasses ont laissé leur nom au Vexin et les Calètes au pays de Caux. Caracotinum était leur port. Ils en changèrent, longtemps plus tard, pour celui que leur imposèrent les Vikings danois : Honfleur. Quand César arrive en Gaule, en 50 avant Jésus-Christ, les tribus gauloises sont fixées sur le sol. Il en fait dresser un inventaire approximatif. La plupart du temps, leur nom correspond à celui de la cité ou de la forteresse qui leur sert de capitale et qui abrite la maison du chef, baptisé roi par les gens de la tribu. Les tribus les plus puissantes (Arvernes, Éduens) règnent sur des régions entières, vivent du commerce ou des impôts prélevés par force. D'autres campent sur des plaines céréalières ou pratiquent l'élevage. Des peuples minuscules habitent une vallée montagneuse, une petite plaine alluviale dans le sud, le long du Lot, ou du Tarn, qui affirment avec force leur identité pour ne pas être noyés par le mouvement tutélaire de plus ambitieux cherchant à imposer leur protection. Ni les Éduens, ni les Arvernes ne donnent leur nom à des capitales. Ils n'en ont pas besoin.

Il reste cependant des noms de lieux qui chantent. Les conflits de tribus concernent les itinéraires de fleuves, de flancs de plateaux, de cols dans les montagnes, les régions de mines de fer ou d'étain, de cuivre ou de plomb, les zones d'agriculture riche, encore rares. Ailleurs, les querelles de frontière n'existent pas : en forêt, en montagne, les habitants ont des rapports rares et généralement cordiaux : on échange des produits de la terre ou des nouvelles, on se ligue pour faire face à un ennemi commun mais on reste souvent en dehors des grandes invasions. On peut donc continuer de donner aux villages des noms de nature. Ainsi Annay ou Aulnay, le pays des aulnes, des arbres aux branches d'or, des filles aux yeux verts.

Il arrive que l'on indique non plus la nature mais la fonction du lieu : un pont sur le grand fleuve, par où passent les charrois sans crainte d'être emportés, un port où les marchands jouissent de la sécurité d'une cité. Ainsi Rouen est la capitale des Veliocasses, qui ont choisi *Rotomagus* : le marché, le champ de foire, et Brive a tenu à afficher son pont (du celtique *briva* : pont).

Dans ce cas, le nom de lieu est un signalement. Il désigne en quelque sorte la spécificité de la ville. Très souvent l'aspect défensif est privilégié : allez vivre au « nouveau fort » de Noviodunum ; vous serez en sécurité à Nevers. Ainsi Laon est une forteresse *(dunum)* protégée par le dieu Lug. Vous n'avez rien à redouter à Alise-Sainte-Reine ou à Alaise dans le Doubs, Allex dans la Drôme ou Allez-et-

Cazeneuve dans le Lot-et-Garonne : vous y êtes protégés par des falaises. Que rêver de mieux contre les assauts des Romains ou de leurs méchants prédécesseurs, les Germains d'Arioviste, fort mal vus dans l'est ?

Les collines, les montagnes, les promontoires inspirent confiance, autant que les grottes, les rochers et même les marécages qui empêchent l'accès par mer des villages côtiers. Il n'est pas mauvais d'afficher le nom de Palavas-les-Flots quand on redoute les enlèvements des corsaires. Il faut qu'ils sachent que le pays est inhospitalier, que les chevaux n'y peuvent progresser, que les moustiques y déciment tous ceux qui ne sont pas habitués. On ne craint pas de prévenir de la nocivité des lieux. Cela permet aux villageois d'y travailler en paix, aux étrangers de s'en écarter. Les *palavas* sont des *palus*, qui évoquent l'immensité des joncs, des sables mouvants, des fonds vaseux infestés de parasites. Seuls les pêcheurs peuvent y trouver un gîte. Qu'on laisse leurs familles en paix.

En Corse, les noms des grandes villes décrivent la nature des lieux : Ajaccio est une halte, un bon endroit *(adjacium)* pour se reposer sur la route, Bastia une forteresse où l'on peut trouver abri, Calvi un rocher chauve, dénudé, sur lequel est construite la ville haute. On ne sait d'où Aléria tire son nom, mais ses syllabes sont pré-latines, remontent à la plus haute Antiquité et désignent sans doute le lieu. La Corse n'appartient pas encore à des clans, ses garrigues sont libres, ses maquis sans barbelés, ses forêts enchanteresses. Les villes, en ce paradis, sont des étapes ou des lieux de refuge. Elles n'affichent pas le nom de princes, de rois ou de guerriers, elles sont la propriété d'un peuple qui ne croit pas nécessaire de décliner son identité dans des sites de pierre.

La façade méditerranéenne de la Gaule est-elle à l'abri des invasions ? Depuis le temps des dolmens et des tumulus, et sans doute bien avant dans la préhistoire, ses terroirs subissent à partir du premier millénaire les raids pacifiques ou guerriers des peuples appelés Celtes. C'est alors que les noms de villes commencent à désigner un chef, et non seulement un peuple.

Les Romains sont dans la plaine

Les exemples ne manquent pas d'individualisation des noms de lieux avant la conquête romaine. Mais on ne peut être sûr que ces noms gaulois n'ont pas été latinisés lors de l'installation des Romains. Ainsi le village de Bardenac évoque le Gaulois *Bardos*, dont le nom a été latinisé en *Bardanus*. Il est probable que ce grand propriétaire des Charentes trouvait expédient de parler latin et de nouer des liens étroits avec les fonctionnaires de Rome. Les exemples sont nombreux, comme cet *Ambarrius*, Gaulois latinisé, qui a donné son nom à Ambérac. On peut supposer que la personnalisation des villes est un usage romain, quasiment colonial.

Les colonies proprement dites n'étaient pourtant pas nombreuses en Gaule. Jules César n'avait guère installé de vétérans de ses légions qu'en cinq lieux : Narbonne, Arles, Béziers, Orange et Fréjus. Il est vrai que l'empereur Auguste devait ajouter une quinzaine de colonies dites latines comme celles de Carcassonne, Apt, Carpentras, Riez, Aix-en-Provence, Nîmes, Lodève, Valence, Avignon, Cavaillon, Digne, Toulouse, et Vienne. Plus tard, Munatius Plancus fonda Lyon. Plus tard encore furent fondées Feurs, Besançon, Langres et Eauze. Pour gouverner les deux principaux peuples de la Gaule chevelue, les Romains choisirent d'abandonner les anciennes capitales gauloises et d'en construire de nouvelles qui portaient à l'origine le nom d'Auguste : Clermont, baptisée Augostonemetum et Autun Augustodunum. Les noms de César et d'Auguste apparurent en tête des nouveaux noms des cités gauloises. Ainsi Troyes fut appelée Augustobona et Angers Julio magus. L'intitulé augustéen fleurit alors dans toutes les Gaules ; on le retrouve — signe de soumission ou d'intégration — dans la plupart des circonscriptions. Les notables gaulois ne craignaient pas d'user du nom de César, plus tard d'Auguste, pour s'attirer les bienfaits de l'administration.

Le sol garde la mémoire des maîtres romains du IIIe siècle après Jésus-Christ, qui entouraient les villages d'enceintes pour faire face aux premières invasions barbares venues de l'est. Il est dès lors naturel que le village où habitent les paysans (*vilani*, les vilains) portent le nom du maître. Ainsi les noms à consonance latine baptisent désormais les lieux, évoquant toujours la propriété éminente des sols et des hommes qui les cultivent par les hommes puissants (*potentes*) qui constituent l'aristocratie gallo-romaine. La Gaule occupée, romanisée, devient déjà seigneuriale.

Selon les régions, les Jules, les Albin, les Florent, les Maulin ou les Sabin ont des terminaisons variées : *at* en Auvergne : Aubiat, la ville d'Aubin ; *y* dans l'est, Aubey, *é* dans l'ouest, Aubé, et *ac* dans le sud-ouest : Aubiac. Toutes ces terminaisons sont romaines et attestent la permanence de la civilisation impériale pendant le Bas-Empire, jusqu'au Ve siècle. En Provence, le suffixe est en *eu*, *eux*, *ieux*, ou *osc* : Aubignosc. Les « hommes romains », comme dit Dauzat, sont présents sur tous les terroirs, attestant la prospérité des campagnes d'où provient presque toute la richesse : les artisans désertent les villes peu sûres pour s'installer dans les fermes ou dans les villages. Le plus illustre de ces grands propriétaires du centre de la Gaule romaine, Sidoine Apollinaire est le maître d'Aydat dans le Puy-de-Dôme, qui s'appelait alors Avitacus, du nom de l'empereur gaulois Avitus, qui avait régné un temps à Rome.

Les noms de village renvoyant à ces propriétaires gallo-romains sont, de nos jours encore, innombrables. Mais au IIIe siècle, les campagnes manquent de bras : les esclaves ont été pratiquement tous affranchis, les colons essaient de fuir le terroir pour chercher fortune ailleurs. Les terres se désertifient. Les propriétaires importent alors de la main-d'œuvre des pays barbares qui ont été introduits dans la ligne fortifiée continue entourant les terres d'Empire : le *limes*. Ces nouveaux colons donnent à leur tour leur nom aux territoires où ils sont installés : on connaît ainsi de nombreux villages qui rappellent l'installation des Sarmates, émigrants venus par étapes successives des lointains plateaux de l'Iran. On retrouve les Sarmates dans le Maine-et-Loire, le Loiret, la Seine-et-Oise, l'Oise, la Marne, la Saône-et-Loire, l'Aisne et la Nièvre. Marmagne dans le Cher a été peuplé par des tribus venues de Germanie. Les Marcomans, peuple guerrier, remuant, ont eu besoin d'un établissement sûr et durable, parce qu'ils étaient eux-mêmes pressés sur le Rhin par de nouveaux envahisseurs qui menaçaient leurs biens et leurs vies. Les habitants de Francourville en Eure-et-Loir doivent se faire une raison : leurs ascendants venaient des bords du Rhin. Les Burgondes ont fondé de nombreux villages en Bourgogne. Quant aux gens d'Allainville en Eure-et-Loir, ils ont jadis planté leurs tentes, avec joie, dans les riches terroirs de Beauce, à la demande des maîtres qui manquaient de main-d'œuvre et s'étaient empressés d'attirer, venant des Balkans, le peuple des Alains.

Ces émigrés étaient des volontaires que l'on recevait avec empressement : on avait besoin de leurs bras. On trouvait expédient de les loger ensemble, dans des villages distincts, pour qu'ils continuent à vivre selon leurs mœurs et qu'ils ne troublent pas la vie locale. Ils n'étaient pas des envahisseurs mais des invités des patrons des fermes gallo-romaines. Ils ne pouvaient cependant manquer d'imprimer leur nom sur la carte des terroirs, et d'ajouter aux villages de France les consonances orientales qui attestaient leurs origines. Très différents étaient les Barbares qui, à partir du IVe et surtout du Ve siècle, franchirent le Rhin pour s'installer par tribus entières dans la Gaule romaine, formant de nouveaux États qui devaient rompre avec Rome, morceler l'Empire, mettre fin à l'unité et à l'équilibre de la Gaule romaine.

Les femmes des Barbares prêtent aussi leur nom

La plupart des très grandes villes françaises ne doivent rien aux Barbares. Si leur nom a changé au IVe siècle, c'est par désir de simplification. Il ne restait rien de la tribu des Rémois quand Reims fut occupée par les Francs. Elle avait pris le nom des Remi, abandonnant le celtique *Durocortorum* qui signifiait forteresse. L'évêque Remi, qui avait baptisé Clovis, avait pour prénom le nom d'un peuple en voie de disparition. Elle devint naturellement Reims, sans rien emprunter aux Francs, les nouveaux maîtres de la province, pas plus que Soissons ou Senlis, qui s'appelait à l'origine Ratomagos, ce qui signifie en gaulois moyen le marché de la forteresse ou le marché fortifié. Sous l'occupation romaine, elle s'appelait Augustomagus mais elle reprend au IVe siècle le nom du peuple des Silvanectes, Senlis étant un dérivé. Les Francs n'avaient pas imposé, comme à Vouziers, le nom d'un chef dominant la ville : le guerrier Wuls-hari.

Les changements d'appellation pour les lieux provenaient de l'installation directe d'un chef barbare à la tête d'un terroir, d'une grande villa, d'un domaine dont il détenait un tiers ou la moitié des terres, à charge pour lui de le défendre contre les autres Barbares qui pouvaient se présenter. Cette installation faisait l'objet de véritables contrats, négociés entre Barbares et Gallo-Romains, et consignés dans des textes qui faisaient foi. Les chefs barbares avaient ainsi vocation à devenir les nouveaux *comites* et les nouveaux *duces* (comtes et ducs) du pouvoir romain expirant.

Ils s'installaient dans des demeures fortifiées, entretenaient leurs guerriers pour lancer des expéditions et défendre les biens. La situation, en ces temps troublés, était fort mouvante : les vagues d'invasions se succédaient, les Francs jusqu'à la Loire, les Wisigoths dans le sud-ouest, les Ostrogoths dans le sud-est, les Burgondes et les Alamans dans l'est, sans compter les passages de Vandales et de Huns, qui ne s'étaient pas fixés sur le territoire, mais qui provoquaient des guerres, des ruines, des regroupements de royaumes et de chefferies. À l'unité romaine succédait un pouvoir éclaté, dont les évêques, restés en place en cette période d'intense évangélisation, tentaient de reprendre les rênes en convertissant les Barbares. Ainsi la vraie sécurité résidait-elle dans le pouvoir de protection du chef local, dont on souhaitait l'installation définitive. Sidoine Apollinaire, devenu évêque de Clermont, faisait des grâces aux Wisigoths pour qu'ils consentent à défendre l'Auvergne. L'écroulement de la puissance protectrice de Rome, après cinq siècles d'occupation, rendait nécessaire l'appel aux chefs barbares. Le changement des noms de lieux fut massif à l'échelle des petites localités. Les chefs barbares prenaient le pouvoir à la base, au niveau des fermes et des villages. Ils devenaient les habitants privilégiés puisque leur nom servait à désigner l'habitation collective. On est frappé, en analysant les noms de ces villages aux noms germaniques, de la présence des femmes à côté des hommes, ce qui signifie à l'évidence que la propriété des terres chez les Barbares se transmettait aussi aux épouses et aux filles. Cette Baba qui a donné son nom au village de Baverans dans le Jura était une propriétaire alors que Bet-win, qui s'est installé dans le charmant village de Bédoin, au pied du mont Ventoux, restait un guerrier.

Le Franc ou le Burgonde ainsi installé était-il déjà un seigneur ? Pas toujours. Très souvent les noms d'« hommes germaniques » — latinisés ou romanisés par les suffixes *ange* en Lorraine, *ans* en Franche-Comté ou *ins* en Savoie — désignent, écrit Ferdinand Lot, « des fractions de domaines, des hameaux, des écarts, des lieux-dits. C'est comme si le personnage supposé burgonde qui a laissé son nom était non un grand personnage barbare mais un petit tenancier, cantonné dans un coin de village, de domaine, qui conservait, lui, son nom celtique ou romain pour l'ensemble ». Le propriétaire du grand domaine, personnage gallo-romain souvent devenu évêque, croyait bon d'installer sur ses terres des mercenaires barbares chargés de la sécurité, de la protection.

Il reste que les noms de lieux terminés par les suffixes en *ville* ou en *court* sont très nombreux au nord de la Loire. On en relève des milliers dans le *Dictionnaire national des communes de France*. La romanisation du nom germanique indique clairement que la population a assimilé le nom des nouveaux venus, qu'elle a tout fait pour les retenir. Elle n'avait pas toujours le choix : ces noms de villages sont nombreux autour des résidences royales mérovingiennes telles que Paris, Metz ou Soissons, comme si les largesses des souverains avaient facilité la formation de nouveaux villages de colonisation ou de défrichement. Il semble à l'inverse que les Gallo-Romains, pour se mettre au goût du jour, aient tenu à germaniser les noms de leurs enfants. On remarque enfin que les noms de personnes indiquent souvent, chez les plus authentiquement chrétiens, des origines germaniques antérieures aux invasions et attestent du puissant mouvement des populations sur le territoire de l'ancienne Gaule romaine. Par exemple sainte Geneviève, née sous l'Empire romain, avait des parents aux noms romains, Gerontius et Severa. Mais ils lui avaient donné le prénom germanique de Genovefa, comme pour se rappeler leur origine.

Les installations se sont poursuivies au Vᵉ siècle ; ces étrangers n'étaient pas des conquérants mais des cultivateurs, des bûcherons, des éleveurs. Les soldats maures du IVᵉ siècle engagés pour la défense du territoire ont donné Mortagne dans l'ouest et le nord. On compte beaucoup de lieux, dans le centre et surtout dans le Berry portant la trace de l'arrivée de ces Bretons des Îles britanniques engagés au Vᵉ siècle pour défendre les pays contre les Wisigoths.

Les noms saxons nombreux dans le Bessin et dans les îles anglo-normandes sont peut-être des prisonniers de guerre installés de force. On retrouve aussi la trace d'envahisseurs angles et saxons dans l'estuaire de la Loire à l'époque des invasions, puisque l'évêque Félix, au VIᵉ siècle, entreprend de les convertir. C'est donc qu'ils sont depuis longtemps installés.

Les invasions durent en fait jusqu'en l'an mille. On compte des « hommes du nord » (*Nordmann*) surgissant par milliers des côtes de l'ouest. Les infiltrations de Maures, de peuples venus d'Allemagne ou des Balkans ne cessent pas. Il n'est malheureusement pas possible de dater, en l'absence de toute archive, les changements de noms ou les créations de lieux. Il est clair cependant que les migrations et les installations de villages s'imposent à un rythme régulier et soutenu.

Les saints des paroisses

L'expansion du christianisme, par conversion des *pagani* (les habitants du *pagus*, ce village gallo-romain) qui adoraient les sources, les rivières, les bois, les montagnes, les dieux des eaux et du vent, a des conséquences sur les noms. Certains personnages de l'histoire de la religion ont joui en Gaule d'un prestige tel qu'ils ont donné leurs noms dans plusieurs régions à des milliers de lieux. Les évêques gaulois ont joué dans ce mouvement d'évangélisation un rôle moteur dans la mesure où ils disposaient, après l'effondrement de l'ancien Empire, des pouvoirs administratifs. Ils étaient en général des notables désignés par leurs pairs, approuvés par le peuple. Ils devaient être riches et puissants pour subvenir aux besoins de la collectivité, notamment en matière de défense. Les hommes de foi renonçaient à leurs biens, et même à leurs femmes, pour exercer leur fonction d'évêque. Grégoire de Tours, le gai chroniqueur, raconte ainsi la conversion de nombreux personnages illustres, comme Sidoine Apollinaire qui donne aux pauvres son argenterie et se sépare de son épouse et de sa famille. Très souvent celles-ci en conçoivent assez d'amertume pour les traiter publiquement de « pendards » et les accuser de ruiner leur descendance.

Ils ont reçu mission de convertir les *pagani*, de fonder hospices et hôpitaux pour recueillir les malades et les faibles, voire les prisonniers ou les esclaves étrangers, vendus par les Angles et les Saxons sur les côtes gauloises. Ils exercent les pouvoirs de justice et d'éducation, lancent les travaux publics indispensables et regroupent les fidèles dans les basiliques des villes libres ou fortifiées. Très nombreux sont alors les lieux qui attestent la construction d'une basilique : La Baroche, Bazoche, La Bazoque ou La Bazeuge fleurissent dans l'ouest, comme Bazeilles dans les Ardennes. La basilique n'est bien souvent, dans ces villages perdus, qu'une simple église. Mais elle est dotée d'un presbytère où se tiennent prêtres, diacres et sous-diacres chargés de l'installation à demeure de la religion, avec la célébration de la messe en des lieux fixes. Alors commence la construction des églises, de bois, puis de pierre, dans les villas du temps des Mérovingiens. Les évêques donnent l'exemple, construisant sur leurs propres domaines.

Dès le VIe siècle, la floraison des paroisses correspond à

des changements de nom des villages. Ils se placent sous la protection d'un saint, en général choisi pour son pouvoir de faire des miracles. Selon les régions, Martin fait surgir l'eau, amène la pluie, guérit les malades, éloigne les épidémies. Il est essentiel de posséder une relique, un objet, une parcelle du manteau du saint, qui donne son nom à la paroisse. Elle est placée sous sa protection, sous celle de la Vierge ou de la Sainte Croix. Les lieux illustrant le parcours des saints guérisseurs sont très nombreux dans les terroirs : on peut identifier un cycle de Saint-Martin, dans l'espace et dans le temps. L'évangélisateur parcourait au IVe siècle le pays de Tours et les villages du centre qui rappellent par leurs noms la quasi-universalité de son culte le long de la Loire, mais aussi, en aval jusqu'en Bourgogne. Martin déborde très largement son temps puisque les fondations d'abbayes et de monastères qui portent son nom se poursuivent pendant tout le Moyen Âge, jusqu'au XVe siècle et même au-delà. La fréquence des noms de lieux atteste le culte exemplaire d'un saint presque national, vénéré dans toutes les régions de la Gaule et jusqu'en Bretagne.

Les missionnaires donnent également leur nom aux paroisses, en raison de leur réputation de sainteté et de la marque qu'ils impriment sur des régions entières, en souvenir de leur adhésion à la religion chrétienne, grâce aux bons offices du saint ou de la sainte qui deviennent ainsi les intercesseurs des villageois auprès de Dieu. Les missionnaires parcouraient des régions où l'adhésion des populations à la foi chrétienne restait formelle et les traces de paganisme étaient nombreuses jusque dans les noms de lieux, qu'il fallait débaptiser pour extirper du langage courant le souvenir de l'ancienne civilisation. Les habitudes cultuelles étaient sommaires, les églises rares. Le missionnaire était d'abord un bâtisseur. Un clocher achevé appelait un baptême, celui du lieu, consacré en même temps que l'église.

La basilique et son presbytère étaient présents seulement dans les chefs-lieux, dans les petites villes fortifiées. Les nouvelles églises, édifiées dans les villas, rappelaient très souvent le nom d'un saint martyr universellement connu, en raison des fragments de son corps ou de ses vêtements qui circulaient sur le marché médiéval des reliques. L'un des plus demandés était saint Maurice, le chef de la « légion thébaine » martyrisé à Agaune en 286. D'abord la ville d'Agaune, dans le Valais, est devenue Saint-Maurice (en allemand Moritz). Il était le chef de l'unité chargée de réprimer les révoltes de paysans dans les Alpes — les bagaudes — sous le règne de l'empereur païen Maximilien Hercule. Les légions pratiquaient encore, avant le combat, des sacrifices à l'ancienne. Maurice aurait refusé ce rite incompatible avec sa nouvelle foi chrétienne. Il fut massacré avec ses compagnons. Son culte se répandit d'abord en Suisse puis, très vite, en Italie et en France car il était exemplaire : le saint avait refusé de se soumettre à l'État oppressif, il incarnait la résistance populaire. Il devait donc mourir, puisqu'il mettait en question l'ordre impérial. Son nom rappelait aux chrétiens le devoir de résistance contre l'antéchrist. Il avait une vocation universelle : comme Martin, Maurice fit le tour de la Gaule, jusqu'à la fin du Moyen Âge. Il faisait partie de l'arsenal des missions, qui cherchaient à afficher la foi sur des bases populaires accessibles à tous, à grouper les chrétiens dans une communauté militante. Il n'est pas étonnant que maintes villes et villages portent le nom de Maurice dans la Nièvre et l'Ardèche, les Landes, la Vienne, la Creuse et la Haute-Vienne, qu'il soit présent de la Charente-Maritime à l'Isère et aux Vosges.

On pourrait multiplier les exemples de ces saints à large vocation, presque sur tout le territoire. La Vierge et la Croix participent de cette universalité, tout en livrant un témoignage plus particulier de l'affinement du rituel, de la place croissante tenue par la mère du Christ au cours du Moyen Âge. On peut mesurer ce mouvement en suivant à la trace les fondations de villages et d'églises voués à la Vierge Marie au long du Moyen Âge. On dénombre une quarantaine de communes consacrées à Marie et autant à Notre-Dame, sans compter les Saintes Vierges ou les Saintes-Maries-de-la-Mer. Les missions se poursuivent en effet jusqu'au XVIe siècle et bien au-delà : les changements de nom des villages correspondent souvent à des campagnes de rechristianisation quand l'hérésie a remis en question, notamment au temps des guerres de Religion, le culte de la Vierge et des saints : le retour de Marie dans la toponymie est alors le signe du triomphe de la Contre-Réforme catholique.

Les noms de lieux ne sont pas innocents

On voit que les noms de lieux sont rarement innocents. Ils portent la marque parfois tragique des accidents de l'histoire. On débaptise et on rebaptise. Les moines, haïs par les réformés, ont été à l'origine de la fondation de nombreux villages, tous consacrés aux saints, à la Vierge, à la Croix, ou portant le nom d'établissements monastiques. Saint Bernard, en Bourgogne, rappelle la fondation de l'abbaye de Clairvaux par les moines de Cîteaux. Inversement, le nom du lieu Cluny (qui vient de Clunius, un noble gaulois propriétaire d'un grand domaine au temps de la conquête romaine) est devenu symbole de l'expansion d'un ordre dans toute l'Europe chrétienne. Saint Martin et saint Honorat sont en Gaule les premiers fondateurs de monastères, comme saint Césaire d'Arles, saint Victor et saint Sauveur à Marseille. Les fondations débaptisent les lieux : par exemple à Condat, dans le Jura, les moines Rimain et

Lipicin donnent le nom de Saint-Claude au village, désormais consacré à Dieu. Claude n'était pas, bien sûr, l'empereur romain mais le saint évêque de Besançon dont on proposait le nom en exemple aux fidèles. L'habitude est ainsi prise d'offrir à l'admiration de générations de chrétiens le nom d'un évêque, d'un abbé, ou même d'un pape, béatifié après son martyre. C'est le cas de Victor, ce pontife du IIe siècle. Les moines de Saint-Victor ont donné le nom de leur saint à leur fondations : Saint-Victoret dans les Bouches-du-Rhône. On compte du reste plusieurs Victor, un autre martyr du IIIe siècle et l'évêque de Carthage, qui vivait au Ve siècle... ils sont confondus dans la foi des fidèles.

Le pouvoir politique suit de près les fondations et les encourage par ses dons. C'est à la générosité du roi des Burgondes, Sigismond, fervent chrétien, que l'on doit la construction du cloître d'Agaune, en l'honneur de saint Maurice. Les moines scots fondent en Seine-et-Marne, sur la grasse terre de Brie, le couvent de Faremoutiers consacré par une sainte femme du nom de Fare. *Moutiers* veut dire le monastère. Saint Honorat donne son nom à l'île au large de Cannes qui abrite son monastère.

Pour changer les noms des villages, on n'a que l'embarras du choix tant les béatifications ont été nombreuses aux VIe et VIIe siècles : Ferdinand Lot a relevé pour le seul VIe siècle les noms de cinquante évêques, de quarante abbés, d'une douzaine de prêtres, d'une dizaine de moines ou d'ermites, le roi Sigismond de Burgondie, le fils du roi Cloud, la reine Radegonde sans compter une trentaine d'abbés bretons. Tous donnent leurs noms à des lieux : saint Sigismond, le roi jeté dans un puits par l'infidèle Clodomir en 523 a donné son nom à un village du Loiret, à une localité du Maine-et-Loire, à des bourgades de Vendée, de Charente-Maritime, de Haute-Savoie. Sainte Radegonde, femme de Clotaire Ier, roi des Francs, est présente non seulement en Touraine, mais aussi dans les Deux-Sèvres, la

Vienne, la Dordogne et jusqu'à la Somme. Il en va de même de saint Cloud. On comptera par la suite au nombre des saints la douce Gertrude, fille d'un maire du palais, le roi Dagobert II, la reine Bathilde. Ils ne sont pas présents dans la toponymie, comme si la mode avait changé.

À l'époque carolingienne, le nombre des saints diminue sensiblement et plus encore sous le règne des premiers Capétiens. Comme si l'Église se méfiait désormais des béatifications abusives qui donnent lieu à des trafics de reliques indignes de la vraie foi. Les évêques sont devenus, par suite des legs et des donations, les plus grands propriétaires fonciers. Ils sont les vrais maîtres des villes et disposent de tous les moyens nécessaires pour imposer le respect de la religion, sans avoir besoin de recourir aux anciens procédés de propagande. On assiste encore à des consécrations nombreuses de villes nouvelles à des saints de l'Église, mais la liste s'est réduite : les saints universels l'emportent sur les gloires locales.

Les noms déguisés

Est-ce à dire que les anciens lieux païens ont perdu tout leur prestige ? À lire les écrits des évêques réunis en concile, il n'en est rien. Ils ne cessent de condamner les pratiques impies, la fréquentation des lieux consacrés aux divinités anciennes, celles des sources, des fontaines, des arbres. De très nombreuses localités portent encore leurs noms. Le premier jour de janvier, les paysans se déguisent en chèvres, en boucs, en cerfs, s'habillent en femmes et donnent des sarabandes. Ils échangent entre eux des étrennes, accumulent les victuailles, font bombance. Cette pratique du réveillon atteste la survivance des rites antiques, de même que les superstitions liées au culte des arbres, aux immersions dans les fontaines sacrées, dans les mares ou dans les rivières. Faut-il faire disparaître les noms de lieux rappelant ces pratiques païennes ? On les transforme plutôt en ajoutant le nom des saints.

Ainsi la liste des villages chrétiens reproduit-elle fidèlement les racines des noms qui évoquent très souvent la nature, les plantes, y compris le gui, sacré chez les druides de l'ancienne Gaule. On ne fait pas disparaître du calendrier les noms de dieux romains, mais l'on condamne ceux qui prétendent ne pas travailler le jeudi, jour de Jupiter, ou qui partent en voyage le vendredi, jour de l'abominable Vénus. La lune du lundi inspire-t-elle encore les croyances folles, et le mardi les bagarres de cabarets ? Pas plus qu'on ne débaptise les villages qui portent des noms de sources, on ne s'attaque aux mois romains, pourtant fort mal vus des évêques qui, dans leur fureur purificatrice, voudraient, aux VIIe et VIIIe siècles, les envoyer en enfer.

Il reste que l'enrichissement des noms de terroir par la fréquente référence aux saints et aux saintes donne l'impression d'un mouvement de vaste amplitude, qui n'est nullement limité à quelques régions. C'est dans son ensemble que l'ancienne France consacre ses villages anciens et nouveaux à des noms chrétiens. Les évêques et les moines, en constante rivalité, se chargent de multiplier à la fois les saints et les noms de saints, comme si leur maîtrise du sol leur donnait tout pouvoir pour changer jusqu'aux noms des villages. On admire les survivances étranges, les noms de saints locaux devenus parfaitement obscurs et qui ont cependant résisté à l'érosion des siècles : on est stupéfait qu'un village de la Haute-Garonne se nomme encore Saint-Martory, du nom d'un martyr du IVe siècle à Constantinople, à moins qu'il ne fasse référence à un saint ermite des Abruzzes, du VIe siècle : nul ne peut départager les sources. Qui nous contera la vie de sainte Fauste qui a donné son nom à un village de l'Indre ? On assure qu'elle était au XIIIe siècle fort honorée en Berry et en Armagnac.

Quant à la fille de l'évêque provençal Eucher, elle est devenue l'héroïne éponyme de Sainte-Consorce, une localité du Rhône. Pas plus que le Moyen Âge ne parvenait à biffer les noms païens des villages, la modernité n'a fait disparaître ces saints obscurs dont personne n'est capable de retracer le martyre.

Les Barbares s'affichent au village

On se croyait quitte des invasions, après le règne pacificateur de l'empereur Charlemagne. Ses successeurs durent faire face à de nouveaux envahisseurs, les Normands, qui étaient assez nombreux et puissants pour bouleverser la toponymie d'une province entière : ils apportaient une technique nouvelle de la navigation, des formes de croyance et de domination politique qu'ils imposèrent aux pays conquis. Il est vrai que les rudes chefs vikings, après avoir pillé les églises de la côte ouest et massacré les évêques, devinrent à leur tour chrétiens et tinrent à marquer leur passage par de nombreuses consécrations d'églises et d'abbayes, suivant l'exemple de Guillaume et de Rollon. Mais les noms des chefs passaient dans les noms de villages selon le même processus qui avait germanisé les lieux de la Gaule gallo-romaine, substituant leurs consonances nordiques aux appellations antérieures. Puisque le maître avait changé, il était normal que le nom des terroirs dont il assurait la protection fût aussi modifié. Les Normands suivaient l'exemple des Francs, des Goths et des Burgondes. Dans les riches plaines d'élevage, herbeuses et boqueteuses, l'invasion des noms en *ase* et en *anse* fut générale. Les dieux scandinaves prenaient place. Le dieu Thor était également présent, avant la conversion des chefs vikings, dans les noms en *tor* ou en *tou* qui se multipliaient dans les campagnes, comme si les conquérants avaient voulu imposer aussi leurs cultes aux vilains qui, désormais, leur fournissaient leur subsistance. Les noms de villes avaient des origines vikings, les affichaient presque, comme Vimont qui venait de Vimundr. Auzouville-sur-Ry ou Auzouville-sur-Saâne devaient leur nom à cet Asulf ou Asolf, vaillant guerrier viking, devenu seigneur en Gaule. Les Normands appelaient un ruisseau *bec* : ils trouvèrent normal de baptiser une ville Bricquebec, puisque chez eux *brekka* voulait dire : colline. Ils avaient ainsi créé le nom d'un « village construit sur une colline dominant un ruisseau ».

Ils appelaient *quarque* une église et *cotte* une chaumière. Le pâturage se nommait *hague*. Quoi de plus important pour ces nouveaux occupants que de distinguer tout de suite les lieux dont ils avaient la charge en fonction de leur utilité ? Le village de Marbeuf, dans l'Eure, se compose de *mara*, nom viking qui veut dire la mare, et de *both*, qui signifie abri : on sait immédiatement qu'on peut y trouver un refuge près d'un étang, pour pêcher les poissons et laver le linge. Les Vikings savent reconnaître les villages en hauteur, terminés par *haule* ou *clif* (le rocher) ou *falise* (la falaise), des villages de plaine où l'on trouve *dal* ou *vat* (l'eau) ou le creux (houle). Falaise, le village d'Arlette, la mère du duc Guillaume, est construit et nommé en 1066. Depuis lors, le français s'est emparé du nom, qui donnera naissance à d'autres lieux comme La Faloise, dans la Somme, fondée en 1164.

Foin des Bricquebec ou des Bricquebosc. Les Vikings se christianisent et donnent aux villes nouvelles des noms de saints et de saintes, répandent le culte de la Sainte Croix et de la Vierge Marie. Ils suivent en cela l'usage de l'ensemble des pays francs, où l'appropriation des terres est à la fois le fait des laïcs, rois, comtes, vicomtes, marquis pour les « marches » où l'on combat les hérétiques (Saxe, Toulouse, Lorraine et Alsace). Une aristocratie se constitue autour des princes qui font la guerre avec des hommes « francs » (libres), capables de s'équiper pour la chevauchée royale. De plus en plus, les villages (dominés par la villa du seigneur) deviennent des maisons fortes, se hérissent de châteaux. Même dans les plaines ouvertes où l'on cultive le froment, le moindre site de protection devient un camp (*castra*), une citadelle, une « ferté ». D'où le grand nombre de lieux portant la *ferté* ou le *plessis* (enclos formé de branches entrelacées, pouvant servir de protection), ou de simples « mottes » qui permettent de surveiller les environs et de construire des tours de guet. L'utilité pour la défense détermine l'implantation et le nom des lieux. Les appellations barbares sont de préférence utilisées, mais on a aussi recours aux vieux noms gaulois et même préceltiques pour désigner les buttes, les rochers, les collines de pierre où sont construits les forts, d'abord en bois, puis en maçonnerie. Les bâtiments agricoles sont encore là, mais ils ne font pas prime sur le marché des noms de ville. C'est au bourg fortifié que les seigneurs civils et religieux rendent la justice, qu'ils font connaître les décisions du roi, qu'ils accueillent les envoyés spéciaux (*missi dominici*) qui viennent à la fois surveiller, punir et lever les impôts pour la guerre, au besoin mobiliser les hommes.

L'évolution est frappante dans la toponymie : au lieu de disparaître au profit des noms de saints, les noms de lieu surgissent de plus belle parce qu'ils désignent des fonctions précises : les grottes où les creux permettent de s'abriter, de se cacher à la vue de l'ennemi. Les monts, les mottes, les collines, les acropoles sont au contraire un précieux appui pour fermer une vallée, dominer une rivière, exiger de tous ceux qui passent des droits appelés péages. La carte moderne des péages autoroutiers retrouve partiellement le tracé de ces parcours médiévaux où l'on doit, à point nommé, s'acquitter d'un droit si l'on veut poursuivre son voyage, ou bien sortir, s'arrêter dans la campagne, entrer dans une ville, y faire commerce. L'organisation de la vie économique et sociale passe par le déploiement de ces nouveaux noms de lieux, contraignants pour les usagers, incontournables.

La géographie prend ainsi sa revanche et permet aux anciens lieux de survivre parce qu'ils sont situés en des points indispensables aux échanges, ou nécessaires à la défense. L'intitulé des lieux n'a plus pour seule inspiration les capacités de la terre à produire, mais les contraintes des échanges, de l'organisation sociale qui permet d'accumuler les richesses. Il arrive encore que les noms de village décrivent le type de statut social des villageois, qu'ils soient libres en alleux, colons tenus à des règles précises de production, serfs ou « francs ». Les serfs sont-ils les plus nombreux ? Nullement, leur nombre diminue au contraire, et les villages de serfs ne sont bientôt plus qu'une survivance dans certaines régions. On en trouve encore, au XIIe siècle, en Bourgogne, en Nivernais, en Champagne, en Lorraine. Mais les rois, au début du XIVe siècle, ont décidé d'affranchir tous leurs serfs et les abbés de l'Île-de-France ne les ont pas attendus pour rendre libres leurs paysans de Saint-Maur-des-Fossés ou de Saint-Germain-des-Prés. Depuis longtemps, les serfs ont disparu de Normandie et de Bretagne, du Poitou et des Charentes, d'Auvergne et de Flandre et naturellement des provinces du midi. Quant aux colons, liés par des contrats draconiens aux seigneurs, ils disparaissent à leur tour, parce que leur condition se dégrade et qu'ils sont soumis à l'impôt direct, la « queste », qui les écrase. Cela n'empêche pas de très nombreux villages de garder la trace du statut de colonie. Les Collanges, Collonges, Collorgues, Coulonges sont des *colonica*, des terres cultivées par des colons du Moyen Âge, qu'il ne faut pas confondre avec ceux de l'Empire romain qui ont donné en Allemagne Cologne. Ainsi les villages gardent-ils aujourd'hui encore le souvenir d'un temps où leurs paysans étaient les colons du seigneur.

Les villages des défricheurs

Les chefs francs avaient au Ve siècle le même problème que les présidents des sociétés aujourd'hui. Pour convoquer leurs gens une fois par an, ils avaient besoin d'espace. Il est difficile d'imaginer dans une grande ville encombrée la tenue d'une assemblée groupant tous les cadres d'une entreprise. Le directeur préfère les réunir à l'écart du trafic, dans des lieux vastes, confortables et équipés en moyens de communication, en ensembles hôteliers ou châteaux reconvertis. Le roi carolingien, pour convoquer « l'assemblée générale » des hommes libres en armes, ne peut les réunir dans les villes resserrées, réduites par leurs enceintes, étiolées dans leurs quartiers compacts, mal desservies par des ruelles. Les « francs hommes » viennent à l'assemblée en armes, avec leurs gens, leurs montures, leurs provisions. On ne peut réunir ce « plaid général » qu'à la campagne. Aussi les lieux choisis comme « palais » par les rois ou les comtes sont-ils vastes, aérés, bien pourvus en vivres et en moyens de défense. Les hommes de guerre aiment la chasse : le domaine où ils sont réunis doit être proche d'une grande forêt. Ainsi, des sites nouveaux voient-ils le jour, souvent sur d'anciens emplacements ; ils deviennent des forteresses surmontées de tours où flotte l'oriflamme du comte ou du vicomte.

Car le roi carolingien, pour mieux lever l'impôt et rendre la justice, a partagé le territoire des anciennes cités gauloises en subdivisions, les *pagi* (on dirait aujourd'hui les « pays »), administrées par des vassaux, les viguiers, les voyers ; dans le midi les ministres sont appelés *mistrals* ou *mestiers*. Ces gens sont dotés en terres, en droits, en bénéfices. Ils règnent sur les villages, il les possèdent. La puissance d'un seigneur se mesure à l'étendue du terrain dont il jouit. On compte en France environ quatre cents immenses domaines possédés par les hauts seigneurs proches du roi.

Pour participer aux opérations militaires, il faut s'équiper à ses frais et donc disposer de richesses; ceux qui possèdent au moins quatre manses (les manses sont des terres cultivées par des vilains), soit dix hectares, peuvent envisager d'acheter un casque et une lance pour suivre à pied l'armée, l'*ost* royal. Pour servir à cheval, on compte au moins douze manses, soit cent vingt hectares. Il en faut encore plus pour acheter et entretenir une troupe à cheval, une « lance » de cinq cavaliers, avec un écuyer. Peu de seigneurs peuvent faire les frais d'un tel équipement. Ceux-là sont solidement installés dans les terroirs qui portent leur nom. Les comtes, vicomtes et divers viguiers vivent sur l'habitant et laissent leur nom dans la toponymie, leur nom propre ou leur titre. On ne compte pas sur la carte Michelin les Villeneuve-le-Comte et les Vigueron.

Les villes, de plus en plus, sont aux évêques, parce que les comtes les ont désertées. Ils se sont rapprochés des terres, seules sources de richesses, et ils ont besoin d'espace pour exercer leurs talents d'hommes de guerre. Dans les villes subsistent les métiers, les commerces, protégés par les remparts mais assujettis aux impôts et aux tribunaux des évêques. Ceux-ci changent souvent le nom des localités, pour les dédier aux saints du paradis et tirer avantage du culte en obtenant des indulgences particulières dont ils font commerce auprès des paroissiens. Les révoltes ne sont pas rares parce que ces évêques sont souvent des étrangers, germains ou goths, que la population rejette. On a gardé le souvenir d'une révolte des habitants de Cambrai en 956 contre l'évêque de la ville, Bérenger, qui est allemand alors qu'ils parlent le picard. L'évêque n'a pas tenté de changer le nom de la ville, comme à Saint-Quentin. Cambrai vient de *Camaracum*, un nom latin dont le suffixe signifie poste militaire : ce nom subsiste encore quand les citadins construisent des remparts pour se protéger des invasions. Sous les Mérovingiens, l'évêque est déjà le maître de la cité qui se couronne de tours. Camarus était-il un notable gallo-romain ? On peut le penser, d'autant que le nom pourrait bien être un surnom. Un *camarus*, en latin, c'est un crabe. En 956, la ville du crabe ne veut pas parler allemand, elle conspue son évêque, qui fait appel aux soldats d'Otton Ier pour massacrer les Cambrésiens révoltés.

Les évêques, qui dominent les villes, sont bientôt moins riches que les abbés, dont les monastères prospèrent grâce à la mise en culture de terres nouvelles. Les abbayes sont alors le lieu essentiel du progrès technique dans les campagnes. Elles nécessitent, aux siècles suivants, d'accroître le terroir et donc le territoire.

La toponymie les suit à la trace : les fondations de monastères portent les noms de Marmoutier dans le Bas-Rhin, de Noirmoutier en Vendée, consacré en 1060 et qui conserve le nom ancien de l'île, Herio ou Herium. Faremoutiers, Montmotier dans les Vosges, Les Moitiers-d'Allonne (Manche) ou Moutiers portent témoignage de l'abondance des legs et des encouragements seigneuriaux. En Seine-et-Marne, dans la Marne, le comte de Champagne multiplie les donations et les moines défrichent les taillis, construisent des bergeries, des étables, assèchent les marais, creusent des canaux, élèvent des digues pour gagner des terres nouvelles.

Des villes franches (Villefranche-de-Rouergue, Villefranche-sur-Saône) sont partout fondées. L'activité de défrichement s'accompagne toujours de la création de villes nouvelles. Les Clunisiens ont donné l'exemple. Géraud, seigneur d'Auvergne, a fondé le monastère d'Aurillac, le premier à exiger une vie religieuse véritable et la réforme de l'Église par la participation des moines à la vie économique. Guillaume, duc d'Aquitaine et marquis de Gothie, se souvient qu'il est comte de Mâcon. S'inspirant du pieux exemple de Géraud, il fonde le monastère de Cluny où vont s'illustrer de grands abbés. Des centres parallèles s'élèvent dans les provinces proches comme Saint-Bénigne à Dijon. Bientôt fleurissent les Saint-Benoist-sur-Mer, sur-Vannes, les Saint-Benoît-sur-Loire et sur-Seine, sans compter les Saint-Bénézet du Gard. L'Église crée de nouveaux villages parce qu'elle participe pleinement à la mise en valeur du territoire : de nombreux hectares sont gagnés aux cultures, permettant de fixer au sol, par des contrats avantageux, une population qui, à partir du XIe siècle, ne cesse de croître. La France d'alors n'est pas vouée aux friches, mais tout au contraire défrichée. Le pays se débarrasse de ses marais, ordonne ses paysages, taille ses forêts, brûle ses taillis pour fumer les terres. Il était inévitable que cet immense mouvement multipliât par milliers les bûcherons essarteurs, les draineurs de marécages ou les paysans-éleveurs. Une part importante de la toponymie de la France doit son existence à ces défricheurs monastiques.

Les noms de métiers

Les moines de Cluny créaient aussi de l'activité économique en utilisant des forces nouvelles tels l'eau et le vent. La technologie des moulins, la recherche et le traitement des minerais sont à l'origine de l'industrie. Certes, elle existait déjà dans la Gaule romaine, avec les tuileries, les poteries, les peausseries et les mines. Elle reprend, s'affine, s'accroît.

Dans les villes nouvelles, souvent appelées bastides dans le midi, les habitants reçoivent des franchises importantes qui autorisent l'ouverture de commerces et d'ateliers. On trouve de ces bastides dans tout le sud, ainsi que des sites de moulins à eau. Il semble que l'énergie de la moindre rivière ait été utilisée pour moudre le grain, aliment de base de la société médiévale. Contremoulins, en Seine-et-Marne, est un village où les paysans donnaient leurs sacs de grain au meunier du comte. Innombrables sont les noms de lieux consacrés à des activités industrielles ou minières : les Ferrals-les-Montagnes, Ferrassières, Les Ferres et Férolles sont des lieux où l'on extrait le minerai, ou bien des forges. On pratique alors une métallurgie rurale, avec des moyens réduits ; le moindre filon peut être travaillé, fondu, traité par les maréchaux-ferrants qui savent fabriquer des outils, des armes rudimentaires, des objets divers tels que les grilles, les coqs des clochers de village, les socs de charrue. Si Argelès évoque le travail de l'argile, les mines de glaise ou les ateliers des potiers, les L'Argentière-la-Bessée ou les Argens (dans les Alpes) évoquent les lieux où l'on trouve le minerai, ou ceux où il est travaillé. Il en va de même de Aurières : des sites riches en or. On pourrait ainsi, grâce aux noms de lieux, dresser une carte de la métallurgie médiévale sur le territoire français.

Les autres activités sont presque toutes représentées dans les noms de villages : les lieux de production de plantes textiles ou tinctoriales, les villages où l'on tisse la laine ou le lin, les terroirs où l'on produit du chanvre, de la paille, où l'on tisse les draps, où ils sont teints. On peut aussi repérer les carrières de pierre et même de sable, les gîtes marneux et siliceux, les bancs de granit en Bretagne ou les pierres volcaniques d'Auvergne. Toute la France géologique est nommée par des noms de terroir. *Craon* ou *Craonne* désignent des carrières de craie ; *Crach* dans le Morbihan des sites de grès, *Corent* dans le Puy-de-Dôme les sites basaltiques.

Les productions agricoles sont pareillement dénombrées. On connaît par les noms de villages les terres à froment et celles à seigle, les champs d'oliviers et des différents arbustes qui produisent des fruits pour la ville. Les noms des villages de champs ouverts évoquent à la fois les élevages et les cultures. Certains sont spécialisés dans l'élevage des ânes, d'autres des mulets. Les pacages de bœufs sont connus, ainsi que les champs de chevaux et de pouliches. On n'ignore rien des différentes ressources des régions en chèvres, boucs et moutons. On cite même les lieux où travaillent les castors. La nature tout entière est présente, comme dans le *Roman de Renart*.

Quelquefois, le village a le nom d'un carrefour, d'une borne de la route, d'une auberge réputée. On peut être sûr qu'il comporte un relais pour les chevaux, qu'il est une halte pour les voyageurs. D'autres lieux désignent les péages sur les fleuves qui attestent l'intensité de la navigation des nautes, le plus sûr et le plus économique des moyens de déplacement au Moyen Âge. Pour les relais routiers, Cheval-Blanc dans le Vaucluse comme les lieux-dits La Chevalerie ou Le Chevalier indiquent des parcours qui datent souvent de la période romaine. Les routes de cette époque sont jalonnées de nombreux lieux-dits Chemin ou Cheminot.

Les sources thermales appréciées des Romains sont encore exploitées au Moyen Âge. Chaudes-Aigues dans le Cantal a de nombreux homologues dans le Massif central. On indique les villages où se trouvent les sources, ceux où l'on peut traverser le fleuve sur un pont. À Pontcarré en Seine-et-Marne, ce pont est en pierre de taille enjambant le Morbras. Les toponymes sont même bavards sur le tracé des routes : Courbevoie dans les Hauts-de-Seine est construite sur un coude de la route de Paris-Rouen. Les mêmes indications sont données sur les parcours fluviaux : les noms de villages bordant les rivières indiquent les courbures, les méandres, les îles, les estuaires, les bancs de sable, les rochers qui barrent le lit du fleuve, les pentes abruptes, dans un luxe de détails inouïs.

D'autres renseignent sur la couverture végétale du sol. Les pays de forêts sont amplement représentés, avec désignation des diverses espèces, du chêne au bouleau ou au peuplier. On connaît les lieux peuplés de roseaux, de marécages, de marais salants, de tourbières, les plaines boueuses ou sèches, celles qui ont des cailloux pointus qui déchirent les chaussures des marcheurs, les espaces arides ou semi-arides, ceux qui sont plantés de taillis ou seulement d'herbes sauvages. La richesse de la faune est également évoquée. On trouve des oiseaux sauvages, des oiseaux familiers, des renards, de très nombreux blaireaux, des loups et des cerfs, des aigles et des oiseaux de proie. Les chouettes sont nombreuses, ainsi que les corbeaux, oiseaux magiques des temps très anciens. On surprend au nid pinsons et alouettes, colombes et pigeons ramiers, qui voisineront dans les terroirs après le XVIe siècle avec dindons et pintades importés d'Amérique.

Les bois sont une des ressources inépuisables des hommes à l'ère du vent et de l'eau. Les huttes des charbonniers fixent de nombreux habitats car les forges et le chauffage individuel fonctionnent grâce au charbon de bois préparé par des spécialistes. La Charbonnière ou Cherbonnières ne sont pas rares dans les sites feuillus. On trouve de tout dans les grands bois, et notamment des glands pour nourrir les porcs sauvages, des champignons et tous les produits de cueillette. Ils alimentent en noms de lieux les défrichements des moines et des nouveaux colons, qui recherchent dans la forêt les ressources complémentaires indispensables à leur survie.

Pendant la période moderne, qui commence au XVIe siècle, l'activité agricole et industrielle continue à influer sur les noms de lieux. Mais les pays miniers sont indiqués plutôt par des compléments d'identification : plus de Mignères ou de Minière, mais des Montceau-les-Mines ou des Saint-Éloy-les-Mines. Plus de Ferrières mais des Saint-

Aubin-les-Forges ou des Sainte-Marie-aux-Mines. On ne trouve pas trace du pétrole dans les noms de Berre et de Pechelbronn, pas plus que de l'uranium dans les sites du Limousin. Les mines d'Anzin, exploitées dès le XVIIIe siècle, portent toujours le nom du Germain Anso, un parfait inconnu.

Noms illustres

Les hommes illustres ont-ils trouvé leur place dans la toponymie ? Elle est rare et limitée à une époque ancienne. Certains, qui ont inspiré des noms de village, n'évoquent aucun souvenir. Jules César et l'empereur Auguste, qui avaient donné leur nom à tant de villes, ont pratiquement disparu. Si l'on trouve la trace d'un Verego qui a donné son nom au village de Baurech dans la Gironde, c'est que cet évêque du IVe siècle avait été chanté par le poète Fortunat. On garde quelquefois le nom du fondateur d'une ville ou d'une bastide, comme Raoul Chaillot, qui a créé Beauchalot dans la Haute-Garonne, mais le Beaumarchés du Gers n'a rien à voir avec l'écrivain Beaumarchais. Son créateur était le sénéchal de Toulouse, Eustache de Beaumarchais, un homonyme qui vivait au XIIIe siècle. Mais se souvient-on du chevalier breton qui fonda Béhuard dans le Maine-et-Loire ?

Il arrive encore que les villages prennent le nom des puissants seigneurs qui les habitent. Ainsi, dans l'Aube, au XVIe siècle, Bérulle devient le lieu de naissance et de référence d'une illustre famille de hauts serviteurs de l'État. Il en va de même de Bourbon-l'Archambault, lieu privilégié où résident les Bourbons, ou de Broglie, ce canton de l'Eure qui prend le nom d'une illustre famille dont la terre est érigée en duché en 1742. Ces nobles de cour étaient originaires d'Italie et n'avaient rien à voir avec le terroir. Il en est de même de la terre de Crillon dans l'Oise. Le village s'appelait auparavant Caigny. Il a pris le nom de Crillon-le-Brave, compagnon d'Henri IV qui possédait un château dans le Vaucluse.

Par ailleurs, certains événements historiques expliquent un changement de nom : Castillon, à la fin de la guerre de Cent Ans, devient Castillon-la-Bataille, après la victoire de Charles VII ; Brive-la-Gaillarde doit son surnom à la guerre et à ses capacités de résistance. Ivry-la-Bataille illustre Henri IV. Rueil-Malmaison est devenu un nom composé après que l'impératrice Joséphine eut fixé sa résidence au château sis sur le territoire de Rueil. La transformation est légère, élogieuse, presque pieuse. On veut entretenir le souvenir d'une impératrice malheureuse, morte ici dans l'abandon.

Pas une seule ville ne porte le nom des héros modernes de l'histoire de France, des rois et des empereurs. Napoléonville, en Bretagne, est redevenue Pontivy. La Révolution avait débaptisé furieusement les noms où apparaissaient les termes monarchiques. Mais Marly-le-Roi, Villeneuve-le-Roi ou Choisy-le-Roi ont retrouvé leur nom d'origine et la IIIe République n'y a pas touché : aucune chasse aux sorcières des républicains radicaux et socialistes contre les noms de lieux. La Révolution avait montré une telle intolérance qu'un retour en arrière paraissait ridicule ou inconvenant. Les Gambetta et les Ferry trouvaient bon que la France ait eu des rois. Ils n'avaient nulle intention régicide en toponymie.

Le dernier demi-siècle se montre avare en créations de lieux. Quelques villes nouvelles voient cependant le jour, dans les champs de betteraves et de blé de Beauce, de Brie, de la plaine de France. Elles portent des noms sans histoire. Marne-la-Vallée ne divise pas son public, Évry est un nom de village, Cergy-Pontoise l'agrégat de deux noms fort anciens : Cergy conserve le souvenir de l'obscur gallo-romain Cervius ou Servius et Pontoise est depuis le IVe siècle un simple pont sur l'Oise. Vélizy-Villacoublay est de la même farine. Un certain Velitius possédait là des domaines riches en blé au temps d'Ausone et Villacoublay est un village romain. Aucune intention d'innover mais au contraire le désir de rattacher ces créations de béton et de verre au lointain passé, de garder à l'oreille les noms chantants de l'ancienne France.

La forêt des noms français est riche en significations diverses, elle renseigne sur le passé lointain, sur les activités des hommes, sur le brassage des populations, sur les origines de la faune et de la flore. Elle présente des curiosités, des anomalies heureuses, parfois des raccourcis poétiques. Il n'y a pas de lieux sans noms et l'on est frappé, en regardant les cartes au vingt millième éditées par l'Institut géographique national de la permanence des villages et des lieux-dits dans ce « désert français » que l'on présente sous des traits alarmants. Qu'on se rassure : la toponymie est, en France, ce qui bouge le moins.

CHAPITRE 1

Des fruits, des arbres et des fleurs

LA TOPONYMIE FRANÇAISE est une tapisserie des mille fleurs sauvages ou de culture, des plus précieuses aux plus vulgaires. Leur parfum n'est pas en cause, elles n'alimentent pas les laboratoires des marchands, elles ne participent pas aux concours des villages fleuris. Elles comptent par leur forme, leur couleur et leur substance.

La forme est symbolique : la rose éclate dans les rosaces des cathédrales, elle fournit un thème inépuisable aux sculpteurs. Elle est reproduite à l'infini par les joailliers et bijoutiers italiens. Le pape envoie, dit-on, une rose d'or bénie aux princesses dont il veut honorer les vertus. L'usage en remonte à Léon IX, pape du XIe siècle. La bénédiction de la rose serait suivie d'une procession, un dimanche de carême. La rose évoque Jérusalem et la passion du Christ. N'a-t-il pas été martyrisé par la couronne d'épines, et les épines ne sont-elles pas l'attribut du rosier ?

Les fleurs royales

Autre fleur symbolique, le lis, présent dans la statuaire des églises et des châteaux, pour figurer les armes du roi de France. Sa blancheur absolue évoque la pureté, la virginité et le voue depuis longtemps à la représentation mythique. Dans la Bible, la chaste Suzanne porte un nom dont les racines signifient en hébreu lis. Si la rose évoque le martyre du Christ, on peut voir dans la fleur pâle du lis la représentation de l'Immaculée Conception, base du culte de Marie. L'étendard blanc de Jeanne d'Arc était voué à Jésus et à Marie. Louis IX, Saint Louis, avait multiplié les lis dans le décor de la vie royale. Sous plusieurs formes, le lis est présent dans les noms de villages français. À Dammarie-les-Lys en Seine-et-Marne, Blanche de Castille fonda une abbaye dédiée à doña Maria, la Vierge Marie, la mère du Christ à qui la reine vouait un culte. Saint Louis le lui rendait bien. Il avait pris pour emblème le lis, fleur de France, et la marguerite qui évoquait le nom de son épouse. Il portait ordinairement une bague en émail représentant une guirlande de lis et de marguerites, parfaitement visible en relief, avec pour légende : « Hors cet annel, pourrions-nous trouver amour ? »

Les miracles du lis font partie de la chronique du Moyen Âge. Ils ne concernent pas seulement les souverains français. On fonda l'ordre de Notre-Dame-du-Lis parce que le roi de Navarre García IV avait été guéri d'une maladie mortelle par une sainte image apparue dans le calice d'un lis. Charles Quint le puissant empereur, roi d'Espagne, de Naples et comte de Flandres avait planté un lis dans sa retraite à la fin du mois d'août 1558. Le 21 septembre, il meurt. À l'évidence, la fleur ne l'avait pas protégé. Il faut croire cependant qu'elle assurait sa vie éternelle dans la pureté puisque de l'oignon avait surgi, au moment même du trépas, une haute tige qui portait une fleur. On l'avait cueillie avec soin pour la placer sur le grand autel, au moment où le prêtre chantait devant le catafalque le *Dies Irae*.

On attend du lis des miracles. Dans les Pyrénées, au XIXe siècle, le jour de la Saint-Jean-Baptiste, on en portait à l'église des bouquets que le prêtre devait bénir. On disposait ensuite les fleurs en croix pour les placer sur le seuil des maisons où elles restaient, accrochées en haut de la porte, jusqu'à l'année suivante. On décorait ordinairement de lis les autels et, certains dimanches, le prêtre portait la chasuble blanche des lis, celle de Marie l'Immaculée. Faut-il s'étonner que de nombreux villages aient ajouté les lis à leur nom, comme pour les protéger par l'invocation à la Vierge Marie ?

La désignation peut avoir un autre motif. On pratique sur tous les terroirs la médecine empirique et les remèdes à base de plantes sont nombreux. Le lis présente certaines vertus : on broie les bulbes avec de l'huile de noix pour appliquer la décoction sur les engelures. Bouillie dans de l'eau ou dans du lait, sa pulpe est un émollient, un calmant.

Dans les campagnes on appliquait le baume sur les tumeurs. Le lis figurait en bonne place dans la panoplie des guérisseurs. Les pétales des fleurs étaient également employés dans des préparations à base d'huile douce. Sorcières et matrones en recommandaient l'emploi pour guérir la gerçure des seins et les douleurs de l'utérus. On récoltait donc les lis à foison, à usage médicinal. Il se peut que certains villages, autour des grandes villes, se soient spécialisés dans cette production.

L'utilisation médicale de la fleur de rose est encore plus répandue, car ses propriétés sont connues. Les roses rouges ont des rameaux nombreux, armés de fortes épines et les fleurs sont riches en pétales. On les cueille pour les faire sécher quand la fleur est encore en bouton et n'a point répandu son essence. On coupe les onglets du calice, on les étend dans une étuve. Quand ils sont secs, on les tamise, on les crible pour éliminer insectes et étamines. On serre ensuite les fleurs séchées dans des coffres de bois. Leur infusion rougit le tournesol, renferme en grande quantité le tanin, l'acide gallique et le fer.

La rose rouge n'est pas la seule à être récoltée. On recherche l'églantine sauvage dont on fait du sirop, des pommades. La rose pâle, dite rose-à-chien est considérée comme un purgatif. On la donne en sirop aux enfants constipés. L'infusion des roses et le miel rosat sont souverains dans les maladies de poitrine. La racine du rosier et de l'églantier est utilisée contre la rage.

Rien dans la toponymie de Provins n'indique la spécialité de la ville dans la culture de la rose rouge, particulièrement prisée des guérisseurs au Moyen Âge. Le nom désigne seulement un maître de domaines gallo-romains, du temps où la Brie était déjà en culture. Il s'appelait sans doute Probus et son *pagus Provinensis* ne cultivait pas encore les roses. Le comte de Provins Henri II, au retour de la croisade, aurait rapporté dans sa bonne ville la rose rouge de Milet dont parle dans ses ouvrages le philosophe Pline. Il l'aurait acclimatée sur les terrasses ensoleillées de son château, en l'arrosant convenablement. Depuis lors, la culture de la rose est une spécialité de Provins et appartient quasiment au patrimoine.

Il était difficile de garder le monopole de la rose. Un petit village des environs de Paris, Fontenay-aux-Roses, ravit sournoisement le secret des comtes de Champagne, imité par d'autres terroirs comme L'Haÿ-les-Roses. On s'aperçut que la fleur sublime avait aussi des usages culinaires, fournissant une exquise confiture, ainsi que des lotions parfumées pour la toilette des dames : il n'en fallait pas plus pour assurer la fortune des Fontenaisiens dont le sous-sol regorgeait, comme le nom de la ville l'indique, d'eau fraîche venant d'une source.

Les fleurs des champs

Les noms de villages désignent plutôt l'églantier sauvage que les roses rouges de Provins, ou les roses thé de Chine d'importation. On connaît des Rozay dans l'Aisne, La Rosière dans l'Isère. Les philologues distinguent avec soin la racine germanique *raus*, qui veut dire le roseau, de *rosa*, la rose latine. Il est probable que dans le passé les Alsaciens de Rosenau (Haut-Rhin) utilisaient les églantiers pour soigner leurs maladies. Il est certain que Roziers-Saint-Georges dans la Haute-Vienne et Rosiers-d'Égletons en Corrèze comptaient sur leurs terroirs des milliers de pieds de rosiers sauvages. Cueillaient-ils les baies rouges pour en faire des décoctions ? Sans doute. Égletons, le riant village corrézien, est, d'après son étymologie, un mamelon de roses.

Bien d'autres fleurs émaillent les terroirs médiévaux. Les chardons de Bretagne, dont les fleurs bleues embaument le village d'Aucaleuc dans les Côtes-d'Armor — précieuse fleur dont les pointes permettent aux cardeurs de filer la laine. Ou les genêts aux fleurs brillantes de la lande armoricaine, présents dans le nom du village finistérien de Bannalec. On est surpris de retrouver le colchique, plante vénéneuse qui fleurit à l'automne et qui fait meugler les vaches dans le nom du village de Bramevaque dans les Hautes-Pyrénées. Les vachers devaient être vigilants, le colchique étant mortel. Le poison venait du bulbe, qui donnait un suc amer et noir. Dans l'Antiquité, on assurait que Médée la magicienne utilisait cette plante qui tuait les chiens de berger pour confectionner des poisons. Il n'est pas exclu que les sorcières de village aient fait sécher les colchiques pour en tirer une poudre émétique et purgative, selon l'usage oriental. On assure que les femmes turques étaient friandes de colchiques séchés.

Il est rare de trouver mention dans les noms de lieu des boules blanches du gui, parasite du chêne, du hêtre et du charme, charme lui-même, utilisé dans la magie des druides et, par-là, condamné par les prêtres chrétiens. Il est cependant vrai qu'un village de Haute-Marne, Brouthières, a gardé dans son nom la racine *brost*, qui désigne le gui. Les druides s'y donnaient-ils rendez-vous aux temps celtiques ? Ils aimaient aussi les boules rouges du houx, dont maint nom de lieu a conservé la trace, et notamment, en Corse, Brustico. La bruyère, comme le genêt, sert à désigner les friches, aux couleurs émouvantes. Les lieux-dits sont particulièrement nombreux dans le nord de la France, dans l'Aisne (Bruyères-sur-Fère), le Val-d'Oise (Bruyères-sur-Oise). La fleur qui court sur le granit vosgien apparaît dans Bruyères. On l'appelle en langue d'oc Brugère (Dordogne) ou La Bruguière (Gard), ailleurs Brugairolles.

Le buis est l'olivier du nord. Il trouve un usage rituel dans les villages, au dimanche des Rameaux. Le buis bénit entre dans la maison et sert notamment à asperger le corps du défunt. La moisson des buis est riche. Buissard dans les Hautes-Alpes répond au Busseau des Deux-Sèvres, à Busseaut en Bourgogne. On récolte le buis partout, à des fins religieuses. Il a remplacé le gui dans les croyances populaires, même si l'on cueille encore les boules sacrées des druides pour décorer les tables du Nouvel An, dont il est le symbole païen.

On célèbre collectivement les fleurs des champs dans nombre d'appellations qui rappellent la bonne santé de la terre. Les Champfleur (Sarthe), les Champfleury (Aube) évoquent les tapisseries médiévales, avec les pâquerettes, le bleuet, le muguet des sous-bois, les digitales des prés d'alpages, la valériane capiteuse, plante de sorcière que les vaches foulent du sabot. Une plante rare, le glaïeul, est attestée dans l'Ariège. Il poussait à Cescau (qui veut dire glaïeul) dans les marais sous une forme sauvage, particulièrement recherchée en raison de ses belles fleurs roses. On utilisait les bulbes râpés dans l'eau pour en extraire une fécule qui pouvait alimenter les villageois dans les périodes de disette. C'était la pomme de terre des temps anciens. On s'en servait le plus souvent pour engraisser les porcs, qui s'en montraient friands. On en fit, plus tard, des apéritifs et des digestifs quand les moines en découvrirent les propriétés. On croyait le glaïeul capable de guérir les écrouelles. Les villageois les portaient en amulettes pour se protéger contre le mauvais sort. Le glaïeul poussait partout, sur les terres les plus pauvres. Il ne demandait, pour s'épanouir, que du soleil et de l'eau. Le glaïeul des moissons était-il plus prisé que celui des marais, de couleur rouge ou blanche ? On l'arrachait d'autant plus volontiers qu'il empêchait le blé de pousser.

Quoi de plus commun que l'aubépine ? Elle a deux utilités : ses fleurs nombreuses attirent les abeilles qui les butinent et font leur miel, le sucre du Moyen Âge recueilli soigneusement sur tous les terroirs. Mais les haies d'aubépine sont aussi très appréciées pour leur solidité, au point qu'on les emploie comme défenses militaires. Elles séparent les champs, isolent les troupeaux dans les paysages bocagers de l'ouest. Les haies sont une des caractéristiques du paysage rural français, en pays d'habitat dispersé : elles doivent beaucoup à l'aubépine. On trouve dans toute la France des Épinal, des lieux célébrant les épines noires, mais surtout les épines blanches aux fruits rouges, de forme ovale, que l'on peut consommer dans les périodes de famine.

L'Épinette ou L'Épine, L'Épinay, Lépine attestent l'universalité du nom. Épinay peut être sur-Orge, sur-Seine, sur-Odon, il se dit Espinasse-Vozelle dans l'Allier, Lépinas dans la Creuse et Lespinasse dans la Haute-Garonne. On remarque, dans la Mayenne, un Épineux-le-Seguin qui peut être accolé au nom d'un ruisseau, ou d'un homme. Dans les champs bordés d'épines, les marguerites sauvages font aussi la joie des abeilles. On en retrouve le nom dans Margerides (Corrèze) ; elles font chanter les pies de la Loire dans Margerie-Chantagret et s'offrent dans leur simple nom à Marguerites dans le Gard. La marguerite, ce chrysanthème des moissons, est une perle aussi répandue dans les prairies que dans la poésie médiévale, où elle symbolise la fleur qu'on offre en témoignage d'amour.

Bormes-les-Mimosas est une création récente : c'est depuis l'arrivée du chemin de fer le long de la Côte d'Azur que les collines de Bormes *(bor)* se sont égayées de buissons touffus d'arbres aux feuilles vert pâle, aux fleurs éclatées en petites boules jaune poussin qu'on trouve l'hiver chez les fleuristes.

Les Parisiens allaient jadis flâner dans les bois de Romainville et déjeunaient dans les auberges et les guinguettes du village forestier des Lilas. Les fleurs d'un violet pâle, d'un bleu soutenu ou d'un blanc éclatant étaient groupées en bosquets embaumant. Le lilas progressa partout en France, notamment dans les zones suburbaines, depuis qu'il avait été introduit dans le royaume à la fin du XVIe siècle, venant, par ambassadeurs interposés, de Vienne et de Constantinople. Paris a fait école : aux abords de la commune de Pau, on trouve le hameau Les Lilas.

Corbeilles de fruits

Les fleurs et les fruits : le figuier ruminal, qui pousse à Rome sur le rocher au pied duquel les frères fondateurs Remus et Romulus ont été retrouvés sur la rive du Tibre, est un arbre sacré qui rend les plus grands services aux villageois : le fruit du figuier peut se sécher et se conserver longtemps. Il peut remplacer les céréales en cas de disette. Si les dieux indien et grec Vishnu et Dionysos s'intéressent au figuier, c'est que la sève de l'arbre est un latex qui évoque le liquide de la fécondation animale ; et les chapelets de figues, les bourses. La feuille de figue n'a-t-elle pas, sur les sarcophages, recouvert les sexes bien avant la feuille de vigne ? Pour porter en abondance les bourses noires et sucrées, certains figuiers doivent être fécondés par une espèce particulière de guêpe. Le figuier est à la fois l'ornement, le symbole vital et l'arbre nourricier des mas du sud, de ces fermes aux pierres sèches de Corse ou des Causses du sud-ouest, des ermitages de Provence. Il est l'arbre préféré des enfants à qui l'on offre pour leurs étrennes des mendiants, cornets de figues sèches, d'amandes, de noisettes et de raisins passerillés, au lieu des oranges trop rares. Aussi rares que la grenade, guère présente dans la toponymie française sauf dans les villages des Landes et de Haute-Garonne, appelés Grenade non parce qu'ils évoquent le fruit aux cent pépins, mais la reprise de Grenade en Espagne, longtemps occupée par les Maures.

Les noms de lieu évoquant le figuier sont naturellement nombreux en Corse et sur les rives de la Méditerranée : Ficaja et Figari font honneur au fruit de Dionysos sur l'île de Beauté. Figanières, dans le Var, précise la couleur, noire, de ses figues, Lafigère dans l'Ardèche, sur les terrasses caillouteuses et ensoleillées du rebord oriental du Massif central. Figarol, en Haute-Garonne, est également riche en figues.

Au temps des Romains, les figuiers étaient nombreux sur les bords de la Seine et dans les lieux abrités de l'Île-de-France, mais ils n'ont pas laissé de trace dans la toponymie.

En revanche, les noix figurent sur tous les terroirs. On les broie pour obtenir de l'huile, on les fait sécher pour les conserver tout l'hiver. Les variétés de ces arbres venus d'Asie durant l'Antiquité sont nombreuses. On gaulait plus volontiers les noix à coque tendre, plus tardives, encore appelées noix à mésanges parce que ces oiseaux obstinés pouvaient les fendre d'un coup de bec pour cueillir l'amande. Les noyers bifères donnaient des fruits deux fois l'an, les hétérophylles aux branches inclinées comme celles d'un frêne pleureur donnaient les meilleurs fruits comme ceux de la Saint-Jean, que l'on pouvait manger en mai. Les villageois redoutaient ces hauts arbres droits qui passaient pour attirer la foudre et rendre malades les vaches en donnant d'étranges maladies à l'herbe qui poussait à leur ombre. Mais ils étaient la providence culinaire des campagnes, tout en offrant aux menuisiers le plus beau bois sombre pour les meubles.

Faut-il s'étonner du très grand nombre de villages français qui évoquent cet arbre prolifique, aux fruits d'une inestimable valeur ? Le noyer donne en Corse Nocario ou Noceta. Il est présent dans le sud, malgré la concurrence de l'olivier. On compte des Noguères dans les Pyrénées-Atlantiques (de *nogueras* venant du latin *nucaria* : les noix) ; Nogaro est un canton du Gers où les noyers poussent drus, ainsi que Nougaroulet, le petit Nougaro. Les terrains de Dordogne sont plantés en noyers (Nojals-et-Clotte) comme ceux de Noyers-sur-Jabron dans les Alpes-de-Haute-Provence. Nombreux sont les Noë dans le nord (Loire et Aube). On accole un pont à Noyers-Pont-Maugis dans les Ardennes. Dans l'Oise le saint tourangeau est présent à Noyers-Saint-Martin.

On dispose encore de la gamme féconde des *Noisy* qui sont le-Sec, le-Grand, le-Roi, sur-École ou sur-Oise, sans compter les Noisiel ou les Noiseau.

Il ne faut pas y joindre Noyon qui ne veut pas dire marché aux noix mais nouveau marché. La petite ville de l'Oise, qui possède une des plus belles cathédrales du pays franc, a pu sacrer un Capétien, en gardant son beau nom romain de *Noviomagus*. Dans ce poste militaire s'échangeaient sans doute les produits des provinces. La richesse attirait les évêques qui y tinrent souvent concile. Si Hugues Capet s'y fit élire roi en 987, il n'était pas le premier à se faire couronner à Noyon. En effet, en 768, Charlemagne, avant d'être sacré empereur à Rome, avait tenu à y recevoir des mains de l'évêque la couronne des Francs. Ville de terroir, de terrain, de territoire, qui ne doit rien aux noix. Il reste que, nonobstant Noyon, la noix est un des fruits les mieux partagés en Gaule.

L'olivier est le noyer du midi. On en tire l'huile précieuse qui donne joie, force, pétulance aux femmes, souplesse aux athlètes.

On trouve des oliviers plantés dans le sud des Alpes mais le Champoléon des Hautes-Alpes ne peut accueillir cet arbre méditerranéen qui exige beaucoup d'ensoleillement et redoute les gelées. Il faut donc admettre que Champoléon (*campus*, le champ et *olivus* l'olivier) ne peut faire référence, tout comme Olivet, la ville proche d'Orléans, qu'au mont des Oliviers de l'Évangile. Par contre Olivese en Corse-du-Sud est manifestement le nom d'un village de plantation d'oliviers. Ollioules, dans le Var, attestée depuis le XIe siècle, était terre de la Provincia romaine, sur la route d'Italie à Barcelone, où les colons avaient très tôt planté, s'il n'existait déjà, l'arbre sacré d'Apollon.

On compte même un petit hameau dépendant de la commune de Marseille qui s'appelle Les Olives et dans la commune de Banyuls, Olivier. Poséidon frappe de son trident le rocher d'Athènes pour faire jaillir l'eau qui permettra à l'olivier d'Athéna de pousser. Dès que paraît l'olivier, les dieux sont présents. Le rameau d'olivier, signe de paix, apaise et purifie. Il joue le rôle du rameau de buis dans le nord pour les cérémonies mortuaires. Le prêtre bénit les oliviers le dimanche précédant Pâques. Quant à l'huile tirée des olives dans des moulins spéciaux, elle a un usage sacré dans la tradition antique. Les Grecs n'oubliaient pas que l'olivier avait été donné à Athènes par la déesse Athéna. Les Hébreux firent plus que de l'honorer, ils donnèrent à Moïse de l'huile sacrée pour qu'il consacre à Dieu le prêtre Aaron. Le premier roi d'Israël, Saül, fut oint par le prophète Samuel : oint du Seigneur, comme plus tard les rois de France sacrés à Reims grâce aux « saintes espèces ». Rien d'étonnant donc à ce que l'arbre des dieux et des rois ait laissé son nom dans la toponymie de la France gréco-latine et catholique.

Des fruits présents chaque matin à Rungis, peu sont à l'origine de noms de lieux, comme s'ils n'existaient pas pendant le haut Moyen Âge. Quelques poires mais pas de pêches, d'abricots ni de fraises, point de melons ni de pastèques à Cavaillon, qui ne doit rien au cucurbitacé, mais

tire son nom de la colline qui portait un *oppidum* préhistorique. La racine *cab* indique, dit Dauzat, de la hauteur.
Quelques fruits rares apparaissent sur certains sites : la framboise, présente dès le XIIe siècle en Eure-et-Loir (La Framboisière). Rien dans le nom de Plougastel-Daoulas ne sent le fraisier ni la fraise ; Plougastel signifie : le village au pied du château, et Daoulas est la forme bretonne du prénom celtique Douglas qui désigne un saint.

Les cerises sont un fruit gaulois représenté dans de nombreuses régions. Cérisières en Haute-Marne a-t-elle plus de cerises que Montmorency ? Elle n'a pas eu de seigneur pour lui imposer son nom. Sinon, elle se serait peut-être appelée Cerisiers comme ce canton de l'Yonne attesté dès le IXe siècle ou Le Cerisier, ou Les Cerisiers comme de très nombreux lieux-dits de la France du nord, du centre et de l'est. Sans parler de Cérizols dans l'Ariège au flanc des Pyrénées ou de Cerizay dans les Deux-Sèvres. Outre ses qualités de fruit, la cerise a un usage médicinal très précoce. On l'utilise souvent comme diurétique en raison de sa très riche teneur en potassium : « Tu fais dans notre corps couler un sang nouveau, disaient les médecins de Salerne, et pour les calculeux tu donnes ton noyau. » Aimable fruit dont on recueille la queue pour faire des potions, et l'écorce pour combattre la fièvre. La cerise est la providence des villages sans médecins. Elle soigne tout. Il faut bien sûr distinguer la cerise sauvage du merisier, la cerise acide, le bigarreau à peau dure créé au temps de Napoléon... Les cerises ont une gamme et une chanson, celle de la Commune de Paris. Un fruit aussi populaire se devait d'être présent dans les lieux.

Le cognassier, dans sa robustesse, n'a pas cette place privilégiée. On lui connaît pourtant des gîtes qui semblent indiquer une très large notoriété. On en trouve en Moselle (Coin-lès-Cuvry, Coin-sur-Seille), dans l'Indre (Coings), dans l'Aisne (Coingt) et dans la Sarthe (Cogners). Comme la cerise, le coing jouit d'une flatteuse réputation médicinale. On le préconisait jadis comme antidote pour les poisons. Ce fruit jaune à chair cotonneuse, fort odorant, n'est pourtant pas exquis. Il faut croire que les Mosellanes et les Sarthoises le faisaient cuire pour en faire de la gelée, de la confiture, des marmelades et peut-être du ratafia. Le célèbre Joseph Caillaux, l'élu de Mamers, mangeait-il de la marmelade de coings ? On peut le croire, d'autant que ce fruit précieux, sans doute partout répandu, passe pour avoir d'antiques origines : dans Virgile, le berger Corydon l'offrait au bel Alexis. Malheureusement, Mamers n'a rien à voir avec marmelade. Le fief du radical anticlérical tirait son nom d'un saint disparu, oublié, Mamès.

N'oublions pas la noisette qui semble avoir été très appréciée des Gaulois et des serfs. Les bosquets de noisetiers sont aussi fréquents que les coudriers. Ils poussent vite en terre humide et fournissent aux hommes, aux oiseaux à bec fort et aux écureuils une pitance royale. Ablois-Saint-Martin, dans la Marne porte le nom de la noisette : en latin, *avellana*. Aulaines dans la Sarthe regorge de noisetiers et Aumelas dans l'Hérault d'amandiers. Ces produits de cueillette sont fort appréciés des pauvres qui sont loin de pouvoir s'asseoir au bon repas des villages riches comme Baudinard-sur-Verdon dans le Var, Beaudinard dans les Bouches-du-Rhône. Ils sont plutôt logés à Maurepas, ces villages de la Somme et des Yvelines, où l'on mangeait des nèfles et du pain noir.

La prune, heureusement, enrichit les manses et réjouit les fermes. La prunelle est partout, que l'on cueille dans les haies pour en faire l'alcool des laboureurs. Le *prunus* sauvage n'est pas la seule variété. Les pruniers étendent leurs branches chargées de quetsches dans les jardins du curé et, depuis le XVe siècle, de mirabelles importées d'Italie par le roi René de Provence, jusqu'en Lorraine, son fief matrimonial ; pourtant ni Mirabel-aux-Baronnies dans la Drôme ni Mirabel dans l'Ardèche ni Miribel dans l'Ain, ni Mirebeau ni Mirabeau ne désignent les prunes jaunes au goût exquis, mais seulement un lieu où l'on a une belle vue, une hauteur d'où l'on peut découvrir un superbe paysage, avec ou sans pruniers dans les jardins.

Si l'on cherche la prune, il faut aller en Corse quand on l'aime sauvage (Prunelli-di-Casacconi ou Prunelli-di-Fiumorbo). Certains villages s'appellent tout simplement Pruniers (Indre) ou Prunières (Lozère). En Moselle, la taille des prunes n'a sans doute rien à faire là, Pournoy-la-Chétive ou Pournoy-la-Grasse. Tous les Prenois, Prunoy, Prény et autres Pulnoy fleurent la prune et fleurissent au printemps en une nuée de fleurs blanches cachant les toits des villages, comme dans la Meuse de Fernand Braudel. Prugnanes dans le Roussillon et Prugny dans l'Aube se rattachent à cette famille de mots fruités.

L'universalité de la prune s'explique aisément. Cuite au four, elle donne le pruneau qui, à l'instar de la figue, peut remplir les buffets comme friandise en réserve. La prune est un fruit précieux de longue conservation. Au XVIIe siècle, on en connaissait plusieurs espèces, fort appréciées des rois de France, particulièrement la reine-claude qui tenait son nom de l'épouse de François Ier. Tours et Brignoles avaient la spécialité des prunes noires dites de Damas, qu'elles vendaient confites. Bagatelles de cour ou nourritures des chaumières, les prunes tenaient une large place sur la carte de France. Comme les coings, elles étaient un aliment, une médecine et une gourmandise. Elles pouvaient éventuellement parfumer un breuvage. Elles n'avaient pas, comme la pomme et le raisin, le mérite éclatant de pourvoir en boisson courante la table du riche et du pauvre.

Les fruits de la vigne

Les pampres de Bacchus courent le midi, c'est naturel : le terroir privilégié de la vigne est caillouteux, ensoleillé, honnêtement humide. Le vin est un produit grec et latin, également syrien et palestinien. Le raisin de vigne, comme la prune, se consomme séché : Corinthe la Grecque s'en est fait une spécialité. Pourtant les noms du midi impliquent rarement la vigne et le vin, comme s'il était naturel de ne pas les mentionner, puisqu'ils poussent et mûrissent partout. En revanche, dans le nord, les noms de lieux sont fréquemment suivis de suffixes comme les-Vignes (Saint-Thibault-des-Vignes près de Lagny), le-Vigneux ou la-Vineuse. La religion chrétienne faisait obligation au prêtre d'utiliser le vin pour dire la messe. Le moindre coteau ensoleillé était planté de vignes, jusqu'à la limite du possible : ainsi naquirent les riches vignobles d'Alsace et de Champagne. On repoussa loin vers le nord la zone de plantation des vignes. Dans les successions, les notaires prenaient soin de préciser que les terrains bénéficiaient de plants de vignes. Les villages riches en vignobles affichaient leur production. Pas tous : aucun des grands crus de Bourgogne ou du Bordelais ne portent de nom rappelant la vigne, les raisins ou le vin. Les villages sont baptisés par les châteaux, ou par les données de la géographie. La vigne est signalée quand elle n'a pas de raison de figurer dans le nom, pour indiquer, en somme, une heureuse exception. Ainsi Le Vignau dans les Landes ou Les Vigneaux dans les Hautes-Alpes ou la Haute-Garonne. On trouve un Vignats dans le Calvados du cidre et un Vigneux-Hocquet dans la Meuse. Le vin de Toul a-t-il fait école? Vignot, Vigneul-sous-Montmédy, Vigneulles-lès-Hattonchâtel. Les vins de Moselle sont évoqués par Vignolles et Vigneulles mais on trouve aussi des Vignol dans la Nièvre, Vignolles dans la

Charente, l'Isère (Vignieu) ; Vigny, en Moselle, vient aussi de la vigne ; comme Vigny-lès-Paray en Saône-et-Loire. En cette région particulièrement vineuse, Quincié, attestée depuis le XIIIe siècle, dont le nom désignait sans doute un propriétaire gallo-romain appelé Quintius, a signalé récemment son image de marque — sa production vinicole — en s'appelant Quincié-en-Beaujolais. Certains bourgs s'appellent tout bonnement Vignes, comme dans les Pyrénées-Atlantiques et dans l'Yonne, sans compter les Vignemont, les Vignevieille, les Vinay de la Marne et les Vineuse de Saône-et-Loire.

Une telle abondance ne doit pas désespérer le lecteur. Si le vin est aujourd'hui en France de consommation courante, il fut réservé, pendant des siècles, aux prêtres qui l'utilisaient à de pieuses fins, à la table des riches bourgeois capables d'acheter des flûtes et des tonneaux, et naturellement à celle des nobles. Les vignobles qui s'enrichissent sont ceux dont le vin est transportable : celui de Beaune, plus tard le Bordelais et les vins de Loire. Henri IV acclimate le Jurançon, qui voyage mal, et la Champagne fournit Paris. Le vin n'est pas une boisson populaire sauf dans les terroirs où les manants peuvent fabriquer leur vin de consommation. Mais ils réservent généralement le sol divisé en manses aux cultures céréalières et à l'élevage. Ils disposent dans le nord, le centre, l'est et encore moins dans l'ouest d'une faible quantité de réserves. Les pauvres boivent du piré, du cidre, ou de l'eau fraîche. La « chopine » de vin rouge n'est pas un produit courant. On la garde pour les cérémonies, ou pour la conclusion des marchés dans les cabarets de foire.

Il reste que de nombreux vilains « font leur vin » et se réservent un tonneau à la cave où ils puisent à longueur d'année quelques pintes reconstituantes. Heureux sont ceux qui peuvent vendre des flûtes ou des tonneaux aux riches monastères. Les noms de villages de ces privilégiés affichent leur spécialité.

Qu'on ne s'étonne pas de la faiblesse de la toponymie vineuse des pays de Languedoc : le grand vignoble est de création récente : avant le règne de Napoléon III, les vignes accrochées aux pentes des collines pourvoyaient seulement à la consommation locale. Pas l'ombre d'un pampre dans les noms de Narbonne, de Béziers ou de Nîmes. La première ville tire sans doute son nom d'un fleuve (Ptolémée appelle l'Aude *Narbon*) ; les racines de Béziers sont préceltiques. Quant à Nîmes, son nom désigne davantage l'eau que le vin : le sanctuaire (*nem* en gaulois) est consacré à une source et à son dieu.

Pas de vignes dans Sancerre. Pourtant le nom dénonce saint Satur, le patron d'une abbaye dans le Cher. Les moines de Saint-Satur étaient-ils vignerons ? On ne sait, pas plus que les sœurs de l'hospice de Beaune, place de négoce des vins célèbre au Moyen Âge. Le nom de Beaune est de haute antiquité gauloise. Il n'a rien à voir avec la vigne et signifie la ville de Belenos, un dieu gaulois assimilé à Apollon, et non à Bacchus. Pour sa part, l'étymologie de Bordeaux est mystérieuse. Rien dans Burdigala ne peut être revendiqué par les chartrons et les radicaux *burd-* et *gala* n'ont pas livré leur secret. On peut banalement avancer : la ville au bord de l'eau... Monbazillac n'a aucun sens œnologique. C'est seulement le nom du Gallo-Romain propriétaire du domaine, qui s'appelait, pense-t-on, Basile ! Quant au village de Saint-Émilion, il doit son nom au saint évêque de Nantes Émile, qui vivait au VIIIe siècle. Cognac tire son nom d'un maître anonyme, heureux possesseur de cette terre de Charente au temps de l'occupation romaine. Il s'appelait peut-être Connius.

Les vins aux noms de saints ont généralement de pieuses origines. C'est le cas de ce Portianus, abbé en Auvergne, qui a donné Saint-Pourçain. Le vin blanc et fruité de Saint-Pourçain est le meilleur de la région et s'accommode des frimas de la Sioule en raison de l'ensoleillement des collines. Il n'en va pas de même des petits crus de la région montluçonnaise qui ont tous disparu. Il y a cent ans, on faisait encore du vin à Domérat, village gallo-romain jadis possédé par Armalius ou Armarius, homme puissant. Ces vins de domaine étaient produits pour la table, ou la messe. On ne voit pas que les vins de Champagne aient laissé des traces dans la toponymie champenoise : Reims est la capitale de la tribu des Rèmes, qui buvaient peut-être de la cervoise. Épernay, perdue dans ses buissons d'épines (*sparn*, en gaulois, veut dire épine), s'enorgueillit de crus portant les noms des propriétaires : Moët, maire de la ville au temps de Napoléon, Mumm ou la « veuve Cliquot ». Pas d'intrusion toponymique dans les grandes marques.

La reine des fruits

Plus nombreux encore sont les lieux liés à la pomme, qui règne en maîtresse sur tout l'ouest du territoire et n'est absente d'aucun terroir. La pomme se dit *aballo* en gaulois : cela donne Avallon, en basse Bourgogne, où les pommiers sont nombreux. La ville haute, proie régulière des écorcheurs, enfouit ses pommes dans des caves, à côté des tonneaux de vin rare venu de haute Bourgogne. On retrouve la même racine dans Availles-sur-Seiche en Ille-et-Vilaine, Availles-Limouzine dans la Vienne ou Availles-sur-Chizé dans les Deux-Sèvres. En burgonde, pommier se dit *apuldr*. Les Barbares, qui aiment les pommes rouges, ont donné leur nom à Avoudrey, dans le Doubs. Aballo donne encore Évaillé dans la Sarthe, alors que dans l'Eure la terminologie normande impose *appel* pour le village où l'on récolte des pommes dans les jardins : Épégard.

Latinisée, la pomme baptise encore plus de villages gaulois qui s'appellent simplement Pommiers dans le Gard, l'Aisne, la Charente-Maritime (Pommiers-Moulons), l'Indre et la Loire mais aussi, à l'est, dans le Rhône et l'Isère. La variante Pommier existe dans le Pas-de-Calais. Tous les suffixes et déformations sont possibles : Pomarède dans le Lot, La Pommeraie-sur-Sèvre en Vendée ou La Pommeraye dans le Calvados, paradis incontesté de la pomme. Les Landes ont Pomarez et la Bretagne Pommeret ou Pommerit-le-Vicomte. L'Hérault tient pour Pomérols, comme la Mayenne pour Pommerieux. Les Pyrénées abrègent : Pomps. Les Bourguignons disent Pomeys. Mais n'allons pas croire le Pommard de la Côte-d'Or vendu aux pommes ! Le nom signifie : le terrain de la mare. Autre faux ami, la Pommeuse de Seine-et-Marne : un simple pont *(pons)* sur la Macra — aujourd'hui le Grand-Morin.

Les pommiers poussent partout mais exigent un temps doux et pluvieux pour faire des pommes sucrées, aux joues rouges.

La pomme est probablement le fruit le plus ancien et le plus chargé de légendes. L'itinéraire du nom de la pomme est significatif. Les Celtes disent *aballo* et les Latins disent d'abord *malum* : ils désignent par le même vocable le mal. La pomme est-elle maudite ? Ils l'appellent bientôt *pomum*, qui est le terme général pour fruit. Ainsi la pomme devient-elle le fruit par excellence. Elle est la pomme d'or du jardin des Hespérides et prend place dans tous les cycles légendaires. Chez le dieu Lug des Gaulois, le forgeron bénéfique, la pomme est l'enjeu de la survie des trois fils de Tuléran qui ont tué leur père. Ils ne seront rachetés que s'ils apportent au dieu une pomme. Dans l'île d'Avalon, dont le nom évoque une pommeraie, la reine de l'Autre Monde entraîne le héros Bran dans le monde éternel non sans l'avoir muni au préalable d'une branche de pommier. Dans la Bible, la pomme est un fruit qui ranime Salomon. Alexandre le Grand croit fermement qu'un sage, s'il mange uniquement des pommes, peut vivre trois siècles. La pomme est le fruit du salut, même si dans la Bible c'est aussi celui de la tentation d'Ève et de la perte du Paradis.

Ambiguïté de la pomme : les Anciens savent déjà qu'elle doit être l'objet de soins attentifs si l'on veut obtenir dans les pommeraies de beaux fruits. Les pommiers doivent vivre ensemble pour que leurs fleurs soient fécondées par les oiseaux de passage. Qui s'intéresse à un pommier isolé ? Les abeilles le méprisent, les mésanges l'ignorent. Mais la fécondation ne suffit pas. La greffe seule peut faire pousser sur les branches les fabuleuses boules d'or. On cite Claudius Appius, voyageur romain du IIIe siècle avant le Christ, comme l'introducteur en Occident de la greffe des pommes, apprise dans le Péloponnèse. Est-ce la pomme d'Api ? Quant à la pomme de reinette, elle est l'objet des soins constants des arboriculteurs.

Les Latins, au temps de César, raffolent d'une variété qu'ils appellent *matiana*, dont les Espagnols feront *manzana*. On pense que les meilleures sur les marchés de Rome venaient de Gaule : elles étaient blanches ou grises et les Champenois les cueillaient dans leurs vergers pour l'exportation. Il n'est pas étonnant que les villages de Champagne paient encore tribut aux différents noms de la pomme.

Elle fournit le cidre et le calvados distillé dans des alambics de campagne à partir du cidre. Le secret de fabrication vient-il des Grecs, via l'Espagne ? A-t-il été véhiculé dans les campagnes de l'ouest par les marins des navigations atlantiques ? Il est clair que le cidre est connu dès le VIIe siècle puisqu'on trouve mention de ce breuvage offert à l'apôtre saint Colomban par le roi mérovingien Thierry II. On affirme que Frédégonde en avait fait son ordinaire. Était-il alors bu sur toute la côte ? Les Vikings en raffolaient au point que Guillaume le Conquérant en fit charger sur ses navires quand il partit à la conquête de l'Angleterre. On considérait la pomme du Cotentin comme la meilleure pour fabriquer le cidre, ou sidre.

Ainsi la pomme se buvait et se mangeait de toutes les manières : en soupe, plat de légumes, séchée et coupée en rondelles, cuite et transformée en marmelade ou en confiture. Fruit providentiel qui servait aussi aux belles pour laver leurs dents ou pour adoucir la peau : les « pommades » viennent de pomme et trouvent aussi leur origine dans l'ouest.

La reinette a fait la conquête des Gaules bien avant, et ses plus fervents adeptes ont tout simplement donné son nom à leur village. L'abondance de ces noms dans la toponymie indique suffisamment que les hameaux disposaient tous de vergers à pommiers. La pomme était devenue l'un des éléments essentiels de l'alimentation des familles.

Le cidre chassait le vin. Les hommes de l'ouest, buveurs de bière au temps des Gaulois, étaient devenus consommateurs exclusifs de cidre. Rien n'empêchait le paysan de récolter ses pommes et de les traiter à sa manière pendant tout l'hiver, sans bourse délier. Les variétés ainsi obtenues faisaient la réputation des crus, qui se négociaient sur les marchés urbains comme ceux des vins. Les curés n'allaient pas jusqu'à substituer le cidre au vin dans les saintes espèces, mais les provinces de l'ouest étaient toutes devenues, de la Vendée au pays de Caux, ardemment cidricoles.

Le chêne et le roseau

Les forêts, plus encore que les vergers, fournissaient aux habitants des villages des ressources précieuses. Aussi les principales essences d'arbres ont-elles laissé des traces fort importantes dans les noms des lieux. Le chêne, qui porte volontiers le lierre et le gui, plantes de vie éternelle, est partout représenté. Si Quelneuc en Morbihan renvoie au houx, le latin *quercus* (le chêne) donne Quercitello en Corse où les arbres sont courts mais robustes, les branches tordues par le vent, accrochés à la garrigue sauvage. Les Gaulois appelaient les grands chênes *cassanos* et l'adoraient partout à l'égal d'un dieu. Le Chesnay ou Chanay en Bourgogne répondent aux très nombreux hameaux du grand ouest appelés La Chesnaie, La Chesnaye, Le Chesne qui deviennent Chanas dans l'Isère et Chasnans dans le Doubs. Les lieux-dits consacrés au chêne abondent en Normandie et dans le centre. Les chênes du Limousin sont célèbres ainsi que les arbres vénérables de la forêt de Tronçais dans le Cher. Le provençal *casanha* (le chêne) est une autre racine donnant naissance à une génération de villages du sud, où l'arbre est aussi présent. Casseneuil dans le Lot-et-Garonne ou Chasseneuil-sur-Bonnieure en Charente ont de belles chêneraies, comme Cassuéjouls dans l'Aveyron. En Gironde, Casseuil passe pour être sur le territoire d'une villa jadis possédée par Charlemagne. Louis le Débonnaire y aurait vu le jour. La Cassagne, en Dordogne, est aussi une chêneraie. On trouve des noms équivalents dans tout le sud-ouest, jusqu'au pied des Pyrénées. Mais les La Chassagne ou Lachassagne sont également attestés dans le sillon rhodanien, la Bourgogne, la Franche-Comté. Les notables, les rois revendiquent les forêts de chênes où ils donnent des chasses. Cassagnes-Comtaux dans l'Aveyron appartient au comte. On peut faire chanter son suffixe en Cassaniouze dans le Cantal ou Cassagnoles dans l'Hérault. La racine est la même : c'est le bois de chêne.

Dans le nord, les villages consacrés au chêne s'appellent Caisnes (Oise), Le Chesne (Ardennes) ou Chesnes (Isère). Dauzat est perplexe devant le chêne creux de l'Orne (Chênedouit) qui pousse sans doute près d'une rivière qui en a évidé le tronc. Le Quesnay-Guesnon du Calvados désigne le propriétaire de la forêt, Quesnoy-le-Montant dans la Somme la localisation géographique de la chêneraie comme Quesnoy-sur-Airaines où les chênes sont plantés dans le sable *(arena)*. La forme picarde ou flamande du chêne est le Quesne ou le Quesnois.

Aucun arbre ne joue un rôle aussi universel dans la toponymie. On le retrouve sur tous les parcours de la carte de France : non seulement dans les forêts royales et domaniales des bords de Seine ou de Loire, mais dans les bourgades du nord et de l'ouest, aussi bien que du sud, jusqu'en Corse. Les terroirs montagneux sont évidemment les moins chenus, encore que le chêne y pousse à flanc de côte jusqu'à une certaine altitude.

Certaines forêts disparaissent, happées par la marine à voile. Il en est ainsi des chênes du Ventoux, devenu sensible aux vents depuis qu'il est le mont chauve de Provence : ses flancs ont beaucoup souffert de la coupe des chênes pour la construction des galères de Toulon et des voiliers de Marseille. Les constructeurs de navires, au temps de Colbert, abattaient les chênes jusque dans la forêt de Tronçais.

La construction est une autre activité dévorante : les troncs des chênes du Morvan ont flotté le long de l'Yonne et de la Seine jusqu'à Paris pendant des siècles. On a bâti des villes entières, dans le royaume, en abattant les arbres des druides. Ceux des forêts domaniales étaient mieux protégés, en raison de l'attachement des rois et grands seigneurs à leurs réserves de chasse pour les animaux de courre, cerfs et sangliers. Des milliers d'hectares ont été ainsi préservés dans la région parisienne, mais de nombreuses chêneraies ont disparu : seule la toponymie l'atteste. Que reste-t-il des grands chênes du Moyen Âge au Chesnay, près de Versailles ? La forêt de Bondy, riche en chênes, n'est plus qu'un souvenir et des bois de Verrières, il ne reste que des bosquets. La forêt de Brocéliande, dans le pays de Rennes, compte encore 8 000 hectares, mais ce qui reste est l'infime partie des bois immenses où se perdait, dans les chesnaies et les étangs, l'imaginaire du haut Moyen Âge. À Pennpont (qui signifie : au bout du pont), on peut parcourir encore l'immense forêt où l'on enfermait, par magie, des personnages dans les troncs des chênes : l'enchanteur Merlin fut lui-même victime de la fée Viviane, qui l'avait ensorcelé pour toujours. On montre, sous les chênes, la fontaine de Barenton, dont l'eau apporte la jeunesse éternelle, où Viviane rencontra Merlin. On s'y rendait, au XIXe siècle encore, en procession pour faire venir les pluies. Les prêtres utilisaient un lieu magique, jadis fréquenté par les druides, pour obtenir, à la demande de la population, des prodiges. Un curé trempait dans l'eau de la fontaine le bois de chêne de la sainte croix pour en asperger la dalle plate de Merlin l'enchanteur. À ce prix venait l'orage.

Cet arbre participe de la magie du lieu. La forêt attend le retour du roi Arthur, blessé à Camlan, prisonnier dans l'île aux pommiers sacrés d'Avallon. Les frémissements des feuilles annoncent-ils son retour ? Il fera, dit-on, résonner trois fois sa harpe d'or. Alors les Bretons de Galles, de Cornouailles et d'Armorique seront réunis et sortiront du long hiver de la servitude. Autour de Paimpont, de Saint-Malon-sur-Mel à Concoret, les chênes attendent. Ils peuvent ainsi survivre pendant plusieurs siècles et l'on montre en forêt de Tronçais des arbres plantés au temps de Louis XIV pour repeupler les fourrés décimés par les bûcherons de la marine. La longévité du chêne accompagne sa majesté : rien ne peut pousser sous sa robe dense, qui cache les voleurs, les fugitifs, les repris de justice. On a longtemps montré le chêne qui a permis au roi malheureux d'Angleterre, Charles II, d'échapper à ses poursuivants. Le chêne est tutélaire : donner son nom à un village est gage de robustesse, de solidité, d'invulnérabilité.

C'est l'arbre souverain. En forêt de Vincennes, il est le rendez-vous des plaignants qui demandent justice au roi Louis IX. Comment ne pas dire le droit sereinement, sous un arbre dont l'image est celle de la force tranquille, de l'impartialité souveraine. Bon chêne ne peut mentir ni décevoir, puisque son bois est à toute épreuve. Il ne peut altérer ni le vin, sang du Christ, dans le tonneau gaulois, ni trahir le marin qui arque sa coque en bois trempé. Point de trous, point de nœuds, un bois lisse, dur, au grain serré.

Mais aux feuilles sensibles, celles qui prédisent l'avenir

à Dodone par la musique de leur frémissement, celles qui enferment et parent la nudité des dryades, qui rehaussent le front aux cheveux blonds et bouclés des vainqueurs d'Olympie. Comme les chênes de Dodone, ceux de Pennpont ont un dialogue avec le ciel.

Le châtaignier corse

Le châtaignier lui ressemble par sa générosité. Il donne d'abord son nom, fort libéralement. La châtaigne, comme le gland, est l'aliment le plus naturel, le plus répandu, celui qui demande le moins d'efforts à obtenir. La châtaigneraie corse est féconde en noms de villages : Castineta. Elle a donné son nom à une région entière, dans la montagne au sud-est de Calvi, la Castaniccia. Les villages placés sur des pitons rocheux dominent la mer verte des châtaigniers : plus de 5 000 hectares de bois qui fournissaient les hommes en combustible et en bois d'ébénisterie, ainsi qu'en piquets de vigne. La châtaigne était préparée pour les repas en une farine blanche qui donnait aussi bien du pain que des gâteaux ou la polenta. On mangeait ces galettes avec le fromage frais (brocciu) de brebis. D'innombrables troupeaux de porcs, de moutons, de chèvres faisaient la richesse de la région.

Les fourrés aux bogues piquantes protégeaient les fugitifs, abritaient les foyers de révolte. À Morosaglia est né Pascal Paoli, le héros de l'indépendance corse. Le pays, dont le nom est obscur (signifie-t-il : le Maure ?), est le centre de la « nation corse », au cœur des châtaigniers. Les Carthaginois, les Romains, les Maures n'ont jamais réussi à pénétrer cette épaisse forêt, qui masque les mouvements des hommes et protège les villages. Cette région-forteresse doit à la densité de la forêt son invulnérabilité.

Michelet prétendait qu'un seul châtaignier de l'Etna pouvait abriter cent chevaux. Ceux de Corse, tricentenaires, rivalisent de robustesse avec les chênes. Si la Corse est son domaine privilégié, c'est que le châtaignier exige, pour être fécond, de longs étés ensoleillés et qu'il répugne aux frimas prolongés. Il donne ses meilleurs fruits à flanc de coteau. Peu exigeant en sols, il supporte la fraîcheur comme le soleil. Il peut ainsi pousser fort loin vers le nord, jusqu'en Alsace, pourvu que les étés soient chauds. Les Alsaciens le plantaient jadis en plaine, au milieu de champs de pommes de terre.

La toponymie nous indique qu'on le trouve en réalité dans toute la France, jusque dans les brumes de la région parisienne. Les arbres de la forêt de Montmorency avaient le tronc si large qu'ils frappaient Rousseau par leur majesté. Il aimait écrire, assure-t-on, à l'ombre de ces châtaigniers. Les gens de Sancerre se sont longtemps flattés d'un arbre de dix mètres de tour, qu'ils faisaient visiter comme un monument. On assurait qu'il avait mille ans !

Bon bois de forge qui pétille et jette au loin ses éclats, le châtaignier nourrissait les fonderies corses, qui faisaient venir le fer de l'île d'Elbe toute proche. Les forgerons fabriquaient ensuite armes et socs, ferrures et pointes, pendant que les paysans se servaient des piquets de châtaignier pour fabriquer des futailles, des claies, des échalas, des poteaux, des portes et des poutres.

On savait conserver longtemps les châtaignes : trempées dans l'eau pendant quinze jours, ressuées, enfouies dans le sable, elles pouvaient être consommées six mois plus tard. On était ainsi assuré, dans les montagnes, de ne pas mourir de faim pendant l'hiver. On pouvait aussi les fumer et les sécher. Pour en faire de la farine, on les foulait sur l'aire sous les sabots des chevaux. Un fruit aussi précieux ne pouvait manquer de faire la conquête de la France entière.

On remarque en effet que les noms de villages où la châtaigne s'est incrustée dépassent sensiblement l'aire actuelle du châtaignier. Il allait partout, répondant aux besoins primordiaux, affichant ses bogues pleines les années où les caprices du temps avaient ravagé les champs de blé. Les Auvergnats, Cévenols et Ardéchois, les Limousins et les Rouerguats mangeaient des châtaignes à foison, produisant les plus beaux marrons qui ornaient, confits, les tables des riches.

L'aire privilégiée du châtaignier se trouve bien sûr dans les départements ensoleillés et chauds : on trouve Castans dans l'Aude où l'on cueille les châtaignes, Castagniers dans les Alpes-Maritimes, Chastanier dans la Lozère et Castagnos-Souslens dans les Landes. On est surpris de rencontrer des châtaigniers sur le territoire de la grande forêt landaise. Castandet, de même racine, dans ce département plutôt habité par les pins, atteste une certaine variété de la forêt, du moins par places. Les pentes herbeuses des Pyrénées-Atlantiques accueillent les châtaigniers : à Castagnède, Casteide-Cami, Casteide-Candau et Casteide-Doat. La Haute-Garonne compte quelques villages à noms de châtaignes (Castanet) comme le Tarn-et-Garonne, l'Aveyron ou le Tarn. Mais le châtaignier s'étend plus au nord, envahit l'ensemble du Massif central jusqu'à la Haute-Vienne (Le Châtenet-en-Dognon), l'Yonne (Chastenay), la Charente, la Haute-Saône (Châtenois), le Loiret, la Saône-et-Loire (Châtenoy-le-Royal), le Loir-et-Cher, la Haute-Marne... On note bientôt les Vosges et le Territoire-de-Belfort parmi les régions habitées. Les villages s'y nomment Châtenay (Ain) ou Châtenois (Jura).

Le roi des aulnes

Le chêne a tué le noisetier, puis les ormes, les charmes et les tilleuls ont envahi l'aire du chêne, dans les coupes d'exploitation excessive, en raison de la proximité des marchés urbains du bois. Les forêts de noisetiers, toutes-puissantes semble-t-il aux temps préhistoriques, ont depuis très longtemps disparu, et cependant les précieuses noisettes subsistent dans les noms de villages ; elles les signalent comme des lieux privilégiés. Abère en Béarn vient du latin *aballena*, la noisette.

Une petite noisette demeure dans la Sarthe à Aulaines. On en trouve encore dans la Marne (La Caure, Corroy), dans les Côtes-d'Armor (Caurel), ou dans le Nord (Cauroir). Voissay en Charente-Maritime évoque le nom celtique de la noisette (*vaissa*).

Le hêtre est beaucoup mieux représenté que le noisetier, chassé par le chêne. Le hêtre, au contraire, remplace ce dernier partout où il peut pousser ses avantages, en raison des déboisements. Il croît sur la montagne presque aussi haut que le sapin et s'accommode de tous les terrains. Son aspect est aussi majestueux que celui du chêne et l'on peut aussi pendre haut et court à ses branches basses les malandrins et autres écorcheurs. Avec autant de longévité, il lui suffit d'un siècle pour atteindre sa taille maximale. C'est donc un arbre pressé, précieux, dont on peut obtenir rapidement d'excellents services, même s'il passe pour plus cassant que le chêne. On évite de l'utiliser pour les charpentes mais, de Louis XIV à Napoléon, les paysans abattent les hêtres pour fabriquer les persiennes et les volets, les boiseries de navires, les lattes à ardoises, les sabots légers qui claquent sur le sol glacé, les étuis à violons et les caisses de tambours. On ne le néglige pas pour les manches de pelle et les arçons de selle, car il est plus léger que le chêne. On l'apprécie pour les jantes de roues, les moyeux de voitures à cheval et les manches de couteaux. On l'utilise dans la fabrication des vinaigres à Orléans et l'on recueille l'huile de ses fruits presque aussi pure que celle des olives. Sèches, ses feuilles sont des plus agréables pour bourrer les paillasses où l'on dort l'été. Les Gaulois l'utilisent déjà et l'appellent *bag* d'où le village de Bavay, dans le Nord, jadis peuplé de hêtres et qui n'a aucune raison de les avoir tous abattus. La même racine, selon Dauzat, donne Baynes dans le Calvados et Bayet dans l'Allier. Les Bayet sont des gens qui sont nés à l'abri des rameaux du hêtre. Dans la Somme, Bernes se souvient encore des origines gauloises, mais les noms de lieux fréquemment consacrés au hêtre portent la trace de son origine latine (*fagus* et *fagea*, la hêtraie). Ils sont extrêmement nombreux dans toutes les régions : la Corrèze et la Lozère, ainsi que tout le Massif central ont des La Faye, des Faye, qui donnent en Bretagne Le Faou, charmant petit village dans l'estuaire de l'Aulne. Faux, Le Faux, Le Faget sont d'autres appellations désignant des hêtraies. Le Fays ou Fey, La Fayolle ou La Fajolle dans le midi, et Fayet dans l'Aisne sont des enfants de la forêt des hêtres. Très souvent, les arbres ont été plantés dans le cadre des abbayes (Faget-Abbatial) dans le Gers et des villages nouveaux de colonisation. Torfou en Maine-et-Loire, fondée au XIIIe siècle, était vouée à la hêtraie qui lui fournissait ombrages et bois. On connaît un village de Troche en Corrèze qui désigne probablement le hêtre à partir d'un nom du parler local.

On considère qu'avant le hêtre les arbres de peuplement les plus répandus étaient les ormes et les tilleuls. On compte par centaines les villages évoquant les ormes. Dompierre-les-Ormes en Saône-et-Loire, mais aussi Ormesson en Seine-et-Marne. La racine latine est *ulmis*, d'où les nombreux Olmes, Oulmes en Vendée, Omet en Gironde, puis Ormoy en Eure-et-Loir ou Ormeaux en Seine-et-Marne. Les ormes, aujourd'hui fragilisés par une maladie destructrice, sont néanmoins des arbres robustes qui poussent partout et sont les bienvenus : les charmilles séculaires du château des Ormes, dans l'Yonne, ont-elles été plantées par Sully ? Elles ont été gravement touchées par l'épidémie. Jadis on bordait volontiers d'ormes les avenues et les routes royales parce que ces arbres poussaient vite et droit. Comme le chêne, l'orme était considéré comme noble ; le roi pouvait rendre la justice sous son feuillage. Devant les manoirs seigneuriaux, les ducs et les comtes paraissaient ainsi « sous l'orme », ou bien envoyaient leurs juges rendre la justice aux manants. Henri IV et Sully, émerveillés par la robustesse et les qualités de cet arbre, en avaient fait planter partout. Il était entré dans les coutumes villageoises et jouait son rôle dans la vie quotidienne. Par exemple, les paysans allaient « sous l'orme » payer la dîme, la dixième partie de leurs récoltes aux abbés, aux évêques et aux curés. Ils connaissaient heureusement des usages plus folâtres, pratiquaient les « jeux de l'ormel », dansaient et chantaient sous l'orme, toujours planté sur la place de l'église ou du marché. Sous l'« orme de saint Martial » à Toulouse avaient commencé les jeux poétiques dans cette ville qui devait inventer les « jeux floraux ». Les ormes étaient ainsi devenus des arbres de civilisation, intégrés aux coutumes et aux institutions plus encore que les chênes. On appelait encore à la fin du XIXe siècle plusieurs ormes du nom de Sully. Il passait pour avoir planté tous les ormes seigneuriaux !

Les aulnes n'avaient pas la réputation des ormes. Ils étaient cependant présents dans nombre de villages et venaient, comme eux, d'Europe centrale, bien avant les Barbares. L'aulne aquatique poussait près des rivières et dans les marécages. On s'aperçut vite que son bois, très dur, était imputrescible. Quand on construisait des cabanes ou des môles sur pilotis, l'aulne était recherché. Les boulangers, les verriers en abattaient pour leurs fours car ce bois brûlait sans fumée, avec une flamme brillante. Si les poètes le chantaient, si les amoureux recherchaient ses feuillages dorés au bord des rivières, on redoutait les aulnes du fleuve, et leur chef, le « roi des aulnes », qui passait pour noyer les voyageurs et faire disparaître les enfants. Ainsi les aulnes pouvaient-ils être maléfiques. Ils étaient fort nombreux au Pays basque, dans le plat pays, le long des rivières à saumons. Alçay-Alçabéhéty-Sunharette évoquait *altz*, les aulnes en basque ; et Annay dans le Pas-de-Calais *alnus*, aulne en latin. Les Gaulois l'appelaient *verna*, d'où le très grand nombre de lieux en Vaire, Vaires, Verne, La Vergne, Vernet ou Vernay, Verniolle et Vernines, Vernajoul, dans l'Ariège et Verneuil dans l'Allier, ou Vernouillet en Eure-et-Loir. Les aulnes sont souvent associés avec des noms de fleuves, de rivières ou d'étangs : Verneuil-sur-Avre dans l'Eure, Verneuil-sur-Indre, Verneuil-sur-Seine, sur-Serre, sur-Vienne, Verneuil-l'Étang ou Vaires-sur-Marne. Si l'orme avait un caractère sacré à cause de sa sève qui ressemble à du sang humain. L'aulne, malgré certains aspects énigmatiques, reste un arbre méritoire qui absorbe l'eau des marécages et rend l'habitat plus humain. L'aulne, sans réelle noblesse, est pourtant entré dans plus de noms de villages que l'orme.

Les pins d'Italie

Il en est de même du frêne, qui donne son nom germanique *ask* à Achiet-le-Grand comme à Achiet-le-Petit dans le Pas-de-Calais. Rien de noble ni de majestueux dans cet arbre qui peut tout de même atteindre 30 mètres et rivaliser avec les seigneurs de la forêt. On donnait jadis leurs feuilles aux vaches pour qu'elles aient un meilleur lait, plus propre à la fabrication du beurre. On prenait alors garde que des cantharides ne fussent mêlées au feuillage, elles auraient empoisonné le bétail. Les villageois vendaient les écorces aux teinturiers de la ville qui en tiraient une belle couleur bleue, et aux apothicaires qui en faisaient un succédané du quinquina. On l'utilisait pour fabriquer les flèches légères des arcs de guerre, et les arcs eux-mêmes quand on ne possédait pas le bois d'if, qui faisait les armes les plus redoutables.

Rares étaient les villages portant le nom de l'if : Les Iffs en Ille-et-Vilaine alimentaient peut-être les archers du duc de Bretagne, comme ceux de la région d'Évreux en Normandie. On appelait les habitants d'Évreux les Éburovices ou combattants de l'if (*eburos*). Les Anglais, maîtres de la Normandie, avaient décimé la chevalerie française à Azincourt, Poitiers et autres lieux, grâce à la puissance de leurs arcs en bois d'if, les meilleurs du monde. Le seul ennemi de cet arc était le rat, qui en rongeait les cordes graissées. Aussi les capitaines de compagnies avaient-ils pris l'habitude d'emmener en campagne des chats, pour protéger les armes des archers la nuit. Un capitaine des chats organisait la surveillance nocturne.

Les arcs en frêne étaient de qualité inférieure. Néanmoins, le frêne était considéré dans les villages comme un bois précieux pour composer les pièces difficiles des attelages. Aussi les noms de lieux nous parlent-ils souvent du frêne, sous des formes diverses : Fraisse, La Frasse, Le Frèche, Fraissines dans le Tarn et La Freissinouse dans les Hautes-Alpes, Fraignot-et-Vesvrotte, Freyssenet, Fresnay, Fresnois, Frémontiers.

Le tilleul n'est pas moins répandu. Il est partout apprécié pour ses fleurs qui attirent les abeilles et qui donnent des infusions aussi bien que pour son bois, utile en menuiserie. Le tilleul, comme l'orme, vient de l'est et le germain *lind* a donné son nom à Lindebeuf en Seine-Maritime. *Bodh* veut dire abri : le nom du village signifie donc que l'on peut y trouver abri sous ses tilleuls. Il en est de même de Lintot : les Normands peuvent trouver autour des maisons de ce village des tilleuls à profusion. Mais la racine latine *tilia* est comme toujours la plus utilisée : elle donne Le Theil dans l'Allier ou Le Teilleul dans la Manche, They-sous-Vaudémont en Meurthe-et-Moselle et Tilh dans les Landes. Tillou dans les Deux-Sèvres répond à Tilloloy dans la Somme, à Thieux dans l'Oise. Les tilleuls sont aussi peu exigeants en sols que les frênes. Ils poussent sur les landes désolées du Brandebourg, à l'est de l'Europe. On fabriquait jadis des cordes et des câbles pour la marine avec l'écorce très résistante. Les moissonneurs, jusqu'à l'utilisation du sisal d'Amérique, employaient en Brie des laines de tilleul.

À partir de l'an mille, hêtres et charmes cèdent la place à des arbres nouveaux, les bouleaux. Les charmes ont pourtant laissé une place importante dans notre toponymie. La Carneille, dans l'Orne, est encore entourée de charmes, comme La Charme dans le Jura ou Charmes-Saint-Valbert dans la Haute-Saône. Les Charmoy, Les Charmettes et les Charmeil sont nombreux mais les termes attestant la présence des bouleaux envahissent la toponymie.

Le gaulois *betu* donne en Lozère Bédouès et dans les Pyrénées-Atlantiques Bedous. Dans le rude village auvergnat de Besse, souvent enneigé l'hiver, les *betu* donnent des *betia*, des bois de bouleaux aux rameaux rougeoyants par temps de neige, aux troncs blancs. Le Bessat dans la Loire a la même racine, comme Bessède ou Bessières, sans omettre les Bellot, les Bellême et les Boulay. On boit ses feuilles en infusion ; on tire sa sève pour en faire du sucre, on l'utilise dans le tannage, il fait partie de la pharmacopée. Aucun bois n'est plus agréable à la veillée, en raison de sa flamme claire, aucun arbre n'est plus gai dans le paysage d'hiver. « Il laisse flotter son feuillage dans les airs, disait Chateaubriand, comme une longue chevelure. » Incorruptible, il est sabot dans la neige, canot dans l'étang. On le plante en « boulées » dans les villages de Champagne et de Picardie ; on l'aime, on le cultive, on le recherche. Un compagnon des hommes du Moyen Âge aussi proche que les animaux.

Les bouleaux, dans la plaine des Flandres, ont gagné la bataille des sols contre les aulnes et les noisetiers. Ils ont laissé la place à d'autres variétés faussement fragiles, dont les feuilles tremblent au vent, mais dont les racines tiennent bon sur le sol argileux : les trembles et les peupliers. Comme Tremblay-les-Villages en Eure-et-Loir, La Trimouille dans la Vienne vient de Tremble. Ces lieux doivent leur nom à un arbre, le tremble, ainsi appelé parce que sa feuille tremble au moindre souffle. Il semble que des plantations de trembles se soient généralisées à partir du XIIe siècle dans les villages nouveaux, sous l'action des moines et des seigneurs. Le tremble s'intègre dans tous les paysages. Il pousse vite, et meurt jeune. Ses branches contiennent assez de résine pour qu'on l'emploie en torches.

Quant au peuplier vulgaire, arbre fragile qui se coupe tous les vingt-cinq ans, on l'appelle le grisard ou le liard, le peuplier ou le poplin. Il donne naissance à quantité de lieux-dits.

Restent les résineux, pins et sapins, omniprésents en montagne depuis l'Antiquité. Le sapin sous sa forme germanique (*tanna*) est dans le Bas-Rhin à Thanvillé, dans le Haut-Rhin à Thann, Thannenkirch. Sous sa forme gauloise de *sappo* on le trouve dans l'Orne, en Normandie avec Le Sap et Le Sap-André, dans le Jura avec Sapois, les Alpes avec Le Sappey, les Ardennes avec Sapogne-sur-Marche. L'arbre des montagnes descend lentement dans les plaines, se mêlant aux bouleaux, aux hêtres et même aux chênes. Le sapin n'est pas difficile. Il prend la lumière été comme hiver, quand les grands chênes sont aveugles. Il n'est pas originaire, comme le pin, de Méditerranée, mais d'Europe centrale. Son nom vient du sanscrit *sapa* : la résine. On utilise son essence pour en distiller la térébenthine, réservant les résidus pour la poix des calfateurs. Le sapin devient ainsi autrement précieux que les autres espèces puisqu'il sert non seulement à se chauffer, mais aussi à éclairer. Est-ce sa flamme joyeuse qui le prédispose aux fêtes ? Le voilà choisi pour les bûches de Noël, pour l'accrochage des pommes et des oranges : arbre des enfants et des chansons enfantines.

Plus commun est le pin, tardivement planté dans les Landes. César avait fait couper sur les bords du Rhône un bois sacré de pins pour construire une flotte romaine contre les Marseillais. Les pins étaient la providence des légionnaires constructeurs de camps, car ils fournissaient des troncs parfaitement droits, des mâts de navires. Ils poussaient depuis longtemps sur les bords de la Méditerranée. Par contre, à Fontainebleau, ils ne furent plantés dans la « plaine des pins » qu'à la fin du XVIe siècle. Les suffixes « les pins » sont la plupart du temps récents (Roquefort-les-Pins dans les Alpes-Maritimes, ville de lotissements créée dans une pinède).

Les pins sont des témoins d'histoire. L'un d'eux, près d'Aix-en-Provence, a vu « brancher » des protestants pendant les guerres de Religion. Pins et cyprès marquent les tombes des gentilshommes huguenots du Poitou qui ne pouvaient être inhumés en terre catholique. On montre à Malaucène, dans le Vaucluse, un arbre géant où se cachèrent les blancs pour échapper à la colonne infernale des bleus, lors de l'affaire de Bédoin pendant la Révolution. Les royalistes s'étaient révoltés : Paris avait envoyé des volontaires pour châtier le midi réactionnaire.

Les bois de pins marquent les promontoires sur toutes les côtes maritimes, du nord au golfe de Gascogne : les groupes souvent tourmentés de pins maritimes se plaisent en Bretagne, jusqu'aux pentes du Menez Hom, ce Fuji-Yama des monts d'Arrée. La topographie confirme qu'on trouve des pins dans toute la France ; Pinay est dans la Loire, Pinols dans la Haute-Loire. On trouve Les Pineaux en Vendée et Le Pinet en Isère. Le Pin, Les Pins sont partout, de l'Allier au Gard, de la Charente à l'Isère, du Jura à la Loire-Atlantique. Pino en Corse répond à Pis du Gers. Les noms composés sont nombreux. Le Pin est associé à la-Garenne dans l'Orne, au Haras, à Moriès (les mûriers), Pineuilh dans la Gironde désigne le pin et non le pinard. Cette déviation tient au fait que l'on appelait pineau ou pinot une variété de vignes dont les grappes avaient la forme des pommes de pin. Un cabaret portait ce nom : « Au franc Pinot ». On peut penser que le « pinard » vient du « pinot » et très indirectement du pin, dont l'intérêt est de fournir de l'essence plus que de l'alcool. Les immenses landes napoléoniennes sont exploitées en carrés romains, coupés d'allées, surmontés de postes de guet. Les pinèdes présentes dans la toponymie des villages de Provence sont également sous haute surveillance. Il n'est de beau pin qui ne flambe.

CHAPITRE 2

Des oiseaux, des cerfs et des petits lapins

LES CAMPAGNES FRANÇAISES regorgent de plantes odoriférantes qui attirent et nourrissent les petits animaux au flair infaillible : lièvres et lapins, hérissons, rats, taupes, marmottes, loirs... Les potagers les tentent, les friches les comblent. Parfois, les noms de villages ont gardé les traces de ces tentations. Pimbo dans les Landes vient du gascon *pimbou*, le thym. L'ail sent très fort dans Aillières-Beauvoir. Le cresson pousse dru dans les lieux-dits La Cressonnière présents sur tout le territoire. Tous les lapins savent qu'on ne trouvent pas à Cholet des mouchoirs mais des choux, comme à Chouy dans l'Aisne ou à Choye dans la Haute-Saône. Mais les Choux du Jura, comme Choue du Loir-et-Cher, n'évoquent pas les succulents légumes propres à faire la soupe, mais la chouette.

La pie voleuse

De tous les oiseaux du Moyen Âge, les alouettes qui écument les champs de blé sont les plus présentes dans les régions céréalières. Elles volent aussi dans les vignes à Alloue (Charente), avec les hirondelles (Allondrelle-la-Malmaison en Meurthe-et-Moselle) et les loriots (Auriol dans les Bouches-du-Rhône ou Loriot dans la Drôme). Divers hameaux s'appellent Chant-de-l'Alouette ou Chantoiseau.

Si les oiseaux chantent, c'est qu'ils picorent le grain, que le village est riche. L'image d'un nom d'oiseau est joyeuse, elle rappelle saint François d'Assise. Les moineaux sont trop petit fretin pour avoir laissé leur nom, mais les merles sont souvent présents : Le Mêle-sur-Sarthe ne les a pas dédaignés, pas plus que Mello dans l'Oise ou Chantemerle. Dauzat les autorise à pointer leurs becs jaunes dans Meslay du Calvados.

Les merles sont bien vus, ils passent pour gober les mouches et les moustiques. Il faut se méfier des hirondelles, même si elles « annoncent le printemps ». Paul Bailly, dans son livre sur la *Toponymie en Seine-et-Marne*, nous apprend que les Arondeau sont en fait des moulins à vent, présents sur tous les coteaux au Moyen Âge, et qui tournent comme des hirondelles.

Les grives sont rares : leurs passages sont discrets et plus encore les chasseurs qui les observent. Il n'est pas sûr que Grives dans la Dordogne signale les oiseaux, pas plus que Grivesnes dans la Somme. Ces villages doivent sans doute leur nom à un seigneur barbare qui aurait pu s'appeler Grivy. Pas davantage de bécasses ou de bécassines, tout au plus des Bécassières désaffectées, noms de lieux perdus au bord des étangs où ne passent plus, agiles et perspicaces, les tendres bécasses au long bec, habituées à fouiller la vase.

Au risque de décevoir les chasseurs, leur activité prédatrice a laissé peu de traces dans la toponymie. Les grues cendrées qui traversent la France en formations serrées, comme des escadrilles descendant à la fin de l'été vers l'Afrique et remontant en Suède à la fin de l'hiver, s'arrêtent cependant en quelques lieux qui gardent leur souvenir, comme Gruey-lès-Surance dans les Vosges, Gruyères dans les Ardennes, et Lagruère dans le Lot-et-Garonne.

La cigogne d'Alsace fait une apparition discrète à Storckensohn dans le Haut-Rhin. Elle s'appelle en effet *storch* en allemand. Elle se perche sur un toit comme la perdrix présente dans la Drôme depuis le XVIe siècle (Villeperdrix, fondée en 1529) et la tourterelle à Tourtrès en Lot-et-Garonne. En revanche, les colombes domestiques sont nombreuses dans les pigeonniers et colombiers seigneuriaux. Ce sont volailles engraissées pour les maîtres à Collemiers dans l'Yonne, La Colle-sur-Loup en Provence, Colombey-les-Belles et Colombey-les-Deux-Églises. On remarque dans le suffixe la patte seigneuriale : Colombier-le-Cardinal dans l'Ardèche, Colombier-Châtelot dans le Doubs. Colombes, dans les Hauts-de-Seine, désigne un élevage, comme Coulombs dans le Calvados.

Un pays prend rarement le nom de poulailler mais il peut se montrer fier de ses coqs : c'est le cas de La Cochère dans l'Orne, où l'on élève sans doute des coqs de combat, de Cocheren en Moselle, de Cocherel en Seine-et-Marne et dans l'Eure. Il existe au Moyen Âge des marchands de coqs, propriétaires de milliers de volatiles.

Autre oiseau guerrier, le faucon. Cet animal de la chasse seigneuriale est élevé ou chassé dans les Alpes-de-Haute-Provence, à moins que le site de Faucon ne désigne le nid d'aigle d'un baron local particulièrement agressif appelé *Falco*, comme Foulques Nera en bord de Loire. Les Monfaucon, Montfalcon et Montfaucon sont assez nombreux dans le Tarn, la Dordogne, les Pyrénées, les Alpes, le Massif central et le Jura pour qu'on pense à une véritable aire géographique du prédateur, capturé au nid, dressé ensuite pour la chasse par les fauconniers.

Les corbeaux et les corneilles ne peuvent être comparés aux faucons. Ils n'ont aucune utilité, sont nuisibles au contraire puisqu'ils ont le bec assez fort pour déterrer les graines en automne. Ils ne sont pas chassés, ayant la peau trop dure. Un respect religieux, ou superstitieux les entoure. Deux pies bonheur, trois pies mariage ! Les villages donnent peu leur nom à la pie voleuse. En revanche, les corbeaux sont sacrés, vénérés, redoutés. Ils sont, dit Buffon, « au nombre des animaux sinistres qui n'ont le pressentiment de l'avenir que pour annoncer des malheurs ». Tibère, qui les craignait, avait apprivoisé l'un de ces volatiles qui avait appris à saluer par leurs noms ses deux fils. On dit qu'il plaidait à la tribune aux harangues. À sa mort, Rome lui fit des funérailles magnifiques et l'homme qui avait tué le corbeau fut supplicié. Les cas de corbeaux apprivoisés étaient fréquents. On observait leur vol pour prédire l'avenir. Mangeurs de cadavres, ils purifiaient villes et campagnes, annonçaient la mort par leur vol circulaire, pressentaient aussi les décès. Au XVIIIe siècle, le philosophe Dupont de Nemours avait recensé vingt-cinq bruits qui composaient en somme l'alphabet des corbeaux et prétendait entendre leur langage. Il était inévitable que des animaux aussi remarquables eussent laissé leur nom à des villes ou à des villages.

Tous les ans, le 5 mars, on voyait au siècle dernier des milliers de corbeaux se rassembler à Meulan, dans les Yvelines, depuis la Belgique jusqu'à la Loire. Ils se posaient sur les peupliers de la plaine. En la présence des plus anciens, ils prenaient une compagne. Celle-ci voletait autour des nids proches des collines pour partir ensuite avec son époux, après s'être posés sur le peuplier à sept postes, où avaient lieu les unions. Telle était la réputation de Meulan dont le nom veut dire, très banalement « la plaine du milieu ». En gaulois, *brannus*, le corbeau, a donné Brain en Bourgogne, Brannay dans l'Yonne. Les Corbehem du nord et les Corbel de Savoie viennent de l'ancien français *corbel*. Les Corbère des Pyrénées-Orientales ou les Corbières des Alpes sont simplement des lieux fréquentés par les corbeaux, qui raffolent de la montagne et ne descendent en plaine que pour trouver des vivres.

La corneille, très proche du corbeau, se retrouve dans La Chapelle-Graillouse de l'Ardèche et dans maints autres lieux. Ces oiseaux noirs n'ont nullement disparu avec les gibets, qui jadis leur offraient les corps des suppliciés.

Les pies poussent leurs nids jusque dans les villes et sont déjà nombreuses dans les peupliers parisiens. Les Chantepie, abondants dans les noms de villages, attestent que les paysans ne sont pas absolument hostiles à cet animal familier même si Ovide, dans ses *Métamorphoses*, fait changer en pies neuf vierges de Thrace qui avaient voulu rivaliser avec les Muses.

Les villages de castors

Les loutres et les castors, animaux aquatiques, fascinaient les villageois du Moyen Âge. Ils construisaient des cabanes en abattant des saules aux troncs aussi gros que des cuisses d'homme. Les loutres pouvaient dérober toute la nourriture des moines dans les viviers et s'enfuir sans être repérées. On chassait les castors pour leur peau dont on faisait des manteaux, pour leurs poils, appréciés des chapeliers, mais non pour leur chair. La Bièvre est-elle à Paris la rivière des castors ? Les Bièvres dans l'Aisne et les Ardennes portent le nom gaulois du castor : *beber*. On le retrouve à Viviers, dans la Moselle.

Les écureuils sont rares. On les aperçoit cependant à Échirolles dans l'Isère, guettant les noisettes fraîches sur les arbustes. Les taupes, ces rongeurs souterrains, ponctuent de monticules les jardins de Darbonnay dans le Jura (la taupe, en gallo-romain, se dit *darbon*).

Les blaireaux sont particulièrement présents. Étaient-ils recherchés ? Pas vraiment : *bladarellus* en latin est le diminutif de marchand de blé, *bladarius*. Le blaireau est son concurrent : il a la détestable manie de manger les grains. Si on le traque c'est pour le tuer.

Littré s'est-il trompé ? Le blaireau est un carnassier, qui recherche les rongeurs dans les champs. « Paresseux, défiant et solitaire », selon Buffon, il vit dans des terriers creusés au fond des bois et ressemble, par certains traits physiques, aux ours. Puant et cupide, il creuse la terre à une vitesse incroyable et ne sort guère que la nuit pour guetter les jeunes lapereaux, les mulots, les lézards, serpents et sauterelles. On devrait le protéger pour les services qu'il rend aux céréaliers, au lieu de le détruire ! On le tue pour vendre ses poils, dont on fait des pinceaux, et sa peau, qui sert de colliers aux chiens et de couvertures pour les chevaux. Le blaireau n'a pas bonne réputation. Pourtant il a donné son nom à quelques villages, Brouqueyran dans la Gironde (du gaulois *broccos*) et Brumath dans le Bas-Rhin qui signifie « marché aux blaireaux ». Il faut croire que les Alsaciens du Moyen Âge étaient, comme les Allemands, très désireux d'utiliser ses poils, dont on se servait aussi en guise de brosse à dents. Les Broussy et les Brossac de la Marne et de la Charente nous parlent aussi des blaireaux.

Quant aux inoffensifs hérissons, qui se nourrissent de souris, d'escargots et de hannetons et se font tuer le long des routes où ils rôdent la nuit, ils ont donné leur nom à une ville charmante de l'Allier, Hérisson, au pied d'un château féodal.

Les lapins peureux et rapides ont laissé quelques traces toponymiques : mais après tout, s'il existe une Villeconin dans l'Essonne, il est aussi, dans la Manche, une Villechien, ce qui est sans doute unique. « *Je connais un autre conin*, dit Apollinaire, *Que tout vivant je voudrais prendre. / Sa garenne est parmi le thym / Des vallons du pays de Tendre.* » Peu de ces conils cependant, pendant que serpents et crapauds pullulent. Il est vrai qu'on peut dénombrer beaucoup de Les Garennes ou de La Garenne, mais ils désignent seulement des lieux d'élevage, des parcs à gibiers, des bruyères percées de souterrains et de terriers.

Les vipères foisonnent : peut-être hantent-elles La Serpent dans l'Aude ? Elles sont nommément attestées dans la Somme à Yvrench qui viendrait du latin *vipera*. Draguignan, chef-lieu du Var, a eu probablement pour maître un Draconius qui avait pour pseudonyme le nom du serpent. La source de Drachenbronn-Birlenbach est associée aux reptiles dans le Bas-Rhin et Collobrières dans le Var n'a pas que des couleuvres. Le nom désigne un lieu où vivent des serpents de toutes sortes. Les vipères sont assurément redoutées pour leur mortelle morsure. Toutefois, les paysans gardent constamment en réserve de la graisse de vipère, souveraine contre les blessures. Ils recherchent ces reptiles qui se vendent fort cher pour les propriétés qu'on attribue à leur chair et surtout à leur venin, composante de nombreuses pharmacopées. Il n'est pas sûr que l'on considère comme une calamité la présence trop abondante de ces reptiles qui rapportent gros.

Crapauds et grenouilles ne sont pas absents des noms de lieu. Il y a partout des Chantraine et des La Reine, des La Renoue et des Renommières. On les considère comme comestibles, contrairement aux crapauds dont le suc est cependant recherché par les sorcières et les alchimistes. Les Bottereaux dans l'Eure entendent, le soir, le chant obsédant du boterel. Faut-il le tuer ? On le pêche, plutôt, en agitant des chiffons rouges. Il se nourrit de vers, de larves, d'insectes divers et n'est nullement nuisible. Pourtant il alimente une mythologie extravagante. Ambroise Paré, pourtant sérieux ! prétendait au XVIe avoir trouvé un crapaud vivant enfermé dans une pierre depuis des siècles. De doctes personnages, voyageant sur les routes de France au XIXe siècle, affirmaient avoir été témoins de pluies de crapauds, avoir vu des têtards descendant du ciel par centaines de milliers et se tordant sur la route. Le venin du batracien passait pour dissoudre les corps les plus durs et on lui prêtait des qualités merveilleuses. Pour cette raison, les paysans les ramassaient et les vendaient aux amateurs de passage, quand ils n'en procuraient pas en guise de paiement aux guérisseurs et aux sorcières de village. Il ne faut pas s'étonner que les crapauds soient signalés sur la carte de France. Certains villages tirent bien leurs noms des orties, plantes peu amènes (Urtière dans le Doubs), un autre, dans les Pyrénées-Orientales, des fourmis mangeuses de grains (Formiguères).

Les Gattières désignent-ils l'herbe à chat ou les chats eux-mêmes ? Ces animaux, diaboliques quand ils sont noirs, sont, semble-t-il, signalés en grand nombre dans un petit village des Alpes-Maritimes et en d'autres lieux de l'Ille-et-Vilaine, de l'Indre-et-Loire, de la Sarthe et de la Savoie. Ces chats qui rôdent autour des villages peuvent être sauvages et faire peur à la communauté paysanne. Ils peuvent aussi préserver les récoltes, en mangeant les rats et les souris. On ne sait.

Certains noms sont franchement parodiques. Étroussat, dans l'Allier, désigne l'autruche, fort connue des Romains qui l'importaient de Haute-Égypte. Est-ce le pseudonyme bouffon d'un riche propriétaire réputé pour ses extravagances, ou pour son habitude de ne pas prendre parti dans les querelles et de ne pas affronter les dangers ?

Les bisons peuvent être présents dans le nom de Besançon mais ils ont disparu depuis la préhistoire. Quant au Dauphin des Alpes-de-Haute-Provence, on ne sait à qui attribuer cette appellation. En revanche, *Anet* dans l'Ennetières-en-Weppes du Nord est bien un canard sauvage, sans aucune intention ironique. Le pays aurait eu des marécages et naturellement des chasseurs.

Goupils et Ysengrins

Le couple du loup et du renard a franchi les cinq siècles du Moyen Âge pour survivre dans les récits de Rabelais et les fables de La Fontaine. Le premier, animal de meute, vit en groupe; le second se cache dans son terrier, en famille. La force s'oppose à la ruse, mais tous les deux chassent de nuit sous la lune. L'un s'attaque aux moutons, l'autre aux poules. Ils ne se font pas concurrence pourtant ils se haïssent, suscitant chez les hommes la même réprobation et la même hostilité.

Les bandes de loups qui attaquent les campagnes jusqu'à la fin du siècle dernier sont des migrants et non des sédentaires. Il n'y a pas de terroir pour le loup. Les derniers réduits de Bretagne et du Massif central attestent que ces animaux sont capables de se déplacer à une grand vitesse. On cite l'anecdote du Grand Dauphin, fils de Louis XIV, qui avait chassé un loup en forêt de Fontainebleau et poursuivi l'animal qui était arrivé en quatre jours jusqu'à Rennes. Le territoire de chasse du loup peut être de 800 km². Les villages au loup ne peuvent être que commémoratifs : les mêmes meutes ne vivent pas en permanence dans les forêts proches.

Elles n'attaquent qu'en force, quand les hommes semblent particulièrement inoffensifs, dans les périodes de guerre et de disette. On voit ainsi les loups entrer dans Paris, pour s'y faire massacrer d'ailleurs. Il arrive qu'un spécimen puissant, comme la bête du Gévaudan, nécessite la mobilisation d'une véritable force armée pour sa capture. Enfin on reste perplexe devant le phénomène des lycanthropes, ces bandits qui se couvrent de la peau de l'animal pour perpétrer, au XIXe siècle encore, les pires forfaits : le terme « loup » peut donc désigner dans la toponymie des réalités fort diverses, des loups-garous aux loups-cerviers.

Les données sont encore compliquées par saint Loup, évêque de Bayeux, réputé pour avoir une influence bénéfique sur les fauves qui s'adoucissent à la vue des saints. Ainsi en Bretagne, Hervé attelle un loup à sa charrette, comme à Jumièges, Austreberthe, l'abbesse de Pavilly, apprivoise le « loup vert ». Il n'est pas toujours aisé de distinguer le prénom du saint et le nom du fauve.

Les lieux-dits, plus que les noms de villages, désignent les loups : La Brèche-aux-Loups est le lieu par lequel ils surgissent quand ils attaquent les bergeries, et qu'il faut faire protéger par les chiens. Le Loupendu de Champcenest en Seine-et-Marne est anecdotique : il garde le souvenir de la capture d'un grand loup en ce lieu, en l'an de grâce 1772. Les lieux-dits Louveterie désignent la résidence des équipages rassemblés en permanence dans certaines régions pour la chasse aux loups. Écorcheleu à Ozouer-le-Voulgis est le résultat d'un combat homérique. Quant à Chanteloup-en-Brie près de Lagny, il suggère que la meute entendue dans les bois « chante » avant d'attaquer et qu'il faut être vigilant. En Loir-et-Cher, Busloup est le bois au loup, un lieu où l'on a assisté fréquemment à des rassemblements de meutes, et que les louvetiers battent sans cesse. Lupsault, en Charente, est le défilé aux loups, leur lieu favori d'attaque, de même que Le Saut-du-Loup dans le Puy-de-Dôme. Plus qu'un souvenir, le toponyme est une mise en garde. Voyageurs, armez vos pistolets : les loups peuvent être là !

Le loup vient fréquemment en suffixe, derrière les noms de terroir. Villar-Loubière dans les Hautes-Alpes comme Villeneuve-Loubet dans les Alpes-Maritimes sont peut-être le siège de compagnies de louveterie chargées de traquer régulièrement les fauves dans les forêts. L'ancienne France vit en effet constamment dans la peur des loups, qui rappelle l'actuelle vigilance des pouvoirs publics contre les incendies dans les zones forestières. La survivance du toponyme est donc ce qui reste d'un réseau serré de renseignements, de postes de guet, de places de réserves et d'agents organisés pour serrer les meutes de loups dans les rets d'une sorte de police permanente.

La chasse au renard est loin d'être aussi pathétique. Ce prédateur n'est qu'un voleur de poules, dangereux pour ses morsures qui peuvent donner la rage. Les battues au renard sont une protection pour les volailles qui constituent au Moyen Âge une ressource d'appoint essentielle, permettant de gagner au marché quelque argent, par la vente des œufs ou des animaux. Le renard est, au même titre que le fisc royal, l'ennemi juré du paysan qui n'a aucune raison de le ménager. Aussi le poursuit-il de sa haine tenace, à laquelle répondent les ruses de l'animal traqué. On tirait un certain revenu de la capture des loups. On arrachait ses canines pour en faire des talismans. On pulvérisait ses os pour soigner les fractures. On employait comme aphrodisiaque son pénis rôti. Le foie avait la réputation de guérir des maladies aussi graves que la syphilis et la gangrène. Le sang, les excréments mêmes étaient recueillis pour les apothicaires et alchimistes qui leur prêtaient des vertus. Le renard, pour sa part, ne rapportait que sa fourrure qui avait, il est vrai, un certain prix.

Il n'était pas un animal maudit, mais seulement nuisible. On riait de ses tours, on lui trouvait des excuses. Le vorpil, le velpil, le goupil était un personnage populaire, avec lequel on devait jouer serré, mais qui ne menaçait pas les hommes ni les enfants.

Pourtant les chasseurs le haïssent : il mange les lièvres et les lapins, brise les œufs de perdrix et de caille, attaque jusqu'aux oiseaux avec quelque succès. Les seigneurs pestent quand il égorge les cygnes du château ou les paons des pelouses. Il est gourmand de poires, de prunes et de raisins. Il raffole des figues et n'hésite pas à voler le miel des abeilles. Son terrier est organisé avec science : il accumule les leurres, les fausses entrées, les labyrinthes, les sorties dérobées. Il n'a pas son pareil pour tromper les chiens de meute. S'il est pris dans un piège, il a le courage de s'arracher la patte avec ses dents pour s'enfuir.

Comme pour le loup, il est difficile de distinguer dans les toponymes les surnoms d'hommes et les noms d'animaux. Il semble que Fixem dans la Moselle tienne de l'allemand *fuchs* : le renard, mais qu'il s'agisse d'un surnom. En revanche, dans l'ouest, on compte une vingtaine de noms de villages ou de hameaux baptisés Goupillières (Calvados) ou Verpillières. On remarque aussi des Renardières en grand nombre parmi les lieux-dits. La présence du fauve est donc reconnue, balisée avec autant de soin que celle du loup. Même s'il jouit d'une plus flatteuse réputation, il n'en demeure pas moins une victime désignée.

La zone d'extension du renard se situe actuellement dans l'est alors que dans l'ouest de la France il a pratiquement disparu. Mais les noms de lieux se réfèrent à des réalités très anciennes, héritées du Moyen Âge. Il en est du renard comme du loup : il a sa place marquée pour toujours sur la carte de France. Même si les chasseurs rentrent désormais bredouilles, il continue de hanter les imaginations. Une fiction récente diffusée à la télévision française s'appelait la *Tuile à Loups*.

Les ours sont à Dinard !

Les cerfs et les sangliers sont les derniers animaux sauvages de nos forêts. Ont-ils marqué la toponymie ? Modérément, en s'excusant presque d'être là. Ne sont-ils pas des fauves de bonne composition, presque de bonne compagnie, qui se laissent tuer avec panache, et presque toujours sans risque ?

Le cerf est gibier royal, hôte obligé des forêts royales. On le tue, mais on le protège. Que serait, sans le cerf, la chasse à courre ? Les noms où apparaît le cerf sont proches des taillis domaniaux. Villecerf, en Seine-et-Marne. La biche, sa compagne, devrait être à l'abri des coups des chasseurs. Il n'en est rien. Elle est poursuivie avec ténacité, bien qu'elle ait été consacrée par les Romains à Junon, l'épouse de Jupiter.

On trouve des bois de cerfs dans les nécropoles préhistoriques. Est-ce une raison pour l'épargner ? Edern, le saint breton, l'apprivoise et le monte comme un cheval. Il en est de même de saint Théleau. Mais Hubert, le patron des chasseurs, le poursuit sans relâche. Le cerf est sauvé par la croix d'or qui brille entre ses andouillers. Hubert reconnaît là le signe de Dieu et laisse le grand cerf en liberté. Selon Mitterrand et Dauzat, il n'y a rien dans biche de plus que *bestia*, la bête. Le latin *cervus* et le gaulois *carvos* se répondent. On donne le nom de cerf à un dieu, Cernunos, et le dieu porte des cornes sans vergogne. Voilà l'animal consacré.

Est-il un prédateur? Nullement. Herbivore, le roi des forêts royales ne s'en prend qu'aux récoltes. Il est vrai qu'il est destructeur et mal vu des habitants du village. Mais ceux-ci voient passer la chasse du seigneur dans les épis, le cœur plus gros que si la harde courait seule. On connaît les points d'eau des cervidés. Il est aisé de les y attendre. Cerfontaine dans le nord garde le souvenir d'un lieu où ils venaient s'abreuver. On pense que Cerbère dans les Pyrénées-Orientales pourrait être lié aux passages de hardes. Il y en avait aussi dans les Pyrénées. Partout où passait le cerf, les paysans se signaient, devant la réputation mythique de cet animal depuis l'Antiquité. On prétendait qu'il pouvait repérer les lieux où étaient cachées les reliques des saints, qu'il avait le mystérieux pouvoir de guider les païens jusqu'aux églises et monastères où ils pouvaient être convertis. Un cerf avait nourri sainte Anne quand elle était enfant. Une biche avait pareillement secouru Geneviève de Brabant. En traçant un emplacement dans sa course autour d'un arbre, un autre avait délimité la fondation de l'abbaye de Fécamp. Un animal tout semblable était apparu à Dagobert, le bon géant. Le roi mérovingien recherchait avec passion les reliques de saint Denis, tutélaire pour la maison des Francs. Il ne pouvait les découvrir. Un cerf lui rendit le service de lui signaler, en frappant du sabot, l'endroit où le saint reposait. Un ermite reçut un jour la visite d'un dix-cors dont les yeux humides disaient le désarroi. L'ermite fit entrer l'animal dans sa caverne. Un chasseur intrépide suivait : ce Branchion fut converti par l'ermite et devint lui-même un saint, qui s'attacha à protéger les cervidés, animaux divins, au lieu de les tuer.

Un cerf, dans la légende de saint Eustache, annonce clairement qu'il est le Christ et qu'Eustache, ce maître de cavalerie de l'empereur Trajan, ne doit pas le poursuivre. Eustache « tombe de cheval de frayeur » et se convertit à l'instant. Ainsi le seigneur des forêts devient-il instrument de prosélytisme. L'image de l'âme altérée de parole divine est symbolisée dans un psaume de David, par celle du cerf qui recherche sa fontaine. Pour Origène, le cerf débusque dans leurs nids les serpents, symboles du diable. Il les dévore quand ils se jettent entre ses dents, et boit ensuite l'eau de la fontaine pour se purifier. Telle est sans doute l'origine pieuse de Cerfontaine. Serviès, dans le Tarn, est consacré au roi des forêts comme Servin dans le Doubs ou Servès-sur-Rhône dans la Drôme. Serval dans l'Aisne est bien la vallée du cerf, et Villecerf, en Seine-et-Marne, désigne, selon Dauzat, les cerfs et non les serfs.

La biche est loin de bénéficier de la considération du dix-cors. On la plaint pour sa faiblesse, on la loue pour sa douceur, mais elle ne jouit pas d'une protection spéciale des chrétiens. Rien de comparable au cerf : aussi est-elle presque absente de la toponymie, contrairement aux chevreuils qui ont en montagne une belle réputation.

Le sanglier, cet autre animal de chasse à courre que le seigneur poursuit encore à l'épieu au XVe siècle, retient davantage l'attention des villageois. Ses charges sont dangereuses et, bien qu'il soit végétarien, il cause des dégâts irréparables aux moissons en se vautrant dans les tiges de blé. Un terrain parcouru par les sangliers perd jusqu'au chiendent. Leurs ébats laissent la terre à nu, réduite à l'état de croûte ou de bourbier.

Le sanglier tire son nom du latin *singularis* : solitaire. Il ne vit pourtant pas seul, mais en compagnie, et se réfugie en forêt dans les fourrés impénétrables de sa bauge. Il est très difficile de lui faire la chasse, car il se défend avec acharnement, éventre les chiens, menace les hommes. Les vainqueurs de la lutte contre les sangliers jouissent d'une flatteuse réputation au village. On cite la mort du sanglier d'Erimanthe comme l'un des exploits d'Hercule. Le sanglier lui-même peut être pris comme totem tutélaire par des tribus qui l'admirent pour ses qualités guerrières. Il en allait ainsi dans l'ancienne Gaule.

Le sanglier est trop vulgaire, trop sale et puant pour faire l'objet d'un culte et se rapprocher, même moindrement, de Dieu. Il est toutefois sujet d'admiration pour sa bravoure. L'affronter à la chasse est un exploit même pour un chevalier, car il combat avec plus de férocité que le cerf. Aussi n'est-il pas surprenant de trouver son nom dans de nombreux villages français. Le marcassin qui se roule sur le bord des marécages a aussi sa part de gloire dans la toponymie. Singleyrac dans la Dordogne rend hommage au *singularis*, ainsi que Turgon en Charente. Sanglier en gaulois se dit en effet *turco*. On remarque que ces lieux ne sont pas réputés aujourd'hui pour leurs chasses au sanglier, plus fréquentes dans les forêts des Ardennes ou de Seine-et-Marne, ou dans les massifs montagneux, jusqu'à mi-pente. Pas de sangliers dans les noms des villages bretons, pas de saints qui aient porté au cochon sauvage la plus petite attention. Il n'importe : la fierté du sanglier, c'est l'hommage des gens de guerre.

Reste l'ours, souvent inexplicable. Ce grand carnassier doté d'une force herculéenne attaque rarement et peut devenir l'ami de l'homme à condition qu'il ne soit pas affamé. Omnivore autant que carnivore, il raffole du miel et détruit les ruches pour s'en procurer, ce qui le rend impopulaire au village, où le miel est la seule forme connue de sucre. Recherché pour sa fourrure, il brillait jadis aux jeux du cirque et parcourait, pendant le Moyen Âge, les routes de France, dansant sur les tréteaux des jongleurs. On le découvrait plus facilement sur le fronton d'une cathédrale qu'au cœur des forêts où il était assez rare, sauf en montagne. Les ours étaient par contre très nombreux dans les monts d'Auvergne et les Pyrénées où les chassait, au XIVe siècle, Gaston Phébus, comte de Foix. On les tuait à l'épieu, on les courrait à la chasse. La bravoure de l'ours le faisait adopter comme animal totémique par les tribus gauloises, au même titre que le sanglier. Aussi est-il difficile de séparer, dans le toponyme, l'animal du surnom. *Artos*, en gaulois ours, est manifestement présent en chair et en os à Artalens-Souin dans les Hautes-Pyrénées, à Arthés dans le Tarn ou à Arthez-d'Asson, peut-être aussi à Arthez-d'Armagnac dans les Landes, à Artas dans l'Isère. Mais les Artaix de Saône-et-Loire, les Artannes de Maine-et-Loire, les Saint-Martial-d'Artenset de Dordogne ont-ils autrement vu l'ours que sur les estrades de foire ? Il est possible qu'on ait connu des ours en Ardennes (Artaise-le-Vivier), dans la Loire (Arthun) et même dans la Nièvre (Arthel) ainsi, naturellement, qu'en Haute-Savoie. Sans doute a-t-on vu des ours alpins à Arthaz-Pont-Notre-Dame. Mais on sait que les noms d'hommes comme Arcius ou Arsius, fréquents dans les Pyrénées, étaient empruntés aux ours. On trouvait avantageux de se comparer à cet animal redoutable. Mais que dire de Dinard sur la côte bretonne, la plage préférée du président du Conseil Joseph Caillaux et du peintre Pablo Picasso ? Elle signifie littéralement en breton la colline aux ours. D'où pouvaient venir les plantigrades ? On assure que cet animal était l'objet d'un culte celtique et qu'il avait donné son nom au roi Arthur, frère de Morgane, la déesse de la mer. C'était assez pour que Dinard lui fût dévouée.

Les chevaux sont partout

Les animaux domestiqués avaient droit, après tout, à la reconnaissance des villageois. Les chevaux sauvages préhistoriques étaient l'objet d'un culte primitif et peut-être d'immenses sacrifices au dieu, comme en témoigne le rocher de Solutré, au pied duquel on a retrouvé des ossements dont on explique mal la présence. Chassait-on ces chevaux pour les manger ? Rude manière de les domestiquer que de les précipiter du haut d'un rocher ! D'autres pièges étaient possibles, qui ont permis les premiers dressages, au temps des Celtes pour le moins. Les guerriers gaulois disposaient en effet d'une cavalerie nombreuse et de chars de combat. Ils avaient asservi le cheval.

Les grandes plaines herbeuses du nord se prêtaient à merveille à l'élevage, mais le cheval était aussi présent dans les bosquets bretons et sur les pentes des montagnes. La race des tarbais était déjà célèbre. Mais quel cheval ? Pendant la guerre de 1914-1918, les maquignons indélicats achetèrent en Amérique, pour le compte du gouvernement français, des dizaines de milliers de chevaux. Les Américains les capturaient au lasso dans les Rocky Mountains. C'est ainsi que de fougueux mustangs, qui n'avaient jamais été sellés, débarquèrent au galop sur les quais de Saint-Nazaire. Le cheval peut revenir très vite, comme le chat ou le chien, à l'état sauvage. Il a été, selon Robert Delort *(Les animaux ont une histoire)*, l'animal le plus tardivement domestiqué. Mais il est présent dans toutes les régions françaises, au nord surtout, plus riche, qui peut faire les frais d'un animal de traction représentant une haute capacité d'énergie, alors que le sud s'en tient la plupart du temps aux bœufs de labour, voir aux ânes et aux mulets.

La géographie du cheval fait ressortir quelques zones privilégiées : le Perche donne le percheron, fort apprécié pour les labours en terre profonde, et qui n'a pas son pareil pour tirer la charrue à soc de fer. Mais le percheron est aussi un solide destrier, capable de conduire son maître bardé de fer à la bataille, sans être gêné par le poids de l'armure. Le boulonnais donne naissance à une race de travailleurs, aussi utilisés, comme dans le *Germinal* de Zola, aux travaux souterrains de la mine où ils tirent les wagons de roches et de minerai sans jamais voir le jour. Le tarbais, le normand, devenu anglo-normand, sont des chevaux de haras prisés des turfistes, mais surtout de cavalerie pour la guerre, au temps des hussards et des chasseurs qui demandent des montures nerveuses et rapides. Comme force de travail, moyen de communication et d'intervention en temps de guerre, le cheval marque une civilisation et par conséquent la toponymie.

On trouve des lieux évoquant la présence de juments d'élevage dans la Mayenne. Ainsi Couptrain évoque la poutre, la jument en ancien français. D'autres attestent la présence d'un élevage de chevaux : Albon dans la Drôme ou Caldégas dans les Pyrénées-Orientales, qui indique un pâturage fréquenté par les juments. Cavalaire dans le haut Var disposait sans doute au Moyen Âge de prés assez verdoyants pour élever les chevaux, comme Cavalière. Il est vrai que ce site équestre pourrait avoir été fréquenté dès l'Antiquité puisqu'on prête à Cavalaire des hôtes phéniciens. On pense aussi, sans pouvoir l'affirmer, que La Cavalerie en Aveyron pourrait être un centre d'élevage. Pourquoi pas un site de la commanderie de Malte ? Elle s'intéressait aussi aux chevaux.

Ils étaient 600 000 au front pendant la Grande Guerre. Combien étaient-ils sous Louis XIV, quand toute la vie économique et sociale de la France reposait sur eux ? Les prés d'élevage, les marchés, les lieux de rassemblement, les écuries seigneuriales, les relais routiers, les abris pour les bêtes de halage ou de roulage devaient être très nombreux. Les Chevalerie, Chevaliers, Chevaline sont ainsi liés au cheval, sans qu'on puisse toujours préciser la fonction des villages sauf dans Cheval-Blanc dans le Vaucluse où l'on peut assurer qu'il s'agissait d'un relais accueillant voyageurs et chevaux.

L'âne

Les ânes et les mulets rendent les plus grands services aux paysans de l'ancienne France. Ils portent au marché les marchandises, acheminent des carrières et des flancs parfois aigus des montagnes les matériaux nécessaires aux travaux publics. Des caravanes de mulets sont affectées aux passages des cols, aux grands voyages à travers le territoire, d'une vallée fluviale à l'autre, de la Loire à la Seine, ou du Rhône au Rhin. Des régions sont spécialisées dans l'âne et le mulet.

Le bardot du Poitou est l'exemple de cette amélioration des races qui porte à son maximum la capacité physique des animaux dans le transport et l'industrie, dans les mines, où ils sont souvent la force motrice. L'aire de l'âne est vaste : il est partout indispensable. On n'imagine pas de meunier sans son âne, et les sacs de grain de cent kilos écrasent le bât de frêne qui conduit les grains à la meule. L'âne est le souffre-douleur de la société occidentale avant le moteur à explosion. Cyniquement, Buffon affirme que « l'âne résiste également aux mauvais traitements et aux incommodités d'un climat fâcheux ».

Ils sont sans doute plusieurs millions en France au temps de Napoléon Ier, ployant sous le fardeau. On en abuse à tel point que l'on réduit leur durée de vie de 35 à 18 ans en moyenne. On croise l'âne pur lui donner une force supérieure : on obtient d'une ânesse couverte par un cheval un bardot, et un mulet d'une jument fécondée par un âne. Le lait d'ânesse est encore recommandé au XIXe siècle aux femmes souffrant de maux de poitrine ou d'estomac. Il est aussi riche en substances que le lait humain. Un docteur juif avait guéri François Ier en lui faisant boire du lait d'ânesse, que jadis la Romaine Poppée utilisait pour des bains de beauté. On mangeait dans les auberges des escalopes d'ânon : les Lyonnais appréciaient le saucisson d'âne. La peau de chagrin était une peau d'âne, qui recouvrait aussi les tambours et la garde des sabres. Les os de l'âne, plus durs que les autres, étaient montés sur les flûtes.

Les Espagnols avaient très vite compris que l'âne affichait une sexualité exceptionnelle, et qu'il raffolait des culs de jument. Aussi l'Espagne de Philippe II devint-elle le centre mondial de la production mulassière, le mulet étant l'animal de bât le plus rentable. Un accord des deux monarchies française et espagnole aurait permis le débarquement des baudets dans le golfe de Gascogne et en Vendée : ainsi naquirent les races des baudets gascons et poitevins. Les baudets du Poitou, particulièrement les guenlilloux, couverts de poils laineux l'hiver, étaient assurément les plus beaux du monde. Quant aux bardots, ils étaient surtout renommés en Auvergne.

On trouve trace du passage des caravanes de mulets dans le Rhône. Les convois partaient en effet pour gagner les routes des Alpes conduisant en Italie, et celles du Jura qui menaient sur le Rhin. Au sud, les navires descendant le fleuve s'arrêtaient au débouché des pays du Massif central, où le voyage se poursuivait à dos de mulets. Rien d'étonnant qu'on trouve dans les parages un La Mulatière. Les éleveurs, les marchands, les revendeurs et les relais étaient fort nombreux dans toutes les régions, mais particulièrement dans celle-là, qui était au carrefour des grandes routes du royaume.

On trouve aussi trace des ânes du Puy-de-Dôme dans le village de Puy-d'Arnac en Corrèze. Les noms de lieux et de hameaux regorgent de baudets dans toute la France. On privilégiera Asnières aux portes de Paris où l'on élevait un grand nombre de petits porteurs pour les gros travaux de la capitale. On trouve également des Asnières dans l'ouest en grand nombre (Charente-Maritime, Calvados, Eure, Sarthe et Deux-Sèvres). La Bourgogne a Asnières-en-Montagne et Asnières-lès-Dijon. Un dur débat opposait les Dijonnais, réputés les plus intelligents, aux Asnes de Beaune, du nom d'une famille de négociants huppés, mais qu'à Dijon l'on disait bornés. Les lourdes plaisanteries contre les Asnes de Beaune du polémiste Piron lui avaient valu d'être chassé de la ville. Fort irrité d'être privé de ses libations en bon vin de Beaune, il décapitait sur la route les chardons à coups de bâton : « Je coupe les vivres ! » criait-il, aux ânes de Beaune.

Agnières-en-Dévoluy dans les Hautes-Alpes garde la trace des longues caravanes qui franchissaient les cols pour se rendre en Italie. Les routes du nord avaient également leurs animaux de corvée, comme le montre Agnières dans la Somme. On ne pouvait se passer, au Moyen Âge, du plus lubrique et du plus intelligent des animaux porteurs. De nos jours, on aurait donné le prix Nobel à l'inventeur de l'âne, animal pacifique et bienfaiteur de l'humanité.

La chèvre de monsieur Seguin

Le mouton est plus ancien, plus universel car il se prête à tout, et rien de ce qu'il est n'indiffère les hommes. On tond sa laine, on mange sa chair exquise. On l'élève sur les prés salés de Normandie et d'Angleterre pour que le gigot soit encore plus suave. Les brebis donnent le meilleur des fromages, en Corse comme à Roquefort, et du lait d'intéressante composition. On porte en fourrure, l'hiver, sa peau laineuse ; on tanne sa peau délainée pour en faire des vêtements. On broie les os pour les pharmacies ; on recueille les boyaux, les cornes et jusqu'au fumier. On l'utilise même, dans certaines régions, comme animal de bât pendant que le bélier est attelé à charrette ou charrue. Est-il un animal plus utile ? Il est si précieux qu'il marque les monnaies royales de Saint Louis à Charles VII. Il est la providence des bouchers : toutes les parties de son corps sont comestibles. Sous Louis XIV, le maréchal d'Hocquincourt s'était fait la plus flatteuse réputation d'hôte original grâce à son cuisinier qui accommodait jusqu'aux queues des moutons. Le maréchal ne manquait pas d'en faire charger dans des caisses, car elles alimentaient aux repas des officiers les conversations les plus plaisantes.

L'inconvénient du mouton est qu'il circule en troupeau, et que les transhumants nettoient le sol avec leur langue râpeuse, broutant jusqu'aux herbes les plus sèches. Les immenses troupeaux des grands d'Espagne ont ainsi désertifié leur pays. Aussi les passages sont-ils strictement réglementés, et les bergeries surveillées. Leurs pâturages ne doivent pas empiéter sur ceux des bœufs. Incapables de se défendre contre les raids des loups, ils doivent être constamment protégés. Les croisements de races sont également indispensables pour améliorer la qualité de la viande et celle de la laine. Ainsi les moutons anglais sont-ils plus particulièrement recherchés. Mais les races méditerranéennes, robustes et prolifiques, se reproduisent aisément sans aide extérieure, dans les troupeaux innombrables qui broutent, l'été, l'herbe des Alpilles, des Basses-Alpes et des Basses-Pyrénées, ainsi que les pentes du Massif central, très largement moutonnier. La trace du passage de ces impitoyables rongeurs est attestée dans certains lieux-dits, comme en Seine-et-Marne Le Mouton-Tailleux à May-en-Multien. Le mouton, que l'on appelait le châtré ou le castrois, avait reçu le surnom de robin dans les fabliaux et le *Roman de Renart*. Il devait le garder jusqu'au XVIIIe siècle. Le berger et la bergère amoureux s'appelaient Robin et Marion. On trouve nombre de lieux-dits Robichon, Les Robiches, Les Robins, Les Robinets ou encore Les Châtrés. Le terme mouton viendrait-il du latin *mutilare*, couper ? Certains philologues le pensent, après H. Stappers.

L'agneau bénéficie du merveilleux chrétien. Il efface « les péchés du monde » à la messe et figure sur tous les autels. L'agneau pascal est un thème obligé de l'imagerie et joue son rôle en toponymie. Un village de la Manche s'appelle Agneaux ; un autre, dans les Hautes-Alpes, Agnielles. Le diminutif d'agneaux donne Laignelet, un village de l'Ille-et-Vilaine. Les Basques appellent leurs agneaux bildots. Le village, créé au XVe siècle, de Viodos-Abense-de-Bas dans les Pyrénées-Atlantiques en garde la trace.

Les tendres brebis sont moins bien représentées, sauf dans les noms de lieux : pourtant on retrouve la brebis à Barcy en Seine-et-Marne. Un tableau de l'église parisienne Saint-Eustache représente sainte Geneviève gardant ses brebis à Barcy. On compte de très nombreuses Bergères et Bergeries dans les lieux-dits. Les brebis sont évoquées plus précisément au Triadou dans l'Hérault. Le nom du lieu indique qu'on les triait, après les avoir comptées, dans un parc de forme triangulaire.

Le Barbezieux-Saint-Hilaire de Charente et le Berbiguières de la Dordogne sont aussi de cette famille, comme Berchères-les-Pierres dans l'Eure-et-Loir. On pourrait avancer des centaines de noms de lieux et de lieux-dits, attestant que le mouton est l'animal le plus populaire de France. On retrouve même l'*aries* des Latins, le bélier, en nombre d'endroits. Par exemple, Bassevelle en Seine-et-Marne ou Blin dans la Nièvre. La représentation de la race ovine dans les toponymes est convenable.

Les caprins sont également présents, des chèvres sauvages aux boucs puants des campagnes. La chèvre est un animal sobre, dur au travail, qui peut être attelée, traite, qui donne sa chair aux bouchers et son cuir aux tanneurs. Son lait fait les fromages les plus répandus dans les campagnes, particulièrement dans le Cher et l'Allier. La « bique » vient de bouc, *boccos* en gaulois. La chèvre se dit *gabra* en celte, *capra* en latin. La corne d'abondance des Anciens était celle d'une chèvre : Zeus n'avait-il pas été nourri par la chèvre Amalthée quand on l'avait arraché à l'appétit de son père Chronos qui dévorait ses enfants.

Comme l'âne est le cheval du pauvre, ainsi est la chèvre par rapport à la vache. Il n'est de manant si démuni qui ne puisse en acquérir une. Elle le sauve, par son lait, de la misère et, dans les périodes de disette, de la faim. *« Voilà le sorcier, car il existe encore / Le vieux chevrier du beau pays d'Andorre »*, chantait Halévy. Rien n'est plus joyeux que la barbiche et les cornes de la chèvre. Ce robuste ruminant qui a, dit Chateaubriand, « quelque chose de tremblant et de sauvage dans la voix » est la victime désignée du loup au même titre que le mouton. Au siècle dernier on posait le problème suivant : un batelier devait passer à la fois un chou, une chèvre et un loup. Que faire ? Les enfants des écoles devaient répondre : trois voyages, pour éviter que le loup ne mange la chèvre, et la chèvre le chou. Le batelier passait donc d'abord la chèvre, puis le loup, mais ramenait alors la chèvre pour éviter de la laisser en proie. Il l'abandonnait alors pour passer le chou qu'il déposait sur la rive où attendait le loup. Au cours du troisième voyage, il transportait la chèvre seule, réunissant ainsi, sans péril, les trois éléments du problème.

Très nombreuses en Corse, en Languedoc et en Provence où leur lait permet de fabriquer un fromage sec de longue conservation, les chèvres livraient elles-mêmes leur lait dans les rues de Marseille où le chevrier les trayait en bas des maisons. Les peaux des chevreaux étaient vendues à Grenoble et à Pézenas pour y fabriquer des gants.

La chèvre de monsieur Seguin servant d'appât au loup a popularisé l'inspiratrice de tous les fabliaux. On chante son courage et son esprit d'indépendance. Le pied de la chèvre est sûr : elle grimpe aisément au flanc des montagnes escarpées. Sauvage, elle se lance dans les précipices pour échapper au chasseur, les cornes en avant pour amortir sa chute. L'ossature de son corps est admirable : Picasso a peint avec délices des têtes de chèvres. Elles sont les amies sûres des vieilles femmes perdues dans leurs villages abandonnés du sud. Pourquoi les chèvres n'auraient-elles pas leur place dans la toponymie ?

Elles y figurent abondamment. Cabrerets les élève dans le Lot, Cabrières les accueille dans le Gard. Les noms de lieux sont fréquents dans le Vaucluse, sur les pentes du mont Ventoux où nos capridés sont écartés des vignes du bas pour gravir les défilés caillouteux. Chevrières dans l'Isère et Chevrier en Haute-Savoie montrent que les éleveurs de vaches ne dédaignent pas la chèvre. Cabris dans les Alpes-Maritimes répond à Cabrerolles dans l'Hérault. Les pays du sud, où l'herbe est rare, développent une civilisation caprine. Mais on compte partout dans l'ouest et dans le centre des Chevrerie et des Chevrolière. L'élevage des chèvres est largement nommé.

La civilisation de la vache

Celui des vaches et des bœufs l'est plus encore, car ils sont une spécialité française. Les races y sont aussi variées que les fromages ou les parlers ruraux. La blonde du nord répond à la rousse du sud, la blanche du Morvan et du Charolais à la tachetée noir et blanc de Bretagne et de Normandie. Les grands bœufs roux de la chanson sont du Limousin, et les bœufs blancs de l'Allier. Les taureaux complètent la gamme, qu'ils soient du Morvan, de Camargue ou du Gard.

On leur rend un culte dans plusieurs parties du monde : la boomanie malgache notamment a été amplement décrite par les ethnologues. On serait tenté de croire les Gaulois boomanes, à voir les cornes de bœufs qui décoraient leurs casques de guerre, et les mugissements qui accompagnaient leurs charges. Le bœuf fait partie du folklore de Gaule, plus sûrement encore que du western américain.

On connaît le bovidé cornu depuis son apparition dans les grottes du Périgord. C'est un bison du « froid moyen » qui aurait quitté nos latitudes s'il n'avait été miraculeusement sauvé dans les épaisses forêts de Pologne. Les aurochs sauvages ont disparu depuis le début du XVIIe siècle mais leurs descendants, les taureaux, ont pris la relève dans la chaîne des générations bovines. Le taureau coupé est un bœuf propre à toutes les tâches, déjà connu des Égyptiens qui lui rendaient un culte (le bœuf Apis et la vache Hathor) et des Grecs qui l'idolâtraient. L'île d'Eubée portait son nom, comme la Béotie. L'Épire était un pays de bovins acclimatés également en Italie. Les Celtes, et plus tard les Gaulois, en élevaient des troupeaux nombreux.

On fête le bœuf, on l'encense. À Barjols, dans le Var, pays de ravins et de montagnes à herbe tendre, un bœuf richement paré processionne au carnaval en l'honneur de saint Marcel. On danse devant lui la danse des tripettes : sainte Fare et sainte Brigitte sont ses amies, lui qui, dans le Paris médiéval, effectue sa « promenade » au jour de la fête. On le tue, et ses morceaux rôtis sont donnés au public. C'est le « bœuf gras ».

Les éleveurs de bœufs marquent la géographie : on distingue les pays naisseurs, les embouches, les vendeurs de viande, les comices, les marchés aux bœufs, les bascules pour bovins sur les places publiques, les prés spéciaux ensemencés d'herbes nouvelles pour la bonne santé des animaux. La vache participe de cet engouement d'essence nourricière. On ne compte pas ses exploits mythologiques : sacrée chez les Indiens qui défendent qu'on la tue, elle est au contraire sacrifiée chez les Hébreux dans la cérémonie de la vache rousse : ses cendres purifient ceux qui sont souillés par l'attouchement d'un mort. Zeus transforme en génisse la belle Io, fille du dieu fleuve Inachos. Héra, l'épouse jalouse, poursuivit alors Io qui trouva refuge en Égypte, où le père des dieux lui rendit enfin sa forme humaine. Pour enlever Europe, belle fille d'Asie, Zeus ne trouve aucune forme plus belle que celle du taureau. La mythologie donne donc aux bovidés une allure noble, exaltante, impressionnante. La toponymie leur fait en France une large part, comparable à l'étendue des herbages qui accueillent, dans toutes les régions, les vaches et les bœufs.

Les lieux d'élevage sont amplement désignés : Bouër dans la Sarthe est un endroit où s'élevaient les bœufs. Ils y paissent encore sans doute même s'ils ont déserté Labouheyre dans les Landes. Ils passent dans les chemins de Bouée en Loire-Atlantique et à Bouvières dans la Drôme. On connaît des Bouvresse dans l'Oise, des Bouresse dans la Vienne et des Bouvesse-Quirieu dans l'Isère. Mais les noms les plus répandus dans les Alpes pour désigner les prés d'élevage sont Borie, Les Bories, La Borie. On les compte aussi par centaines dans le centre, particulièrement dans le Charolais et le Nivernais, mais aussi dans le sud-ouest où ils abritent les grands bœufs roux. Bouvante dans la Drôme pourrait bien avoir élevé des bœufs et naturellement Bramevaque dans les Hautes-Pyrénées dont les colchiques martyrisent les vaches. On entend corner les bugles pour appeler les troupeaux dans le Calvados à Cordebugle, à moins qu'on n'y fabrique, le soir à la veillée, ces instruments harmonieux. On abat les bêtes à Tubœuf dans l'Orne, un de ces nombreux abattoirs où l'on tue les rats à coups de bâton, pour éviter de contaminer la viande. La vache est adorée dans les Alpes-de-Haute-Provence à Vachères mais aussi dans tous les Vacquiers, les Vacquerie, les Vacheresse et les Vacqueyras. Dans l'Eure et le Calvados naissent les belles blanches et noires de La Vacherie. Les blondes du nord sont identifiables à Vacquerie-le-Boucq dans le Pas-de-Calais ou à Vaqueriette-Erquières. Même les

Vosgiens aiment les vaches dans leur village de La Vacheresse-et-la-Rouillie. On ne compte pas les adeptes du bœuf, ni les amoureux de la vache probablement nombreux en Seine-et-Marne, au lieu-dit Trousse-Vache, un hameau de Vendrest. Elle est bien traitée à Bonnétable dans la Sarthe.

Les exemples sont si nombreux qu'on est tenté de déplorer la rareté des toponymes désignant le porc, animal essentiel aux vilains du Moyen Âge. Il est normal que vaches et bœufs soient entrés majestueusement dans la toponymie, étant des animaux coûteux, possédés par les riches qui choisissaient le nom de leurs résidences. Le porc, qui nourrissait les pauvres, n'a pas eu droit à tant d'égards. On le trouve à Suaux dans la Charente, lieu choisi pour la construction d'une porcherie sans doute au Moyen Âge.

Le cochon ne méritait-il pas plus d'égards ? On sait qu'il obtient l'estime des chasseurs, quand il est sanglier. Il est également toléré quand il voyage. Les troupeaux de porcs noirs de Lorraine, las de paître dans les forêts domaniales, partent vers le sud, en Bourgogne, dans le Morvan, recherchant de frais pâturages. Ils enrichissent les entreprises qui se chargent de la transhumance et qui assurent le ravitaillement des zones urbaines en cochonnailles. Les foires aux porcs sont fréquentées par des marchands qui viennent de loin, la bourse bien garnie. Le cochon est la providence des pauvres, l'ami de saint Antoine. Une chèvre et un cochon font le bonheur des chaumières.

Le patronage attribué à Antoine tient du miracle. Le saint s'est arraché à sa grotte dans le désert pour répondre à l'appel d'un roi de Catalogne dont la jolie femme est possédée du démon. À force de prières, la jeune reine est soulagée mais une truie se précipite dans le palais royal, serrant dans ses dents un porcelet sans pattes et sans yeux. Elle le jette aux pieds du saint. Ému, Antoine rend la vue au petit cochon qui trotte comme un lièvre. Telle est la légende qui étaie l'iconographie : désormais le saint est associé au cochon miraculé. La fable sur saint Antoine est significative : seul le christianisme admet le cochon et tolère qu'on en mange la chair. Les Égyptiens, les Hébreux et les Arabes le considèrent comme impur. Buffon dit de lui : « Toutes ses habitudes sont grossières, tous ses goûts sont immondes » : mais comment serait-il délicat, élevé à la diable sans aucun égard ni soin ?

Les cochons avaient leurs étables dans les rues des villes. Ils vaguaient à Paris au temps de Louis VI le Gros. Son fils aîné Philippe, qui devait lui succéder sur le trône, fit dans le village de Saint-Gervais une chute de cheval que l'on imputa à un cochon qui s'était jeté dans ses jambes. Le roi voulut alors interdire toute divagation de porcs dans les rues de la capitale. Les religieuses de l'abbaye de Saint-Antoine protestèrent au nom de leur patron. Louis VI voulut bien consentir à la libre promenade des cochons de Saint-Antoine, à condition qu'ils portassent au cou des sonnailles. Ainsi fut fait.

Aussi bien, les noms de lieux ne rendent-ils pas à cet animal déconsidéré l'hommage qu'il mérite. On confond par ailleurs, dans les lieux-dits, la truie et la femme de mauvaise vie. La Truie-Pendue dans le terroir de Maincy en Seine-et-Marne est sans doute, pense Paul Bailly, une « muguette » de nos chemins royaux, comme les Porettes câlines de Guérard. Porcelette en Moselle est-elle une étable à cochons ? Non pas : cette ville de colons a été fondée en 1621 par Messire des Porcelets de Maillane, abbé de Saint-Avold et évêque de Toul. Mais il est vrai que les Pourcharesses du Périgord ou de Lozère, les Porcheux et les Pourcieux, le Pourcy de la Marne et le Porcieu-Amblagnieu de l'Isère désignent des lieux où l'on engraisse les cochons. Si l'on songe que la viande de porc est traditionnellement la première exportation gauloise, on ne voit pas pourquoi les villageois se seraient cachés d'une activité hautement rémunératrice. Ils n'avaient pas besoin du patronage de saint Antoine pour se justifier d'élever des cochons.

CHAPITRE 3

Les charrons, les meuniers et les fondeurs d'étain

LA PLUPART DES NOMS DE LIEUX qui trahissent ou affichent une activité humaine ont été attribués au Moyen Âge. Mais alors la distinction entre villes et villages n'est pas aussi absolue qu'aujourd'hui. On élève des animaux dans les rues des villes, où grouillent porcs et volailles. Les Strasbourgeois sont volontiers jardiniers, cultivant les légumes pour leurs marchés urbains. À l'inverse, les villageois sont très souvent des commerçants ou des artisans qui ont installé leur échoppe. Sans doute, les bouchers n'existent-ils que dans les bourgs importants. Le paysage est ponctué de moulins qui peuvent jalonner de petites rivières et couronner les crêtes de leurs ailes gracieuses, pour capter le vent qui permet de moudre.

Si le meunier est essentiel, la maréchal-ferrant ne l'est pas moins. Si exiguë que soit son échoppe, elle est vite envahie par les charrues blessées, les voitures accidentées, les chevaux à ferrer, les outils qu'il faut réparer. Le maréchal est la providence des vilains. Un village ne peut vivre sans forge. On l'appelle aussi charron, parce qu'il est le maître des chars. Le charron cercle aussi bien les roues que les tonneaux. Il est présent sur tous les terroirs.

Le marchand de grains et de biens fait vite son apparition. Il tient commerce de semences, comme le maquignon des bêtes. Il recueille les meilleures, les vend. Il prête aussi contre un gros intérêt, il est l'usurier des campagnes. Vendant les graines, il vend aussi les outils et les biens. Il devient l'homme riche du bourg : le bourgeois. Il a pignon sur rue, dans les moindres lieux. Moins connu que le « chevillard », il est plus riche, plus redouté, seul capable de monter des spéculations, en accaparant les grains. Il peut être aidé par le seigneur, non sans se défier de l'Église qui interdit le prêt à intérêt.

Les cabaretiers et aubergistes installent leurs entreprises le long des routes à gros charrois. On circule beaucoup dans la France médiévale : pèlerins, marchands, étudiants, manœuvriers qui louent leurs bras, malandrins, putains fuyant les archers du guet se déplacent sur des itinéraires précis, d'une ville à l'autre. Il est logique d'y ouvrir commerce

La terre commande

L'essentiel de l'activité est le soin de la terre, source de toute richesse et de la plupart des emplois. 95 % des Français vivent à la campagne, quand on donne leurs noms aux villages. On dit d'eux qu'ils habitent tel ou tel lieu, que l'on distingue des autres par sa particularité ; le curé choisit, ou l'agent du seigneur. Il faut bien fixer les hommes, leur donner un domicile nommé, que l'on puisse inscrire sur les textes fixant les redevances que les manants doivent payer aux maîtres. On ne s'embarrasse pas de scrupules, on ne cherche pas à rendre les noms de lieux attrayants. On désigne aussi bien les mauvais endroits que les bons terroirs.

Grande est en effet l'injustice dans la répartition des sols. Le peuplement s'est fait autour de trois pôles. Le château, généralement élevé sur une colline et qui protège les habitations. Quand l'enceinte a disparu, des maisons ont poussé sur ses ruines et le village garde le nom de la forteresse, en général sous forme de suffixe. Il arrive que l'agglomération paysanne soit construite en bas de la colline, réservée aux maîtres qui peuvent être des abbés. Ainsi, les moines créent Vézelay et les paysans habitent Saint-Père-sous-Vézelay, le long de la Cure. Le seigneur abbé ou laïque se réserve les meilleures terres, qu'il fait cultiver par les serfs ou les tenanciers libres, qui lui doivent néanmoins la corvée. Cette « réserve » seigneuriale peut être aliénée en fonction des besoins. Si le seigneur désire toucher de l'argent, il installe sur des parcelles de sa réserve des paysans qu'il astreint à des droits payables en monnaies sonnantes et trébuchantes. Ce cens est un droit dont le montant est précisé par écrit, sur des documents en parchemin. Quand la terre est grasse et féconde, le seigneur exige plutôt une part des récoltes : le droit de champart ou d'agrière. Il commercialise lui-même les produits et empoche les bénéfices. Des paysans tenanciers peuvent ainsi bénéficier des bonnes terres cédées par le seigneur. Leurs frères peinent au contraire sur les manses qui leur ont été attribués, dont le sol est moins fécond ou l'exposition au soleil moins favorable. Ils grattent alors, d'année en année, les terres incultes qui entourent le terroir cultivé de la commune, essayant d'en tirer des récoltes. Le sol est ingrat, difficile à défricher, souvent rempli de cailloux qu'il faut retirer à la main pour pouvoir labourer. On mange alors à la ferme de la « soupe au caillou » dans l'espoir de soutirer un jour à la terre inhospitalière de quoi ne pas mourir de faim.

Les paysans libres à l'origine, qui se sont placés sous la protection des seigneurs étrangers, supplient qu'on leur épargne les droits trop lourds, se plaignent des sols. Souvent, ils ne récoltent que deux fois la semence, sans pouvoir améliorer la culture. Les maîtres n'entendent pas leur langue. Ils s'appellent Warhari (qui a donné Houécourt dans les Vosges) ou Huno, Imino, Hundo (le patronyme de Hondschoote dans le Nord) ou Haro, ou Hardo, ou Harpo (Harponville dans la Somme). Comment s'entendre avec ce Bobo (origine de Bébing dans la Moselle), ou avec ce Babilo (Beblenheim dans le Haut-Rhin) ? Ces gens connaissent-il un autre langage que celui de la force ? Les

Bilo, les Buocho ont des épouses qui souvent leur succèdent et ne sont pas moins exigeantes : les Berelindis, les Happas, les Badila, les Osta (Hostens, dans la Gironde) lèvent les droits féodaux, sans doute aussi seigneuriaux, héritent des fiefs qu'elles transmettent à leurs fils quand le seigneur est mort à la guerre. On n'explique pas autrement qu'elles aient donné leurs noms aux villages. Ces Barbares sont devenus ensuite des comtes et des barons fort chrétiens qui augmentent les droits des manants quand ils partent, dès le XIe siècle, à la croisade. Ils distribuent des terres nouvelles, fondent des villages de défricheurs en établissant de nouveaux contrats. Les terres gagnées sur la forêt ne sont pas immédiatement rentables. Elles sont, pendant longtemps, des friches ensemencées à perte. Le laboureur, à qui l'on prête l'équipement lourd, ne touche les intérêts de ses efforts que longtemps plus tard : raison de plus pour accorder la plus grande importance à la qualité des terres. Les noms de lieux ne peuvent que refléter ces appréciations, qui traduisent une véritable angoisse.

Les bonnes terres sont nommément désignées, presque naïvement. Beaucroissant dans l'Isère a un sol fertile favorable au grain. Il en est de même des Beauvallon, nombreux en France, des Beauville ou Beauvilliers qui signifient domaine prospère, bien cultivé. On peut analyser de même les Beauvoisin. Les Bellenaves sont des plaines encaissées mais fertiles, aimées des troupeaux et des moissonneurs. Bellerive dans l'Allier implique la présence du fleuve et désigne un village aux domaines fertiles dans le sol limoneux d'une limagne. On compte un grand nombre de Belleville dans le Rhône, les Ardennes, la Meurthe-et-Moselle. Belleville-sur-Mer, le riant port breton, n'est pas une louange à l'esthétique d'une cité bien construite mais le rappel d'un domaine rural en bord de mer, bien conduit et fonctionnant à plein rendement. Peut-être les pâturages descendaient-ils jadis jusqu'au niveau des vagues. Il en est de même de Belleville-en-Caux, dans le pays de Caux, un domaine gallo-romain dans une partie ingrate de la province normande. En revanche, Bellengreville, dans le Calvados, n'est pas un domaine comme les autres. Il porte le nom d'un homme. Le Germain Beringar, dont rien ne dit qu'il était un bon maître, possédait ce domaine, comme celui de Bérengeville-la-Campagne dans l'Eure. Ici l'heureux propriétaire se nommait Bérenger et venait non de Scandinavie, mais des bords du Rhin.

L'invasion des maîtres germaniques sur les bons terroirs est un fait général, que la toponymie confirme constamment. Elle est particulièrement sensible sur les terres grasses et riches du Nord, de Brie et de Beauce, comme sur les bords de la Meuse et de la Moselle. On appelle dans la Haute-Loire Couteuges les champs cultivés, et Couthures les bonnes terres dans l'ensemble de la France. Les Coutures sont les lieux mis en culture par opposition aux *Laris* qui sont de mauvaises terres. On comprend que des centaines de hameaux et de lieux-dits portent ce nom de Coutures.

Les bons et les mauvais terrains

Les indications sur des lieux cultivés foisonnent, comme si l'importance de la nature du terrain était capitale dans les rapports humains. On ne dit pas Coutures mais Coutières dans les Deux-Sèvres quand le terrain est en pente. Certains termes peuvent caractériser la ferme elle-même : Craménil dans l'Orne. Les terres pauvres ou désertiques sont désignées avec le même soin, la même précision. La Crau d'abord, pierreuse et assoiffée. De nombreux lieux-dits en Provence et en Bourgogne établissent des lits de pierre dans les étendues plates. C'est aussi le cas de Cravans en Charente-Maritime et de Crevant dans l'Indre, ou Cravent dans les Yvelines. Les plaines sont tout à fait impropres aux cultures.

De l'humour dans les notations : si Crévéchamps est un champ crevé, détruit, défoncé, Crèvecœur-le-Grand ou le-Petit dans l'Oise, Crèvecœur-sur-l'Escaut dans le Nord ainsi que d'innombrables hameaux dans toutes les régions françaises veulent dire que la terre est à ce point dure à travailler qu'elle « crève le cœur » du cultivateur qui s'y emploie à perte, sans toucher aucun bénéfice de ses efforts. Les sols ingrats sont trois fois plus nommés que les sols fertiles dans l'inventaire des noms de villages. Il est inutile de semer le blé à Balledent dans la Haute-Vienne : la dent s'agite, perd sa force pour mordre, tant le terrain est misérable. Balnot-la-Grange, dans l'Aube, est un peu plus favorisé : on peut y nourrir des cochons qui mangeront les glands : *balanos*.

Les gens de Baladou dans le Lot ou de Baladour dans le Cantal ont sans doute plus de chance avec la terre : ils habitent un endroit où l'on danse, une plaine dont rien ne dit qu'elle soit fertile. On n'est pas plus sûr des sols du Pompidou dans la Lozère. On sait seulement qu'ils sont un palier entre la plaine et la montagne, et qu'on peut y labourer à plat. Il en est de même de Pomponne, un village de hauteur, tout proche de Lagny, mais de l'autre côté de la Marne. Il est sur le palier qui conduit des rives de la Marne aux collines boisées de l'arrière-pays. Ceux de Bapaume dans le Pas-de-Calais ne dansent pas de joie devant l'abondance des récoltes. Ils « battent des paumes » en signe de désespoir, tant leur terre est mauvaise. Les habitants du Barboux dans le Doubs n'ont pas plus de chance : chez eux il ne pousse que des lichens. Ceux de Bévenais dans l'Isère déplorent leurs mauvais pâturages. Comment mettre des bœufs sur des sols aussi médiocres ? L'herbe est si pauvre qu'elle ne peut nourrir le bétail.

Il est rare de trouver dans la Manche une terre totalement rebelle. C'est pourtant la mauvaise réputation de Brillevast. Tandis que les villages de Brie ne signifient nullement qu'ils sont situés sur le limon fertile briard mais qu'ils ont été construits, au-dessus de la plaine la plus riche d'Europe, sur des buttes ou des hauteurs : c'est le cas de Brie-Comte-Robert, un terroir qui doit tout à la protection du riche seigneur d'origine germanique, installé comme un coucou sur un domaine gallo-romain.

Camelève en Haute-Garonne et Chambelève dans le Puy-de-Dôme font « lever la jambe » aux malheureux paysans qui gravissent les pentes escarpées, leur pioche sur l'épaule, pour défricher les terroirs rocailleux. Appellation ironique. Les Gascons, par contre, ne mentent pas quand ils appellent Camou-Cihigue ou Camous les villages fertiles qui touchent au Gave. C'est un nom heureux désignant une riante contrée. On ne peut en dire autant de Chaumard dans la Nièvre où le terrain est si pauvre qu'il semble être à longueur d'années en jachère. Dauzat pense que les bois de Chaville chantés et enchantés des Hauts-de-Seine encadrent un village au terroir improductif, comme Chavialle dans le Cantal, où gît un domaine dont le propriétaire a été ruiné. Ne vous risquez pas à entrer sans chaussures dans Cheissoux. Ne visitez pas le village de la Haute-Vienne à bicyclette : ses cailloux pointus crèveraient les pneus. Ils sont aussi pointus que des clous. Vous pouvez aussi vous déchirer les bandes molletières au Drennec dans le Finistère, tant les ronces (*drenn*) y sont abondantes. Les cailloux de L'Écaille dans les Ardennes découragent les charretiers non moins que la boue d'Éclimeux dans le Pas-de-Calais. La terre est au contraire sèche et dure dans le Nord à Erre. Elle forme une croûte qu'il faut attaquer à la pioche. On la rabote pour la labourer à Escardes dans la Marne et l'on n'ose passer la charrue sur les pentes trop raides d'Escanecrabe dans la Haute-Garonne. Le terrain est trop abrupt, même pour les chèvres !

C'est une folie d'ensemencer la terre de La Folie : tel est le nom attribué à une bonne centaine de hameaux des campagnes françaises, qui ne réjouissent guère le cœur des paysans. Personne ne se risquerait à perdre sa semence à Frausseilles dans le Tarn, où ne poussent que des chardons pour les ânes, pas plus qu'à Froideterre dans la Haute-Saône, à Froidevaux dans le Doubs, à Froidfond en Vendée. On dénombre en France, dans le sud, de très nombreuses garrigues : Le Garric dans le Tarn, Garrigues dans l'Hérault. Les Gastes des Landes comme les Gastines de la Mayenne sont des terres incultes. Ces lieux ne sont pas voués de toute éternité à la stérilité : on appelait Désertines, au Moyen Âge, une étendue caillouteuse aux portes de Montluçon. On y cueille aujourd'hui les plus belles pêches du canton!

Les terres en friche, dont on ne peut plus rien tirer, s'appellent Bouygues dans le Massif central ou Bouyguette dans le Tarn-et-Garonne. Il est vrai que le bouygue peut être considéré ailleurs comme un défricheur! Les termes désignant les friches sont toujours ambivalents : ou les champs retournent aux épines et aux fougères, ou ils sont susceptibles d'être défrichés pour être mis en culture. Le bouygue se prête aux deux.

Le bouygue n'est ni boueux ni caillouteux mais seulement épineux ou vaseux. On peut en dire autant du Brach qui, dans la Gironde, est une vallée marécageuse. On peut l'assainir pour la cultiver, en endiguant les rives. Il en est sans doute ainsi à Bragelogne-Beauvoir dans l'Aube. Il est vrai que l'on défriche mieux les terrains plus secs de montagne ou de colline, comme Bracquemont dans la Seine-Maritime. Quand la population rurale devient excédentaire, et le maître plus exigeant en droits féodaux, force est aux vilains de quitter le terroir ou d'envoyer leurs fils défricher les terres des moines, conquérir de nouveaux espaces pour la culture. Le grand mouvement de défrichements des XIe et XIIe siècles ne pouvait manquer de laisser des traces dans les noms de lieux.

Les moines défricheurs

En Seine-et-Marne et en Champagne, les moines constituent de véritables sociétés d'agriculture pour abattre les forêts, couper les taillis, assainir les régions marécageuses en creusant des canaux, en élevant des diguettes, pour distribuer des terres dans de bonnes conditions à des nouveaux colons attirés dans des villes « franches ». Ainsi naît, au cœur de la forêt briarde, Villeneuve-le-Comte fondée en 1217 et Villeneuve-Saint-Denis qui touche au domaine du roi de France. Quand les villages ne rappellent pas les conditions juridiques nouvelles de l'installation des paysans (Villefranche ou Francheville), ils rappellent volontiers les techniques de lutte contre la forêt : Les Bréseux dans le Doubs indiquent avec netteté l'utilisation du feu. À cette époque, les incendiaires ne sont pas des criminels, ils éliminent le taillis, autour des grands arbres qui sont abattus, débités, utilisés pour la construction des villages et des églises, voire des ponts longtemps en bois avant d'être en pierre. Les moulins à vent aussi sont en bois, ainsi que la roue des moulins à eau. Menuisiers et charpentiers ne manquent pas d'ouvrage, à suivre les défricheurs.

On considère la cendre des taillis comme le meilleur des engrais. Encore faut-il ensuite labourer un terrain où les racines enchevêtrées opposent au soc des charrues des obstacles incessants. Il faut atteler les grands bœufs en ligne pour dessoucher, faire place nette, obtenir un terroir propre. L'invention du collier de cheval et l'utilisation du joug permettent d'atteler les animaux en chaîne et d'obtenir de leur force de trait des résultats améliorés. Mais le défrichement implique un temps long, donc une installation massive de colons dans les lieux : les villes franches sont nombreuses.

Rares étaient les paysans qui avaient su conserver leur

liberté face à la montée du servage pendant les siècles d'invasions barbares et de troubles sociaux : chacun recherchait alors un protecteur. Seuls les alleutiers disposant d'alleux se tenaient en dehors du système seigneurial et gardaient la liberté des anciens temps. On trouve la trace de ces survivances dans certains noms de lieux ; Les Alleuds dans le Maine-et-Loire ou dans les Deux-Sèvres. Dans les Ardennes, on dit Les Alleux, Les Allues en Savoie ou Arleuf dans la Nièvre. On peut décliner une série de noms de villages abritant des hommes libres qui travaillent des terres libres, surtout dans la région nord de la France. Arleux dans le Nord devient Laleu dans l'Orne, ou Lalleu en Bretagne. Les Lorrains disent Lalœuf, et si le roi accorde sa protection aux alleutiers, on appelle le village Les Alluets-le-Roi (Yvelines).

Les bastides

Les hommes libres du midi habitent les bastides. Ainsi appelle-t-on les nouveaux villages créés au XIIIe siècle par les abbés, les seigneurs, les princes et les rois pour tenir une région ou la peupler. Les bastides sont entourées de remparts et construites sur des plans réguliers, en damier. Leurs habitants reçoivent les mêmes franchises que les bourgeois des villes franches du nord. Ils signent des accords avec le seigneur fondateur, qui leur consent un traitement particulier. C'est dans une bastide, située à cinq lieues de Gourdon, dans le Lot, que naquit Joachim Murat. La ville s'appelait alors La Bastide-Fortunière (1771). Son père était l'aubergiste de la petite ville et il souhaitait que Joachim fût curé, ce qui représentait une promotion pour un cabaretier du sud-ouest. Le futur sabreur des campagnes de l'Empire avait ainsi étudié le droit canon à l'université de Toulouse. Il est vrai qu'il s'était vite engagé dans la cavalerie. Pour honorer sa mémoire, sa ville natale devint Labastide-Murat.

Le souci de défense a préludé à la fondation de la plus grande bastide de Corse, Bastia, au XIVe siècle. Les Génois ont décidé de tenir une place capable de surveiller le détroit de Toscane et en même temps de se protéger contre des attaques venues de l'intérieur. Ils font alors construire au-dessus du vieux port — alors appelé la « marine du Cardo » — une forteresse capable de dominer la mer, la Bastia. Autour des remparts, les habitants s'installent, protégés par un statut particulier : ainsi le petit village de pêcheurs devint-il une formidable citadelle et l'une des villes les plus importantes de l'île.

Les bastides sont nombreuses en France. Souvent, elles désignent, comme les Villeneuve ou les Villefranche, leur autorité de tutelle, qui est à l'origine de la fondation. Labastide-d'Anjou ou Labastide-d'Armagnac évoquent le pouvoir du comte. Labastide-du-Temple dans le Tarn-et-Garonne doit sa fondation à l'ordre du Temple, très riche, qui construit des églises, des villes et des monastères dans tout le royaume. La Bastide-L'Évêque, dans l'Aveyron, doit son existence à l'autorité ecclésiastique. La Bastide-d'Engras dans le Gard désigne le seigneur Gras, fondateur, tout comme le maître Jourdans La Bastide-des-Jourdans dans le Vaucluse.

La bastide, ville militaire, peut être vouée à un saint guerrier (Labastide-Saint-Georges dans le Tarn) durant les guerres contre les Anglais. Plusieurs bastides peuvent se succéder en un même lieu : ainsi, dans les Hautes-Alpes, est d'abord construite, en 1271, La Bâtie-Vieille avant La Bâtie-Neuve. Les Batignolles, village situé au nord de Paris, était une bastille proche de Clichy où résidait, dans son château, le roi mérovingien Dagobert. Le village, qui gardait l'enceinte nord de Paris, devait avoir sa première municipalité indépendante en 1830 et devenir un des lieux les plus connus de l'Europe en raison d'un exploit technique : de l'ancienne bastille partait le premier chemin de fer, celui de Saint-Germain, inauguré le 26 août 1837 par la reine Amélie et ses filles, Adélaïde et Clémentine, et quelques princes. On avait estimé que le roi ne devait pas risquer sa vie dans la traversée du tunnel des Batignolles qui donnait accès à la plaine de Clichy et aux stations du bord de Seine : Chatou, Nanterre, Asnières. On prétendait que les voyageurs qui s'engageraient sous le tunnel subiraient une température de 45° et mourraient d'un chaud et froid. Le tunnel dut être supprimé. Longtemps plus tard, en 1921, 28 personnes devaient trouver la mort dans la collision de deux trains.

Rares sont les bastides qui ont connu la gloire des Batignolles : elles se sont endormies dans le soleil du midi. On pourrait citer La Bastide-Cenon dans la Gironde, à moins d'une lieue de Bordeaux, où s'arrêtait le premier chemin de fer desservant la ville. L'« embarcadère » avait alors réveillé les bastidans. À Labastide-Rouairoux dans le Tarn, ils fabriquaient des bois de soufflets encore au XIXe siècle, des cylindres pour fouler les draps et les draps eux-mêmes, à la fois lissés et croisés. Le canton qui desservait cette bastide portait un nom historique : Saint-Amans-Soult du nom du maréchal d'Empire, ministre de la Guerre de Louis-Philippe qui était né dans la localité. Le sud-ouest avait fourni à Napoléon quelques-uns de ses plus illustres généraux.

La plupart des hommes qui ont créé les bastides sont des inconnus dont la toponymie garde cependant le souvenir. Qui se souvient de Raoul Chaillot, le fondateur de Beauchalot dans la Haute-Garonne ? ou du créateur de la « villeneuve » de Beaumarchés dans le Gers en 1290 ? On peut à peine évoquer la comtesse Blanche de Champagne, qui s'appelait Blanche de Navarre, qui a fondé une ville neuve en Champagne vers 1220. Elle porte toujours son nom de Blancheville. Les exploits du seigneur de Briseteste qui défonçait de sa masse d'arme le crâne de ses ennemis sont définitivement oubliés. Mais la ville de Briatexte garde le souvenir de ce brutal sénéchal de Carcassonne. Les très nombreuses bastides attestent, comme les villefranches et les villeneuves, l'importance du peuplement des terres en friche à partir du XIIIe siècle, ainsi que l'organisation du royaume en pré carré qui s'attache à multiplier les places ceintes de murailles pour mieux résister à ses ennemis.

Villages de pionniers

Certains noms montrent l'évolution des rapports sociaux entre les seigneurs civils et ecclésiastiques et la population rurale. Quand le seigneur a besoin d'argent pour faire la guerre, quand son épouse veut des écus pour payer la rançon du vaillant chevalier fait prisonnier, gisant à terre dans son armure au soir de la bataille, et menacé de mort par les coutiliers, on consent à faire de nouveaux contrats aux paysans. Dans les pays où la terre rapporte beaucoup, les seigneurs ont intérêt à garder des droits féodaux en nature, à se faire payer sur une partie de la récolte. Sur les terroirs plus maigres, ils demandent au contraire des sommes fixes en argent et les nouveaux droits, reprenant le terme des Latins, s'appellent cens. On trouve des Cense pour désigner les villages soumis à des droits en argent dans de nombreux lieux-dits du nord : Oise, Ardennes, Aisne, Marne, Meurthe-et-Moselle et Vosges. On trouve dans le Jura des Censeau. Que sont devenus les villages de ces anciens colons gallo-romains, qui avaient réussi à échapper au statut désastreux de serfs ? Ils restaient libres de transmettre leurs biens personnels et gardaient le droit de cultiver les terres ou manses que leur confiait le seigneur, à condition de lui fournir la corvée dans sa réserve. Ceux de Collonges-au-Mont-d'Or dans le Rhône sont devenus les banlieusards du grand Lyon. Ceux de Coulonges-sur-l'Autize dans les Deux-Sèvres travaillaient, il y a cent ans, dans les tanneries de la ville, dans ses fours à chaux, ses fabriques de toiles. Les entrepôts de bois de charpente qui venaient de la Gâtine toute proche fournissaient de nombreux emplois, ainsi que le commerce des blés et des vins de la Saintonge. Ces métiers, ces activités ont aujourd'hui disparu.

Les colons restaient des hommes libres, qui s'appropriaient ensemble les terres en friche entourant les terroirs. Ils se battaient avec les seigneurs pour s'en rendre maîtres. Aujourd'hui encore, une association issue du Moyen Âge, celle des « enfants de Bédoin », dispose des friches et des forêts du mont Ventoux. On ne peut y construire de maisons individuelles sur des terres appartenant à la communauté. On peut seulement conclure des baux emphytéotiques à 99 ans. Certains noms de lieux gardent la trace de ces coutumes anciennes qui garantissaient les droits collectifs des paysans. Ainsi, Commenailles dans le Jura, ou les très nombreux lieux-dits La Commune dans l'ouest, le Massif central, le nord de la Loire.

Les colons ou tenanciers, ou vilains, ou villageois doivent, comme les serfs, accomplir la corvée du seigneur. Pas forcément cultiver sa terre. Celui-ci peut les utiliser pour construire routes, ponts, moulins, digues et canaux. Certains noms de lieux désignent des villages soumis spécialement aux corvées seigneuriales, probablement habités jadis par des serfs : Les Corvées-les-Lys en Eure-et-Loir pose énigme : ces lys dénoncent-ils la corvée royale ? La plupart du temps, dans tout le nord de la France où les serfs sont nombreux autour du Xe siècle, les villages s'appellent simplement La Corvée ou Les Corvées. On précisait par contrat combien de jours les vilains devaient travailler sur les terres du seigneur ou aux tâches que ses serviteurs définissaient. Il était impossible d'y échapper même si l'on était, comme à Coulogne dans le nord, un fermier capable de transmettre ses biens à ses enfants. Les habitants de Coulonvillers dans la Somme, ceux de Coulon dans les Deux-Sèvres étaient soumis aux droits féodaux et à la corvée. Il en allait ainsi pour ceux de Curienne, en Savoie.

Les villageois pouvaient subir des interdictions particulières : par exemple celles du Defais, des Defay ou des Defoy, lieux-dits fort nombreux dans les campagnes où les paysans ne pouvaient laisser paître leurs troupeaux sur des pâturages interdits par le seigneur, qui se les réservait en général pour ses chasses. Il préférait le lièvre au mouton et interdisait férocement au paysan d'y braconner. On a vu des coupables pendus, ou fouettés à mort.

En Dauphiné, le futur connétable de Lesdiguières avait construit dans la cour de son château une vaste pièce d'eau où il élevait des truites. Un serviteur était tout particulièrement chargé de cet élevage. Il pêchait les poissons pour la table seigneuriale. Un jour, Lesdiguières s'aperçoit qu'il braconne. Il lui fait aussitôt trancher la tête, profitant d'un droit de haute et basse justice, encore reconnu aux seigneurs même à la fin du XVIe siècle. Il pousse le raffinement jusqu'à faire sculpter une pierre étrange, sans doute pour l'édification de ses domestiques, qui représente un poisson à tête d'homme.

Les droits en nature que doivent payer les colons sont très élevés : souvent la moitié des récoltes. Le village de La Demie dans la Haute-Saône évoque ces pratiques. La redevance du vilain était lourde même dans les terroirs si ingrats qu'ils engloutissaient tout investissement comme La Goulafrière dans l'Eure ou Mallemoisson dans les Alpes-de-Haute-Provence. La falaise d'Espalion (*spal* : falaise) est plus fertile et permet aux hommes de s'installer sous la protection d'un noble gallo-romain, puis d'un seigneur qui demande des droits élevés. En revanche, le sire d'Escornebœuf dans le Gers ne peut pressurer les habitants d'un terroir où le vent souffle à écorner les bœufs... On ne peut trop attendre de Loupfougères dans la Mayenne où les défricheurs sont découragés par la nature pauvre du sol. Seuls les loups peuvent s'y cacher, comme à Louvil dans le Nord ou à Louvres dans le Val-d'Oise. Le palais du Louvre à Paris n'est-il pas à l'origine un endroit désert, hanté par les loups ? Les villages de Loyes, La Loye (Jura), Loyettes (Ain) sont plus heureux : construits le long des rivières, sur des terres arrosées, ils élèvent des oies et donnent à leurs seigneurs une partie du troupeau. Mais les Lalande (Yonne) et les Lalanne (Gers) ne peuvent payer. Comment ceux de Lannecaube paieraient-ils, dans les Pyrénées-Atlantiques, alors qu'ils habitent des espaces déserts au pied d'une montagne chauve ? Ils ont, il est vrai, leurs troupeaux, qui divaguent sur des terres non arables. Cela permet d'offrir tous les ans au seigneur agnelets, moutons et chèvres, voire, dans le meilleur des cas, vaches. Les lieux-dits Les Landes existent dans toute la France, attestant l'importance du territoire en friche, qui n'a jamais pu porter de cultures. Il va de soi que beaucoup de ces villages sont aujourd'hui prospères, en raison des techniques d'amélioration des sols. La Lande-de-Fronsac dans la Gironde, ne doit plus être peuplée de bergers affamés et maigres, pas plus que Lanne-Soubiran dans le Gers. Ces noms de lieu font état d'une situation fort ancienne où l'étendue des forêts, des maquis et guarrigues, des landes et déserts restait immense, en dépit des efforts des défricheurs.

À la conquête des terres

Les essarteurs sont des défricheurs de choc. Maniant la hache et la torche, ils abattent les grands arbres, brûlent des espaces, construisent des huttes de charbonniers pour exploiter le bois brûlé et le vendre à la ville. Les lieux-dits Les Loges ou Les Grandes-Loges ou Les Laubies sont ceux où l'on construisait ces cabanes au toit de feuillage qui abritaient aux Loges-en-Josas dans les Yvelines, ou aux Loges-Marchis dans la Manche, des cabanes dans des lieux marécageux (marchais). L'on gagnait la terre aux cultures non plus par défrichage seulement, mais par assèchement.

On défriche aussi bien dans les Alpes, en Savoie et en Haute-Savoie, que dans le Jura : Esserval-Combe est un village d'essarteurs de même qu'Esserval-Tartre. Les lieux-dits les Essarts se comptent par centaines, surtout dans la moitié nord de la France. Souvent, les suffixes indiquent que les travaux de mise en culture ont été entrepris par concession royale d'un terrain aux essarteurs : Les Essarts-le-Roi, dans les Yvelines, attestent qu'en 1131 le roi lui-même a ouvert des chantiers. Les Essarts-le-Vicomte dans la Marne relèvent du comte de Champagne, grand défricheur, bienfaiteur de nombreuses abbayes qui se sont donné pour but l'assèchement des marais et la mise en valeur des espaces incultes. Lessard-le-National en Saône-et-Loire indique un chantier de défrichement qui date du XIVe siècle. À la même époque, les moines ouvrent Saint-Jean-des-Essartiers dans le Calvados.

Nombreux sont les noms de lieu attestant le défrichement par le feu : Cliousclat dans la Drôme fume encore des incendies géants allumés par les moines dans les forêts de la Drôme. Il ne reste des collines alpines que des pentes brûlées, que l'on ensemence aussitôt, profitant de l'engrais des cendres végétales. On brûle aussi à Cremps dans le Lot comme à Dozulé dans le Calvados, ou à Sergenaux dans le Jura. Mais qu'on ne se fasse pas d'illusions : les grands bois subsistent tout comme les villages forestiers. Au Moyen Âge la forêt n'est pas un espace inutile, elle est nourricière. Le bois est le seul combustible, avec le charbon de bois, largement employé. Les forêts sont terres de pacage pour les animaux des villages, territoires de chasse et de braconnage, lieux de cueillette de fruits nourriciers. Aussi les noms de lieux désignant les bois se comptent-ils par centaines, par milliers dans toute la France, comme si la grande forêt originelle était toujours présente. Les bois portent le nom des seigneurs, comme pour en interdire l'approche et l'usage, comme s'ils voulaient s'en réserver la jouissance pour la chasse à courre, en écarter les vilains. Bois-le-Roi dans l'Eure et dans la Seine-et-Marne n'aiment ni les rôdeurs ni les voleurs. Ceux-ci sont « branchés » aux chênes royaux, sans autre forme de procès. Boisroger et Boisyvon dans la Manche portent la marque des seigneurs comme Le Bois-Robert en Seine-Maritime ou Bois-Guillaume. On semble par contre admettre le partage et l'intrusion des vilains dans Boiscommun dans le Loiret. Les Bosc, les Bost, les Buc sont tous formés en lisière ou en clairière de grands bois. Bosc-Bordel en Seine-Maritime n'est pas un lieu où l'on rencontrait les muguettes, mais seulement un village de lisière, au bord de la forêt. On compte une centaine de Bosquet et de Bousquet qui sont aussi des noms d'hommes. Bus dans le Pas-de-Calais est un bois, comme Bus-Saint-Rémy dans l'Eure.

Les grands troncs des forêts de montagne flottent sur la Saône et le Rhône vers Lyon, sur la Seine vers Paris, à partir du Morvan. Le flottage des bois a ses étapes, ses relais. Les métiers du bois mettent en place une géographie complexe aux noms de lieux innombrables dont on retiendra quelques exemples. Les tonneliers gaulois qui savent tailler les lattes de chêne et les cercler à la perfection sont nombreux à Laboutarie dans le Tarn, *botarié* signifiant tonnellerie. Les bûcherons du Cergne dans la Loire savent cerner les troncs, creuser un fossé autour de ses racines et les mettre au jour, pour transporter l'arbre dans un lieu de reproduction où il peut être greffé, surveillé, croisé, dans des entreprises d'arboriculture patronnées par les seigneurs ou les monastères. Dernier exemple : Bersaillin dans le Jura. On y construit des cibles pour les tireurs à l'arc et peut-être aussi des flèches, les archers étant, au Moyen Âge, le nerf des batailles et les fabricants d'arcs en bois d'if les rois de cette profession recherchée.

Le bois sert à faire des clôtures pour gêner la pâture des animaux. Les mots désignant les palissades et les enclos sont nombreux. Barre, La Barre se comptent par centaines ainsi que Barrière ou Les Barrières. Lapalisse dans l'Allier est un lieu où les haies sont plantées autour des champs. Les clôtures de Laredorte dans l'Aude sont des branches entrelacées. Pourquoi enclore ? Pour empêcher la « vaine pâture » des troupeaux collectifs du village, qui broutent sur les jachères.

On se bat pour ou contre les clôtures, jusqu'au XIXe siècle : les paysans de champs ouverts tiennent à la jachère, au repos de la terre un an sur deux ou sur trois. Les parcelles de chacun sont groupées en deux ou trois soles où le troupeau de la commune peut paître. Ainsi chacun peut-il posséder un mouton, ou une chèvre. Quand les plus riches parmi les paysans, pour améliorer le rendement de leurs terres, veulent les enclore, ils privent la communauté de terres de parcours, s'isolent dans leurs clôtures égoïstes, suscitent les haines. Les poteaux et les palissades expriment cette volonté d'isolement. Quand le fil de fer barbelé ajoutera ses piques aux ronces des haies, le tour sera joué, et les campagnes alloties.

La fourniture de poteaux de mines, de traverses de chemin de fer, de planches pour les arsenaux, de poutres pour le bâtiment, de sapin pour les cercueils, de bois de chauffe pour tous usages jusqu'à l'apparition, dans la deuxième moitié du XIXe siècle, du charbon de terre comme combustible des particuliers, tout contribue à épuiser les forêts puisque le bois est, avec le courant des fleuves, la source d'énergie unique. Le flottage le long de l'Yonne et du Serein a laissé dans le Morvan des souvenirs de cette longue période où l'un des ancêtres de Jean Delay faisait le commerce des bois. Chablis est sans doute un des passages des troncs reliés par des câbles (*capulum*) à ces grands trains de rivière. On peut considérer que la marine a dépouillé de leurs futaies la Bretagne et la Provence. Comme les voituriers parisiens ont fait abattre, pour construire des fiacres, les hauts sapins des Vosges de Sapois ou de Seppois. N'appelait-on pas les fiacres des « sapins » ?

Des milliers de troncs ont été abattus pour établir les communications modernes et convoyer l'énergie électrique. De pin et de sapin sont les poteaux du télégraphe et du téléphone, les palissades des gares et le mobilier des habitations modestes. Les forêts du Moyen Âge ont été décimées, torturées, mais elles étaient si vastes qu'elles ont franchi, même amoindries, les épreuves des temps, gardant aux villages forestiers leurs noms traditionnels, même s'ils sont aujourd'hui environnés de champs de betteraves. Y-a-t-il encore des bois de chênes et de pins au Bousquet-d'Orb dans l'Hérault ? Que sont devenus les bois sacrés dont le nom commençait par Luc ? Si les pins poussent encore au Luc dans le Var et à Luglon dans les Landes, où sont les tilleuls des Hautes-Pyrénées dans les bois sacrés de Lutilhous ? Les pins abritent-ils encore la plage normande de Luc-sur-Mer ? Sont-ils encore présents dans le paysage des Lucs-sur-Boulogne en Vendée ? Ont-ils tous été abattus pour fournir des mâts aux grands voiliers de Rochefort et de Lorient ?

Des noms pleins de relief

S'il y a une géographie des noms de lieu, ils donnent aussi de précieuses indications sur la géologie, sur l'état du sous-sol, la nature de la terre et la pédologie. Les paysans du sud-ouest savent distinguer les sols, en fonction des besoins agricoles. Ils signalent les roches en grès à Courgier dans la Mayenne, le basalte à Corent dans le Puy-de-Dôme, le calcaire à Cruas dans l'Ardèche, la chaux dans nombre de lieux, et l'argile dont on fait les poteries au Glaizil dans les Alpes. La silice est à Laboulbène dans le Tarn, un village qui a donné son nom à une certaine qualité de terre provenant d'alluvions. Les ardoises sont-elles exploitées à Dachstein dans le Bas-Rhin ? Il le semble, puisque le nom allemand désigne une ardoisière. Quant aux terrains marneux, blanchâtres qui interviendront plus tard dans l'amendement des sols, ils sont indiqués à Aumale en Seine-Maritime.

Ces variétés de roches et de terroirs fournissent des récoltes variées : les noms de lieux désignent aussi ces récoltes. Bessais-le-Fromental dans le Cher a la chance de fournir sur le marché de la belle farine de froment dont on fait le pain blanc des riches. Il en est de même de Fromentières dans la Mayenne qui porte sur son front sa richesse céréalière.

Ailleurs, on fait de l'avoine pour les chevaux à Longavesnes dans la Somme (sur des champs allongés en lanières, dans un assolement triennal). On récolte aussi l'avoine à Authevernes dans l'Eure et dans cent autres lieux. La troisième céréale, le seigle, qui fait le pain noir est présente à Coursegoules dans les Alpes-Maritimes.

On peut composer un riche potager avec les noms de légumes : le fenouil est à Fauillet dans le Lot-et-Garonne et au Fenouiller en Vendée. Les fèves se récoltent à La Favière dans le Jura. On peut manger de la soupe à l'oignon à Valcivières dans le Puy-de-Dôme ; de la soupe au cresson à La Cressonnière dans le Calvados mais aussi dans cent autres lieux. La soupe aux choux est succulente à Coyolles dans l'Aisne, avec une livre de petits lardons. Si vous aimez les lentilles, passez par Lentillères, dans l'Ardèche, où l'on vous fera apprécier de surcroît le jambon à la façon des Gaulois.

Noms de bord de mer

Le poisson de mer est rare, même dans les ports où il serait attendu. Boulogne ne signifie rien. On y reconnaît le mot *bonal* (fondation). Les pêcheurs de harengs ont oublié Jules César qui avait donné à la ville le nom de Portus Itius. Calais regarde vers la terre, et son nom ne désigne qu'une falaise ou un rocher à pic. Les marins pêcheurs savent que Lorient veut seulement dire : qui regarde vers l'Orient. La Compagnie des Indes, protégée par Colbert, y a planté les premières maisons et les docks du port au XVIIe siècle. Pas de sardines dans Douarnenez qui veut dire l'île du monastère du saint breton Tutuarn. Aucune trace de poissons à la criée du nom de lieu. Audierne célèbre un autre saint, Guédian, et Concarneau signifie « la baie de Cornouailles », Camaret ne pense qu'aux filles qui travaillent dans les champs (*camp*) et non aux langoustiers qui prennent la mer jusqu'en Maurétanie. Dieppe renseigne sur la profondeur de l'eau dans son port. Seul Fécamp parle aux marins du pays de Caux : le normand *fisk* veut dire poisson et *hafn* port. C'est un port aux poissons.

La poiscaille de rivière ou d'étang est-elle mieux représentée ? On a des réserves de pêche dans Lavannes (Marne) et autres lieux semblables. Lavault-Sainte-Anne — village de l'Allier où l'on pêche de délicieuses ablettes dans les eaux du Cher, retenues par la digue d'un moulin — désigne la vallée encaissée et non la pêche à la ligne. On trouve du poisson de rivière en abondance (il fournissait la moitié de la consommation des Parisiens sous Philippe le Bel) à Pecqueuse dans l'Essonne. La poix pour calfater les barques des pêcheurs est préparée à Pégairolles-de-Buèges dans l'Hérault ou à Pégomas dans les Alpes-Maritimes. Des pêcheries de quelque importance sont évidemment installées dans le Puy-de-Dôme, peut-être sur la Sioule, où l'on trouve encore des brochets, ces requins d'eau douce dont la chair est exquise. Peschadoires ou Pescadoires dans le Lot sont des lieux de pêche. Poissons dans la Haute-Marne n'est pas forcément un rendez-vous de pêcheurs de goujons. Par contre, Poix-Terron dans les Ardennes ou Poix-du-Nord semblent des viviers dans les rivières même s'ils ne désignent pas forcément des gîtes de truites.

La pêche en eau de rivière est au Moyen Âge strictement réglementée. Les gens de Pecqueuse en savent quelque chose : les pêcheurs « à verge » se plantent devant la Seine, limpide et poissonneuse, s'ils ont payé le droit de pêche au roi, maître de la Seine depuis le pont Notre-Dame jusqu'à Saint-Maur-des-Fossés. En aval, l'eau appartient jusqu'au pont au Change à l'abbaye de Saint-Magloire. L'évêque de Paris est propriétaire des berges de l'île de Seine. Au-delà du pont au Change, il faut payer les droits à l'abbé de Saint-Germain. Quand un pêcheur est pris en flagrant délit de braconnage, on saisit ses prises et l'on brûle solennellement sa verge devant le pilori de Saint-Germain. On protège les espèces : un pêcheur en Seine doit rejeter dans le fleuve les « brochets, carpes et barbeaux » trop petits pour pouvoir être vendus un denier les quatre. Le garde des cuisiniers du roi fait des rondes pour contrôler les filets. Si les mailles sont trop serrées, on inflige des amendes : le petit poisson doit pouvoir s'enfuir. La pêche est interdite de la mi-avril à la mi-mai, pour respecter le frai. On ne pêche ni de nuit ni les dimanches ou jours de fête.

Les poissons pris au Pecqueur se vendent bien, ceux de Paris mieux encore, à la Grande-Boucherie. Les anguilles des fossés de Saint-Maur ou du château de Vincennes rapportent gros. On prend les brochets jusque sous les murs du Louvre.

Dans la Loire, les ablettes régalent les tables seigneuriales. Les pêcheurs de l'Anjou paient au XVe siècle une redevance au roi René. Un pauvre ne pouvait l'acquitter : le roi consentit à réduire son imposition à une « platée d'ablettes » qu'il lui offrirait solennellement. Ainsi, les pêcheurs des Ponts-de-Cée devant Angers sont-ils soumis à redevance, comme tous leurs collègues du royaume. Pas trace, dans la toponymie, de pêcheurs de harengs, dont le Moyen Âge et les siècles classiques faisaient leur ordinaire : le hareng séché enfermé dans des tonneaux cerclés de fer voyageait sur toutes les mers d'Europe. La Harengère en Normandie désigne la propriété d'un seigneur d'origine normande qui s'appelait Hareng. Quant à Harfleur, ce riant port de Normandie tire son nom de vocables nordiques qui signifient simplement ports à hautes eaux dans une crique. Rien sur le saumon, ni sur les thons pêchés pourtant depuis la plus haute Antiquité sur les rives de la Méditerranée. La pêche en mer est pratiquement absente ; elle n'a laissé qu'une maigre trace dans les noms de lieux.

Noms de mines

Les mineurs sont à peine plus présents. Carmaux dans le Tarn ne veut pas dire la mine, mais la butte. Anzin, dans le Nord, a gardé son nom médiéval : le bourg était un domaine possédé par un seigneur venu de nord, Anso. Decazeville dans l'Aveyron porte le nom du duc Decazes qui a le premier installé des fonderies sur le site, alors que Le Creusot ne tire pas son nom du creuset de la fonderie, mais d'un creux géographique, dans le canton de Saône-et-Loire, où les établissements Schneider ont prospéré. Saint-Éloy-les-Mines est l'un des rares noms de lieux désignant des mines de charbon avec, peut-être, Saint-Laurent-le-Minier dans le Gard, riche en houille. Sainte-Croix-aux-Mines, dans le Haut-Rhin, comme Sainte-Marie-aux-Mines renvoient au fer ou à d'autres métaux. Les mines de plomb sont moins représentées que les sources dont l'eau contient du plomb comme à Plombières-les-Bains dans les Vosges, ou à Plombières-lès-Dijon. Il n'est pas sûr qu'on ait extrait l'étain d'Éteignières dans les Ardennes, comme l'affirment certains philologues. D'autres pensent que ce petit village est plutôt la patrie du blaireau. Beaucoup de noms de lieux attestent la recherche du minerai d'argent. C'est le cas d'Argens dans les Alpes-de-Haute-Provence et de L'Argentière-la-Bessée dans les Hautes-Alpes. On trouve aussi Argentine en Savoie et d'autres gîtes en Seine-et-Marne et dans l'Ardèche (Largentière).

Les lieux comme Aurec, Auriac ou Aurillac n'impliquent pas qu'on y trouvait des mines d'or mais qu'ils étaient possédés par un seigneur du nom d'Aurius. De la même manière, Orly était la propriété d'Aurelius, comme Orléans. Par contre, les chercheurs d'or pouvaient peut-être faire fortune dans la vallée de l'or d'Auribail (Haute-Garonne) ou d'Auribeau dans les Alpes-de-Haute-Provence. On cherchait l'or aussi autour d'Auriébat dans les Hautes-Pyrénées et les Auvergnats cachaient soigneusement les pépites de leurs rivières ou les filons de leurs montagnes d'Aurières. Ils le travaillaient et le vendaient eux-mêmes.

Les carrières de pierre étaient nombreuses et fort fréquentées au Moyen Âge par les carriers qui construisaient les cathédrales. On choisissait les carrières aussi près que possible des chantiers. Les carriers de Notre-Dame-de-Paris creusaient des kilomètres de galeries pour trouver les blocs de pierre jusqu'à vingt mètres de profondeur dans les catacombes. Les constructeurs de Reims ou de Chartres exploitaient des carrières à ciel ouvert. C'était généralement le cas en France et ces entreprises ont laissé leurs noms dans la toponymie. Carrières-sur-Seine, près de la basilique, Carrière-sous-Poissy dans les Yvelines sont l'exemple des innombrables Carrières ou La Carrière ouvertes partout où des travaux créaient un marché.

On comptait aussi de nombreux sites de fours à chaux. On épurait le minerai pour en extraire la chaux qui formait la base du ciment des constructeurs. Certaines variétés de chaux arséniatées se trouvaient à l'état naturel dans des gîtes comme Sainte-Marie-aux-Mines où l'on extrayait aussi l'argent, le plomb et le cuivre. Les fours portés à haute température affinaient les minerais et dégageaient la poudre de chaux, précieuse dans le bâtiment. Chauffour-sur-Vell dans la Corrèze avait des fours à chaux comme Chaufour-Notre-Dame dans la Sarthe ou Chaufour-lès-Bonnières près de Paris. Un four à chaux explique le nom de Chooz dans les Ardennes. La chaux était obtenue sans doute déjà au temps de Charlemagne, grâce à l'utilisation du charbon de bois de la grande forêt Charbonnière. Si Fourchambault dans la Nièvre, proche de Montceau-les-Mines, avait des fours à fonte et une industrie métallurgique, Forcalquier dans les Alpes-de-Haute-Provence produisait de la chaux, à partir du calcaire de ses rochers. Les autres Fours, Fourneaux et Fournels peuvent être aussi bien, comme Fournaudin dans l'Yonne, des fours à verrerie, particulièrement nombreux dans les Vosges.

Le fer fournit une gamme complète de noms de villages, depuis les mines jusqu'aux centres de traitement de la métallurgie. Les gîtes de fer étaient très nombreux en France mais souvent peu abondants et d'une impureté manifeste. Pourtant, les seigneurs en encourageaient l'exploitation parce qu'ils avaient besoin du précieux métal pour protéger les sabots des chevaux, les armes et les outils. On extrayait sans doute le fer à Férolles dans le Loiret pour le fondre dans des fours rustiques où le feu était attisé par des soufflets. Ferrassières dans la Drôme est un village perdu sur les hauts plateaux où l'on travaillait les plaques de fer (*ferrasso* en provençal), tandis qu'on extrayait le minerai à Ferrals-les-Montagnes dans l'Hérault. On trouve des petites mines ou Ferrières dans toutes les régions. Les sites sont plus ou moins riches et exploitables et ne désignent pas toujours le fer. Il était sans doute exploité à l'origine à Ferrières, sur la route de Montluçon à Montmarault. Mais on y découvrit ensuite une mine de charbon qui permit aux administrateurs de la compagnie Châtillon-Commentry-Neuves-Maisons d'implanter un puissant groupe métallurgique à Montluçon sur les bords du Cher. Le charbon venait de Ferrières et le fer suivait le canal du Berry sur des péniches.

Les Ferrières de l'Ariège ou La Ferrière du Calvados étaient évidemment plus riches que ce Ferrières de Seine-et-Marne où le baron de Rothschild, acquéreur sous Napoléon III des terres volées à l'Église par Fouché, ne trouva jamais un gramme de fer. Le nom du lieu était un souvenir. Il en est ainsi de la plupart des Ferrières. Les mines de fer de Lorraine et les sites de hauts fourneaux portent le nom de villages ruraux traditionnels : Hayange ou Hagondange qui rappellent les hauts seigneurs francs Hago et Ingold, et pas du tout les heureux propriétaires des établissements sidérurgiques du XIXe siècle, les Wendel, qui n'ont laissé nulle part leur nom dans la toponymie. Les aciéries de Pompey évoquent l'heureux temps où les Gallo-Romains cultivaient le sol sur les rives de la Moselle, produisant un vin exquis sur lequel les poètes s'extasiaient.

Le forgeron (*faber*) était l'homme le plus utile des anciens villages. Son atelier occupait une place centrale, un vaste espace, pour la remise des charrois, outils agricoles, le parcage des bestiaux et l'entrepôt des produits métallurgiques et du charbon de bois nécessaires à la forge. On désigne celle-ci sous divers noms : Fabrègues dans le sud, Farges dans le centre (où les lieux-dits sont très nombreux), Fargues (Gironde, Landes) dans le sud-ouest et Forges partout ailleurs. Le mot ne peut parfois désigner que des eaux aux particules ferrugineuses qui sont très vite utilisées pour les soins médicaux comme Forges-les-Eaux ou Forges-les-Bains dans l'Essonne. On compte en Normandie des Fervaches et des Fervaques en Calvados, ce qui indique que les maréchaux-ferrants ne ferraient pas que les chevaux, mais aussi les bœufs ou les vaches de labour. Les Fourneaux, Fornex ou tout simplement Four désignaient aussi des échoppes pourvues d'une forge ou des entreprises de fonte du minerai de fer.

Le maréchal-ferrant était aussi un charron qui savait travailler le métal, le découper en bandes minces pour cercler les roues et les tonneaux, confectionner lui-même des fers pour les animaux. Ces charrons ont laissé leur nom aux Charroux, Charost, Charols. Ils l'ont donné aussi aux routes empierrées où passent les chars, comme Chareil-Cintrat dans l'Allier qui veut dire : le chemin des chars. La Charrière dans l'Allier tient à peu près le même langage. En revanche, Charras en Charente n'a rien à voir avec les chars ni avec le cognac. Il tire son nom d'un riche propriétaire gallo-romain appelé Carrus, un homme qui avait du bien.

Les moines métallurgistes

Les ambitieux abbés de Cluny voulaient dépasser l'artisanat pour lancer une véritable production industrielle en Europe. L'abbé de Cîteaux reçoit le premier en legs le site de Ferrières en 1245 par testament fait à Beaune devant notaire, « à condition d'assurer l'exploitation des mines ». Voilà l'abbé lancé dans la métallurgie. Il demande conseil à ses voisins de Cluny qui ont connu des cas semblables. Il s'agit de mines de fer et les moines métallurgistes sont très nombreux en Allemagne. Des forges populaires de Haute-Bourgogne ne sortent que des pièces mal dégrossies qui rouillent très vite et se vendent mal. En Allemagne, les moines fabriquent des pelles et des pioches d'un seul tenant, propres, luisantes, tranchantes. Les charrons de Bourgogne ne savent qu'habiller de fer des outils en bois.

L'ordre de Cîteaux possède plusieurs mines de fer en Bourgogne et sur le plateau de Langres. Elles étaient sans doute exploitées au temps des Romains, avant d'être abandonnées à la période barbare. Les Allemands apprennent aux moines de Cîteaux à mettre en batterie plusieurs soufflets pour attiser le feu du four et porter la température à 1200 degrés au moins car on veut fabriquer de la fonte et non simplement du fer vulgaire. On peut voir un de ces ateliers monastiques à l'abbaye de Royaumont, près de Paris. Les cisterciens savent fondre le minerai de fer à haute température.

Possédant des moulins à eau dans la région, les moines mettent au point une technique de marteaux géants montés en série, pour remplacer les forgerons. Chacun pèse de 200 à 400 kilos. Même un colosse ne pourrait les actionner seul. Ils frappent le métal, dans ce premier train de laminoirs, au rythme infernal de 200 coups à la minute dans un bruit de cauchemar. Par un ingénieux système d'engrenage, la force des roues actionnées par l'eau est démultipliée.

Le premier haut fourneau est construit au XIVe siècle. Les centres métallurgiques de la Moselle, de la Meuse et du Rhin progressent sans cesse, au profit de l'internationale monastique. Les établissements fonctionnent avec un système de souffleries hydrauliques et du charbon de bois. On brûle alors 25 stères de bois pour obtenir 50 kg de fer grossier. En quarante jours, la « charbonnière » a une formidable puissance de destruction. Les charbonniers rasent la forêt dans un rayon d'un kilomètre. Le bois devient rare à la fin de XIVe siècle. On ne trouve plus de poutres pour les cathédrales et les navires. Les pauvres, aux enterrements, ont des cercueils loués. On jette le corps en terre et l'on récupère le bois pour une autre cérémonie. Les moines découvrent une des lois du progrès : la destruction de l'environnement. Ils décident aussitôt de reboiser.

D'autres activités industrielles peuvent enrichir les ordres de Cîteaux et de Cluny. Les paysans ne cultivent pas leurs champs seulement pour se procurer des vivres, mais pour alimenter une industrie qui les enrichit. S'ils sèment le lin et le chanvre, s'ils plantent la garance, c'est pour les ateliers textiles de leur région souvent organisés par les moines. Eux-mêmes apprennent à tisser et à filer.

Les petites fleurs bleues du lin couvrent la campagne, d'abord dans le nord où sa croissance est naturelle. Armentières veut dire : lieu où l'on élève le gros bétail. Mais la spécialité d'Armentières est le lin, qui permet de tisser les voiles blanches des navires du grand amiral de France. Les paysans d'Armentières sèment le lin et le houblon. Les deux mamelles du pays sont la mousse de bière et le fil de lin. Les deux géants d'Armentières, le jour du carnaval, sont forts comme des Turcs, hauts comme des Normands : Grambrinus, le prince du Houblon, est l'un d'eux. Les chopes ne lui font pas peur. Son compagnon, le comte Fil, est le plus populaire à Armentières. Le comte de carnaval est en fait un marchand drapier de la ville car les maîtres des remparts ne sont pas les seigneurs, mais les fabricants d'étoffes, les rois du lin. La petite fleur bleue l'emporte ici sur la fleur de lis. Elle assure le travail, donc le bonheur.

Le fil est fourni par la fibre de l'écorce de la plante qui est haute d'un pied, grêle et de couleur glauque. La filasse de lin est grise, et non point blanche. Mais elle est soyeuse et douce, qui a permis de tisser les toiles de Hollande, de Courtrai, de Bruges et de Gand, les batistes et les dentelles de Valenciennes et de Malines. On cultive le lin dans les champs depuis le temps des Celtes. Les bandelettes des momies égyptiennes sont en lin. On raconte que le lin pénétra la Bretagne à la suite du mariage d'un duc avec une comtesse des Flandres.

« Que portent ces gens ? demanda la comtesse en désignant des manants.

— Des robes de laine », répondit le duc.

La comtesse les trouva mal vêtus et sales. Elle fit venir des techniciens flamands qui apprirent aux Bretons à cultiver le lin pour en faire des vêtements. Ils montèrent le long de la rivière Elorn des fabriques en série, jusqu'à Locronan, pour tisser les voiles blanches des bateaux de la marine de Brest. Un de ces villages du lin, Comana, possède dans son église dédiée à sainte Anne (la combe d'Anne) un triptyque représentant le Christ en majesté, sculpté par les charpentiers de la marine de Brest. Les anges vêtus de lin offrent leurs torses androgynes aux vents d'ouest, comme sur les proues des navires.

Les toiles de lin de Bretagne, de Vendée, de la Sarthe et de la Mayenne, de la Normandie et du Nord se vendaient en Angleterre et en Espagne au XVIIe siècle. Le lin exige des soins, deux ou trois labours, des fumures, un enrichissement du sol. Il dégénère au bout de trois ou quatre générations et les paysans savent qu'on ne doit pas semer le lin deux fois à la même place. Il requiert donc des grands domaines, où l'on peut pratiquer la rotation des sols. La plante est arrachée à la main. On bat et on peigne ensuite les petites bottes pour les débarrasser des graines qui sont utilisées en imprimerie et pour la fabrication des vernis. Les peintres emploient volontiers l'huile de lin et la médecine en fait des cataplasmes. Après le rouissage, les tiges sont broyées dans des appareils ancestraux. On peigne ensuite le lin, on le débarrasse de ses bois. Une fois peignée et cardée, la filasse est étalée en rubans uniformes et filée à la main. Toutes les femmes du village s'y emploient, pendant que les hommes accordent tous leurs soins à une culture qui rapporte de l'argent frais. Les lieux de culture s'appellent Lignières dans la Somme, la Sarthe, le Maine-et-Loire ou la Charente, mais les toponymes débordent des régions originelles du nord et de l'ouest pour gagner toute la France : on file le lin dans l'Allier, à Lignorelles dans l'Yonne, à Lignerolles en Côte-d'Or, en Champagne, en Corrèze et jusque dans la Meuse.

En revanche, les fabriques de draps et de toiles de lin semblent concentrées dans le nord, si l'on en juge par les noms de villages : Lincheux-Hallivillers dans la Somme, Linzeux dans le Pas-de-Calais et Linselles dans le Nord. Il est vrai que les filatures qui ont essaimé dans l'ouest au XVIIe siècle n'ont pas laissé de traces : les villages étaient déjà consacrés depuis longtemps aux saints bretons et normands.

Le chanvre est une forme primitive de culture textile, fort répandue dans l'ouest car elle exige un climat particulièrement humide. La fibre, plus résistante que celle du lin, sert à faire des cordages pour la marine et les travaux publics mais aussi des vêtements grossiers pour les travailleurs. Le chanvre est de la même famille que le hachisch ou le cannabis et s'acclimate sous tous les climats pluvieux. Le chanvre de Champagne est très vite le plus recherché. « C'est avec les chanvres qui habillent nos pauvres paysannes, disait Bernardin de Saint-Pierre, que sont faites les voiles des corsaires qui vont dépouiller les cultivateurs de l'Inde. » La cravate de chanvre est bien connue des malandrins : elle sert à les pendre. Hérodote parle de l'effet produit par les fumigations de la graine de chanvre, et de l'ivresse qu'il a observée dans les populations scythes. Les Grecs ont transmis le cannabis aux Romains mais aussi en pays gaulois : la Canebière de Marseille est un lieu de plantation de cannabis, à moins qu'elle ne soit un simple marécage peuplé de roseaux dont les caractéristiques sont les mêmes que celles du chanvre.

À Vienne, le long du Rhône, les Romains avaient installé des ateliers de production du chanvre pour les cordages de marine et les filets de pêche. Au XVIe siècle, on avait affiné la filature pour obtenir des sous-vêtements en fil de chanvre que portaient les femmes de l'escadron volant de Catherine de Médicis, engagées pour tenir dans leurs rets le roi Henri II et les grands seigneurs de la cour. Toute la communauté villageoise se mobilisait pour le broyage du chanvre qui devait être réalisé dans la journée. Cette opération donnait lieu dans l'ouest à des fêtes du cidre fort joyeuses. Les tiges broyées étaient ensuite préparées pour la filature, qui mobilisait la main-d'œuvre féminine.

Le chanvre, comme le lin, est entièrement utilisé : on tisse ses fibres pour confectionner des vêtements grossiers ; on les tresse pour fabriquer cordages, amarres, ou filets ; ses graines (le chènevis) donnent de l'huile, ou servent comme nourriture pour les oiseaux, ou comme amorces pour les pêcheurs. La pharmacie utilise les fleurs ainsi que les amateurs de rêves artificiels. Il pousse dans l'ouest et le Massif central, où sont nombreux les Chambeau. On trouve également des champs de chanvre dans les Chenevelles ou les Chennevières de la Meuse et les Chenevières de la Meurthe-et-Moselle. Chennevières-sur-Marne dans la région parisienne fournissait en cordes les bourreaux parisiens du gibet de Montfaucon comme Chennevières-lès-Louvres dans le Val-d'Oise. Le Cherves était le nom saintongeais du chanvre et les cannabis poussaient dru dans les Charentes.

Les fabriques d'étoffes et les corderies étaient partout installées dans les régions productrices. Dans le Tarn-et-Garonne, on fabriquait des peignes en même temps que l'on travaillait le chanvre à Lapenche. La garance était abondamment cultivée dans le sud-ouest, en même temps que le chanvre, comme plante industrielle fournissant de la belle teinture rouge aux drapiers. On connaissait aussi des producteurs de garance dans le Vaucluse, les Alpes-Maritimes et en Alsace. Pourtant, les seuls noms de villages qui aient gardé la trace de cette plante sont dans l'ouest : Garencières dans l'Eure, ou dans la Beauce. Il est vrai que les agriculteurs du Toulousain cultivaient aussi le pastel, qui n'a laissé aucune trace dans la toponymie.

La laine n'a pas une place qui correspond à son importance : le mouton a pris tous les noms de lieux disponibles, sans qu'on sache s'il était élevé pour sa viande ou pour les lainiers. On pense qu'on fabriquait à Bourret, dans le Tarn-et-Garonne, une laine de mauvaise qualité qui servait à rembourrer, à confectionner des épaulettes. À Vauchoux dans la Haute-Saône étaient installés des moulins à foulons qui pouvaient travailler les pièces de drap pour en faire du feutre ou tout simplement pour dégraisser les draps. Les moulins pouvaient aussi servir à battre les cuirs en mégisserie.

L'industrie la plus souvent représentée dans la toponymie est la tuilerie. Les sites argileux étaient nombreux en France : les mines de glaise étaient exploitées à Provins dès le Moyen Âge. On connaissait autour de la ville environ sept cents glaisiers dans les villages des Ormes-sur-Voulzie, d'Everly, de Chalmaison, de Soisy-Bouy (dont les mines appartenaient au propriétaire gallo-romain Sosius). Ces « gueules grises » travaillaient dans des conditions d'inconfort total. On connaît de très nombreux villages exploitant la glaise, qu'ils se nomment Gleizé dans le Rhône ou Le Glaizil dans les Haute-Alpes. Ils ont tous donné naissance à des tuileries que l'on trouve dans la Somme (Thieulloy-l'Abbaye, Thieulloy-la-Ville), le Pas-de-Calais (La Thieuloye), le Puy-de-Dôme (Thiolières), les Vosges et l'Eure. Les lieux-dits La Tuilerie ou Les Tuiles sont très nombreux dans toutes les régions. Ils appliquaient les techniques des fabriques de tuiles romaines, courbes et emboîtées strictement les unes dans les autres, ou les nouvelles formules médiévales de tuiles plates qui couvraient, en concurrence avec les ardoises, les toits des bourgeois des villes ou ceux des cathédrales. La ville de Tulle ne tire pas son nom des tuiliers mais d'une divinité gallo-romaine appelée Tutela. En revanche, le tissu léger et transparent tiré des fils de coton et de soie appelé « tulle » provient de la cité corrézienne célèbre au Moyen Âge pour ses draps. On savait fabriquer le tulle dès le XIe siècle mais il ne servit aux costumiers qu'à partir de la Renaissance, dans les robes de femmes.

Les potiers étaient d'autres utilisateurs de l'argile, ainsi que les innombrables fabricants de briques : la Normandie, la Picardie, le Nord avaient des villes de briques tirées des gîtes d'argile locale. Les vases et les pots se fabriquent en Bourgogne à Pothières selon une tradition locale qui remonte aux grands ducs du XVe siècle. Les Romains ont été sans doute les inspirateurs des créateurs d'amphores et de pots du Gard à Potelières. On fabriquait des petits pots pour tous usages à La Possonnière dans le Maine-et-Loire Les Bretons travaillaient à La Poterie, les Normands à La Poterie-au-Perche et à La Poterie-Mathieu. Aux Terres-Pöthier en Seine-et-Marne fut installée en 1788 la première fabrique de tuyaux de drainage en argile. Les pipes en terre, au temps de Louis XIV, étaient tournées, à l'imitation des modèles hollandais, à Potonpone près de Montcourt. À Rouilly, les ateliers de poterie étaient particulièrement nombreux dans les hameaux entourant le village. Il suffisait d'un tour, d'un four au charbon de bois et de beaucoup de savoir-faire, pour être potier en Seine-et-Marne, où l'argile était d'une qualité exceptionnelle. Par contre, les Verrières, les Verrines et les Verreries étaient installées sur les gîtes de sable les plus riches en silice. Ceux de Nemours envoyaient chaque année 150 000 tonnes de sable aux cristalleries. Les lieux-dits Le Mont-Blanc désignaient des gîtes où la silice était à peu près pure. Le nom de Nemours ne désignait ni le verre ni le sable mais une source servant de sanctuaire à une divinité celtique. Les nombreux lieux-dits Védrines dans le Massif central répondaient aux Verrières-du-Grosbois et Verrières-de-Joux dans le Jura, à Vitrolles dans les Hautes-Alpes. Les verrières étaient aussi nombreuses dans la Dordogne et dans les Vosges. On connaît une La Glacerie dans la Manche où l'on fabriquait assurément des glaces.

Les ailes de nos moulins

L'activité industrielle la plus répandue concernait l'alimentation : les innombrables moulins à eau et à vent occupaient les rivières, les collines, les hauteurs et fonctionnaient pour le compte des seigneurs qui percevaient des droits pour un monopole qu'ils imposaient aux paysans. Le meunier est un personnage pittoresque du passé, qui n'acquit son indépendance qu'après plusieurs siècles de servitude. Il travaillait à l'origine pour le compte des seigneurs. Saint Louis faisait confisquer la farine moulue en dehors des moulins seigneuriaux. On ne pouvait cuire le pain que dans les fours banaux. Les coutumes des pays de la Loire, du Poitou, de l'Aunis, de la Saintonge et du Nivernais renfermaient des dispositions analogues à celles de l'Île-de-France. Villefranche-du-Périgord, par privilège spécial, avait obtenu du roi Charles V le droit de bâtir des fours indépendants, libres de toute redevance. Le grain apporté au meunier du seigneur devait être moulu dans les vingt-quatre heures. L'exemption des droits s'étendit à d'autres lieux, mais elle était obtenue à prix d'argent. Les bourgeois, en quelque sorte, rachetaient le droit de moudre librement.

Le meunier devint un personnage respecté au village quand il fut soustrait au privilège seigneurial et exerça son office pour le compte des clients venus de la campagne avec leurs sacs de grains. Ceux-ci vendaient en général directement aux marchands de grains qui faisaient moudre en spéculant sur les différences de prix. Ils attendaient la période de soudure pour vendre au plus haut et s'entendaient avec le meunier pour obtenir le maximum d'argent du froment moulu. Dans les périodes de disette, le meunier était donc considéré comme un accapareur et subissait le premier les effets des jacqueries.

Les plus nombreux en France étaient les moulins à eau,

mais les moulins à vent étaient connus dès le XIIe siècle. On considère généralement que ces moulins aux blanches ailes n'ont pas été transmis par les croisés bien qu'un texte de la seigneurie de Thorigny-sur-Marne en Seine-et-Marne parle d'un « moulin turquois » au XVe siècle. Le nom de turquois leur était resté, contre toute raison. Ils ne devaient rien aux Turcs. Dammartin-en-Goële comptait encore six moulins à vent en 1830 mais à cette époque l'érudit Paul Bailly nous apprend que le Grand-Morin avait plus de 300 moulins à eau installés. Les paysans donnaient à ces moulins des noms burlesques où s'exprimait la drôlerie des campagnards. À Bécherel, le moulin était bruyant. Il claquait au vent à Cliquot. Il tremblait au Coupied. Le Moulin-d'Enfer sur le Petit-Morin tournait trop vite, comme dans la chanson, quand le meunier dort. La Tabarderie de Château-Landon faisait trop de bruit (*tabard*), et le Moulin-Maillard faisait entendre au loin ses coups de maillet. On appelait Mocquesouris à Rozay-en-Brie un moulin de pierre habité par les chats qui ne laissaient pas manger son grain.

Quant aux meuniers, ils étaient fort mal vus dans les campagnes : le Moulin-Gabot appartenait à un usurier « qui se moquait (*gabot*) des gens ». Le moulin Mitsou mélangeait le bon et le mauvais, livrait une farine impure (*mixta*). Le Ricangrogne ou le Quicangrogne sur la Marne près de Lagny se moquait du client, même s'il grognait parce qu'il était volé. Un moulin s'appelait La Triche. Un autre, à Champs-sur-Marne, Écoute-s'il-pleut.

Le moulin donnait souvent son nom au village qui s'appelait *Bgy* quand on y apportait des sacs de farine de plus de 100 kilos, qu'un bon meunier devait pouvoir charger sur ses reins. Brissac dans le Maine-et-Loire portait le nom d'un meunier malhonnête qui brisait les sacs et ne donnait pas le juste poids en farine. Un moulin dominait le village des Cruscades dans l'Aude, sur les bords de la rivière Orbieu. La Gorgue, dans le Nord, désignait l'endroit de la chute d'eau du moulin. Plus de 2000 hameaux ou lieux-dits s'appellent en France Les Moulins, comme la capitale des ducs de Bourbon qui s'appelait Molinae au Moyen Âge parce qu'elle comptait de nombreux moulins à eau qui moulaient le grain de la riche Limagne de l'Allier.

Issy-les-Moulineaux, dans la région parisienne, garde en son nom la survivance des moulins sur la Seine qui alimentaient en partie Paris. La meunerie faisait du meunier un personnage important des campagnes, envié, brocardé, haï et présenté souvent comme un mari trompé. Par contre, la fermière est généralement une femme avenante qui rêve d'envoyer « son bonnet par-dessus les moulins ». Ces personnages ont alimenté les fabliaux, les fables, puis les opéras comiques, jusqu'aux romans du XIXe siècle. Ils sont présents, en filigrane, derrière les anciens noms de lieux qui émaillent la carte de France, tout aussi largement que les noms des gens de guerre ou de pouvoir.

CHAPITRE 4

Brigands, routiers et gens de guerre

Au MOYEN ÂGE, tous ceux qui ne sont pas attachés à la glèbe se déplacent le long des routes et des fleuves : c'est le cas des gens de guerre, qu'ils soient ou non des nobles ou de puissants seigneurs : les chemins sont infestés, à une certaine époque, de capitaines de grandes compagnies, commandant des bandes d'écorcheurs qui font régner la terreur. Des troupes réglées, commandées par le roi ou ses vassaux, aux mercenaires utilisés dans les guerres comme forces d'appoint, il n'y a pas commune mesure : ceux-ci viennent de loin, ils sont de passage et peuvent piller impunément. Ils sont plus proches des brigands et bandits qui vivent en troupes organisées et battent la campagne pour attaquer les fermes et, sur les routes, les convois. L'insécurité est d'autant plus grande que souvent les seigneurs se conduisent eux-mêmes en barons pillards, rançonnant les voyageurs qui traversent leurs terres.

Ceux qui marchent et roulent, ceux qui naviguent ne portent pas toujours l'épée : les marchands vont en groupes, en caravanes (généralement protégées), mais les innombrables colporteurs, les errants, les vagabonds chassés de ville en ville, les mendiants que l'occasion rend larrons côtoient les pèlerins, les moines en déplacement qui vendent des indulgences et prêchent la bonne parole dans les villages, les étudiants et divers clercs toujours en chemin, marchant d'une université à l'autre. Les routes sont encombrées de ces voyageurs perpétuels, qui couchent au hasard des étapes, le plus souvent dans les églises s'ils sont pèlerins, dans les auberges s'ils ont quelque argent. La route de terre est le moyen le plus économique pour se déplacer, si l'on peut marcher sans craindre les hasards, la boue, les pentes raides, les cailloux pointus, car les chemins ne connaîtront pas le « pavé du roi » avant le XVIe siècle.

Les routes sont bavardes

La toponymie les classe et les caractérise. Les routes poudreuses (où « sœur Anne, dans le *Barbe-Bleue* de Perrault, ne voit rien venir ») traversent des villages comme Aubevoye (route blanche) dans l'Eure. Breuil-Chaussée dans les Deux-Sèvres est construit sur le trajet d'une voie médiévale. Certains centres sont importants dès la période gauloise comme Carhaix-Plouguer en Bretagne. C'est la ville des Osismi. Le plus souvent, les La Cauchie ou les Cauchy-à-la-Tour (Pas-de-Calais) désignent les voies romaines qui reliaient Amiens et Cassel à Arras. Caussade est sur l'axe reliant Toulouse à Paris, après Montauban. Les La Chaussade, La Chaussée ne se comptent pas ; elles existent dans toutes les provinces, sur le parcours des courriers royaux. Ces routes gardent quelquefois les bornes romaines et les souvenirs de Jules César. Cinq-Mars-la-Pile en Bretagne est un monument romain au bord de la route. Cinquetral dans le Jura est au carrefour de cinq chemins. Parfois on signale une courbure du tracé pour éviter les guet-apens des brigands. Courbevoie est un lieu dangereux où les voitures peuvent verser, à cause du coude de la route Paris-Rouen. Non loin, La Malmaison est un relais mal fréquenté. Les Maisons, nombreuses sur les grands parcours, indiquent les gîtes d'étape. Muizon dans la Marne ou Mudaison dans l'Hérault sont des relais de postes, où les voyageurs pressés peuvent changer de cheval. Êtes-vous perdus ? Regardez les bornes. À Oytier-Saint-Oblas dans l'Isère, vous êtes à huit milles à l'est de Vienne. À Septèmes-les-Vallons dans les Bouches-du-Rhône, vous êtes à sept milles romains de Marseille. À Sixt-Fer-à-Cheval, en Haute-Savoie, vous devez marcher encore dans la neige pendant six milles pour atteindre le col de Tenneverge.

Les carrefours (Trèves dans le Gard ou le Maine-et-Loire) peuvent vous faire perdre votre direction car ils ne sont pas signalisés. Gare aux défilés ! Les brigands y sont postés. Ils veillent à Cluses ou La Clusaz (qui signifient gorges, défilés) dans les Alpes, sur les routes d'Italie où passent les marchands. Sur un de ces chemins pierreux, les Sarrasins ont enlevé l'abbé de Cluny, Mayeul. Il était, en l'an 972, l'un des plus riches seigneurs d'Europe. En effet, les terres des abbayes rapportaient gros et les abbés exploitaient déjà les mines de fer, d'argent, d'or et de plomb. Des filiales de Cluny se construisaient dans toute l'Europe. Mayeul revenait d'un pèlerinage à Rome. Il avait appris la route des Alpes gravissant le col du Grand-Saint-Bernard. Le convoi de l'abbé, qui se composait de nombreux marchands et pèlerins, était gardé par des hommes d'armes. Les Sarrasins basés dans les montagnes des Maures, sur la Méditerranée, lançaient alors des raids vers le nord. Ils avaient atteint Grenoble, sans s'y attarder. En vain, l'empereur Otton avait-il fait une démarche auprès du calife de Cordoue pour lui demander de retirer les guerriers arabes de Provence. Le calife n'avait pas d'autorité sur eux : ils se conduisaient en pirates.

Les Maures, ou Sarrasins, avaient capturé Mayeul alors qu'il se reposait à l'étape, juste avant le col. Ils avaient tué les soldats de l'escorte à coups de sabre. Les pèlerins et les marchands avaient été égorgés. Ils demandaient mille livres d'argent de rançon pour rendre l'abbé. Un convoi de mules achemina la somme jusqu'au repaire des pirates. Une croisade fut décidée dès la remise en liberté de Mayeul, pour purger les montagnes des Maures de leurs hôtes indésirables. Nombreux sont les voyageurs victimes de guet-apens de brigands, notamment à Cluzel dans l'Allier, à La Clue dans les Alpes-Maritimes. Les passages du Massif central ne sont pas plus sûrs que ceux des Alpes. Les cols des Pyrénées sont infestés de pirates. On ne peut se fier aux hauteurs boisées qui dominent les routes sinueuses, même si elles sont douces, arrondies, d'apparence pacifique comme ce Cocumont du Lot-et-Garonne qui n'est pas un refuge de maris trompés mais seulement, comme Cucuron dans les États du pape ou Coucouron dans l'Ardèche, des hauteurs arrondies. Les « défilés » (en latin *saltus*) forestiers, comme Sault sur les flancs du mont Ventoux ou Salt-en-Donzy dans la Loire sont les plus dangereux.

Les voyageurs peu fortunés ne peuvent éviter les péages, à moins de passer les rivières à gué. On n'a souvent pas le choix : Ambert dans le Puy-de-Dôme n'a pas de pont au temps des Gaulois. On franchit la rivière à gué, comme à Auboué en Lorraine, où le passage est facile. À Niort, dans les Deux-Sèvres, les Romains n'ont pas trouvé de pont, ils ont cherché un « nouveau gué ». Même problème à Rieux : il n'existe pas de pont sur l'Oise.

Les marchands dont les carrioles sont lourdement chargées préfèrent payer les seigneurs constructeurs de ponts et franchir les fleuves en sécurité, sans être attaqués sur un gué. Souvent, comme à Pont-l'Évêque, le seigneur est un ecclésiastique qui tire un grand profit de son pont de pierre, construit, grâce à la corvée, par les manants. Il existe des monuments semblables dans l'Isère, le Calvados et l'Oise. L'abbé du monastère s'est chargé de la besogne et perçoit les droits dans les Charentes et le Finistère à Pont-l'Abbé. Pont-Audemer, dans l'Eure, a été bâti par un seigneur d'origine germanique, Hebert. Souvent les ponts sont dédiés à des saints, Martin, Pierre ou Vincent. Pont-Saint-Esprit dans le Gard est un pieux passage où les pèlerins doivent donner leurs écus. Les ponts sont souvent fort anciens et échappent dans ce cas aux péages, comme celui d'Amiens construit au temps des Romains sur la Somme. La ville a pris le nom du pont *(briva)* et de la rivière *(Samara)* pour s'appeler Samarobriva avant de prendre au IVe siècle le nom de Belges Ambiani qui peuplaient la région. Brive, en Corrèze, est également une ville-pont comme très souvent en France. D'autres étaient réputés pour les passages de pèlerins comme La Pellerine dans le Maine-et-Loire ou Le Pellerin en Loire-Atlantique. Sur certains parcours, ils étaient recueillis dans des gîtes d'étape organisés dont la toponymie a gardé le nom : L'Hôtellerie en Normandie, L'Hôtellerie-de-Flée dans le Maine-et-Loire.

On voyage sur les fleuves

La navigation fluviale ou maritime est plus sûre, mais plus coûteuse. Les nautes de la Loire remontent jusqu'à Roanne où ils capturent le trafic de la Saône, acheminé par caravanes d'une ville à l'autre, d'une rivière à l'autre. Les chalands ont un gouvernail fixe — la piautre —, un grand bâton qui permet les manœuvres. Les bateaux naviguent à la voile mais sont aussi halés, quand ils remontent le courant. Un autre port de détournement du trafic est Chalon-sur-Saône, où débarquaient les légions romaines qui remontaient de Marseille. Les légionnaires allaient ensuite à pied à travers les collines pour retrouver, à travers le Charolais, la Loire à Digoin. Le fleuve était constamment fréquenté par des trains de bateaux, comme la Saône et la Seine. Certains passages étaient difficiles. À Chambord, la Loire accusait une courbe qui ralentissait la navigation (*cambo* : courbe).

Les nombreux ports prenaient le nom des fleuves : Port-Launay (sur la rivière l'Aulne, dans le Finistère), Port-sur-Saône, Port-sur-Seille en Lorraine, Seine-Port dans la Brie, où embarquaient les convois de blé pour la capitale.

Certains ports avaient des noms énigmatiques : Port-

Mort ou Porte-Joie en Normandie. D'autres prenaient le nom de leur seigneur ou un nom de saint : Port-Saint-Père, Port-Saint-Louis-du-Rhône. Près de l'abbaye de Sainte-Foy-la-Grande, les pèlerins pouvaient débarquer à Port-Sainte-Foy-et-Ponchapt sur la Dordogne. On dit que les seigneurs de Beynac, pour partir à la croisade, se laissaient entraîner en barques par la Dordogne jusqu'à Bordeaux, où de lourds vaisseaux les attendaient.

Les abords de la Méditerranée n'étaient pas sûrs et le roi de France avait fait construire et ceinturer de remparts Aigues-Mortes, alors sur le rivage, pour disposer d'un port commode vers l'Orient. Plus tard, on allait construire un canal (1725) gardé à son embouchure par Le Grau-du-Roi. Les navires remontaient difficilement jusqu'à Montpellier où Jacques Cœur, le financier de Charles VII, avait ses quartiers. Palavas-les-Flots n'était qu'un village de pêcheurs perdu dans les marécages. On assurait que la colline des pucelles *(Mons puellarum)* était en proie aux incursions des pirates barbaresques qui enlevaient les filles jusque dans Montpellier, et que le site de Palavas, infesté de moustiques, n'était pas sûr. On y construisit des fortifications pour dissuader les barbaresques.

Gare aux malandrins !

Nombreux sont les noms de lieux qui attestent la peur des bandits, des pirates ou des brigands : on se moque des villageois qui ont ouvert leurs portes aux étrangers et se sont laissé dépouiller sans résister. Ils habitent en des lieux ridicules. Badecon-le-Pin dans l'Indre est un nom que le philologue Thomas qualifie de « facétieux ». Badevillain dans la Vienne signifierait « ouvre, vilain ! » les portes de ton cellier, de tes coffres, de ton grenier, ouvre l'armoire de ta femme ! Il faut attendre le XVIIe siècle pour qu'une maréchaussée organisée veille le long des grands chemins. Jusque-là, seules les villes sont surveillées par des services de guet organisés par les bourgeois eux-mêmes. Les campagnes sont ouvertes : aux villageois de se défendre, s'ils ne veulent pas susciter les moqueries. Chauconin, en Seine-et-Marne, semble avoir aussi une connotation ironique. Lors des invasions, les maires de village ont souvent donné le mauvais exemple et se sont enfuis comme des lapins, abandonnant leurs femmes aux envahisseurs. Elles se plaignaient ensuite d'avoir été violées. Sous Louis XVIII, elles demandent réparation pour dommages après l'invasion de 1814. Le maire de Mareuil-en-Brie, à l'approche des troupes russes, a fait sonner le tocsin. Les hommes du village ont tiré sur les cosaques. Ceux-ci sont revenus en force : des paysans ont été tués. Le maire du village proche de Quincy a fait démonter le battant de la cloche pour qu'on ne puisse sonner le tocsin et qu'on n'ait pas la tentation de résister. Quincy s'en est bien trouvé, mais ses habitants ont passé pour des lâches, des lapins, comme à Chauconin.

Le comportement des paysans à l'égard des bandits est le même : certains organisent la résistance collective, d'autres baissent les bras, d'où les ambiguïtés de la toponymie. Certains villages ont la réputation d'attirer les étrangers pour les dépouiller. Ils sont très souvent situés près des cols en montagne ou le long des routes qui traversent des forêts épaisses ou des plateaux déserts. On se souvient de l'Auberge rouge de Balzac, lieu sinistre perdu dans un hameau de l'Ardèche. À Baratier (Hautes-Alpes), les habitants avaient, au Moyen Âge, une réputation de fripons si l'on en croit Dauzat. On trouve la présence de Mandrin dans la légende du village de Chabreloche dans le Puy-de-Dôme. Mais Mandrin, bandit au grand cœur, savait se faire aimer du peuple et détroussait seulement les caravanes des fermiers généraux, ces collecteurs d'impôts qui, œuvrant au nom du roi, levaient la taille sur le paysan pressuré en n'omettant pas de l'accroître des bénéfices de la ferme.

Abandonnant les Alpes, il entra dans Beaune dont le maire lui offrit un vin d'honneur. Il avait aussi attaqué et pris Bourg et Autun. Il poussa jusqu'au Massif central, menaçant Clermont. Il mourut roué vif et étranglé, mais sa légende lui survécut à Chabreloche.

Les campagnes ont toujours vécu dans la terreur des bandits et des chauffeurs, qui chauffaient les pieds des fermiers dans le four pour leur faire dire où ils avaient caché leurs économies. À La Destrousse, dans les Bouches-du-Rhône, les bandits attaquaient les voyageurs sur la route. Foulayronnes (source des voleurs) avait la réputation d'être un repaire de brigands, tout comme Malemort-du-Comtat dans le midi, ou Malestroit dans le Morbihan, où les bandits, sous le Consulat, attaquaient les voitures pourvues de coffres d'argent des trésoriers de l'État. Malicorne, dans l'Allier, évoquait le son de la corne, dans le danger. Signalait-on l'arrivée des brigands ou l'endroit était-il maudit ?

Seule la création des brigades de gendarmerie à cheval par Napoléon put permettre un quadrillage des campagnes, auparavant bien théorique, malgré le zèle d'une maréchaussée pourtant développée sous Louis XV.

Les greniers à sel

Le sel et son trafic, l'impôt de la gabelle levé par les rois, attiraient l'attention sur les lieux de production, mais aussi sur les greniers à sel, sur les voies de communication de la précieuse denrée. Une ordonnance de Philippe VI de Valois du 20 mars 1340 avait créé le monopole du sel au profit du trésor. Six commissaires étaient chargés d'établir des « greniers » dans le royaume.

Arras avait été en tête du refus de l'impôt en 1356. Le peuple s'était soulevé contre les bourgeois qui étaient, disait-on, complices des gabelous. Quatorze d'entre eux avaient été égorgés ou pendus. L'ancienne tribu des Atrébates qui avaient donné leur nom à Arras n'était pas prête à subir un impôt injuste. La révolte fut réprimée dans le sang par le connétable de Bourbon qui fit sur-le-champ trancher la tête aux meneurs. Jean d'Harcourt (le descendant de ce guerrier germanique qui avait jadis donné son nom au village d'Harcourt dans l'Eure) avait pris la tête de la révolte des seigneurs normands contre la gabelle. « Il ne se trouvait pas, disait Harcourt, si hardi homme de par le roi de France qui la dût faire courir, ni sergent qui enlevât amende qui ne la payât de son corps. » Le roi de France fit juger Harcourt qui eut la tête tranchée. Les puissants ne plaisantent pas avec les impôts ! Naturellement, Harcourt fut accusé de complot contre la sûreté du royaume, et non de résistance à la gabelle... Jean dit le Bon accrut les droits sur le sel pour payer sa rançon aux Anglais et Charles V établit cet impôt à perpétuité.

Depuis lors, chaque fois qu'un roi de France devait se montrer prodigue, il était accusé de dilapider l'argent de la gabelle : on qualifia de « noces salées » celles que célébra, à grands frais, François Ier à Châtellerault pour le mariage de sa nièce Jeanne d'Albret avec le duc de Clèves. Le même François Ier devait confisquer les marais salants de toute la côte vendéenne en représailles contre la rébellion des habitants de La Rochelle qui protestaient contre la hausse des gabelles dans leur région productrice de sel... La « butte rocheuse » abritant un port difficile à prendre justifiait sa réputation de fermeté. Toutes les provinces de l'ouest devaient participer, d'un règne à l'autre, à la révolte.

Louis XIV dut entretenir plusieurs milliers de soldats en Bretagne pour contraindre les paysans à payer l'impôt. Il fit raser les clochers pour empêcher qu'on sonnât le tocsin d'un village à l'autre. Les dragons du roi laissèrent ainsi un souvenir fâcheux, de Camaret à Pont-l'Abbé.

L'eau salée est signalée dans les noms de lieux, particulièrement s'il s'agit d'une source, qui peut faire l'objet d'une exploitation. On en trouve dans toutes les régions de montagne : Saulxures-sur-Moselotte dans les Vosges, ainsi que Saulxerotte ou Saulxures-lès-Bulgnéville. La Lorraine est une région riche en sel et Saulxures-lès-Nancy rappelle les mines proches de sel gemme. Mais on trouve aussi Les Salces en Lozère et en Ardèche, et Sausses, source d'eau salée dans les Alpes-de-Haute-Provence. Les Salins du Jura sont le siège d'une compagnie d'exploitation dont les bâtiments ont été construits au siècle de Louis XV. L'architecte Claude-Nicolas Ledoux était employé par la Ferme générale et titulaire de la charge d'inspecteur général des salines. Sur un plan circulaire, il bâtit une véritable cité du sel, dans la forêt de Chaux, près de Salins en Franche-Comté, au lieu-dit Arc-et-Senans. Cette cité industrielle était à la fois destinée à loger l'administration et les travailleurs des mines dans un lieu difficile d'accès, facile à défendre. La ville de Salins-les-Bains fut largement détruite par un incendie en 1825. Elle conserve cependant les portes de son enceinte et quelques églises qui rappellent les temps prospères où l'extraction du sel alimentait toute une gamme d'industries. Toute la toponymie de la Franche-Comté évoque le sel, y compris la capitale, Lons-le-Saunier.

Salins-les-Thermes, en Tarentaise, évoque d'autres formes de sel, employé par les gynécologues et les médecins des bronches. Un établissement thermal est jumelé avec celui de Brides-les-Bains. En revanche, le sel de cuisine est présent dans tous les marais salants de Méditerranée : à Salins-d'Hyères où les exploitations ont disparu, à Salin-de-Giraud dans le sud de la Camargue, à l'ouest du grand Rhône, où l'on fabrique désormais de la soude pour l'industrie chimique. L'aluminium, mais aussi le sel sont présents à Salindres dans le Gard, à Salinelles et à Salies-de-Béarn. Il semble que les Saulnières de l'Eure-et-Loir et de Bretagne, La Saunière de la Creuse évoquent plutôt les greniers à sel de la gabelle, ainsi que les Salles dans la Gironde qui étaient un marché avant que les agents du roi n'installent le monopole sur le précieux produit, qui alimentait un commerce allant de la Vendée et de la Bretagne vers l'Espagne et l'Angleterre.

Les marais qui donnent leurs noms à d'innombrables lieux en France n'ont pas tous la richesse des marais salants qui, après avoir fait la fortune des riverains, les condamnent à travailler à prix fixe pour les greniers du roi, sans pouvoir même se soustraire à l'impôt. Certes, les habitants de Pantin près de Paris se félicitent que l'on assèche les leurs. Mais ceux de La Bassée, dans le Nord, se révoltent en 1847 quand un ingénieur veut les transformer en plaines céréalières. Louis-Philippe doit envoyer la cavalerie pour rétablir l'ordre. Les habitants des villages tirent en effet des marais des ressources nombreuses. Les braconniers y attirent impunément les faisans. Les jardiniers de Mousseaux-lès-Bray cultivent artichauts, fèves et haricots, récoltent les fraises et, pour les pharmaciens, les sangsues. Ils ne détestent pas ces champs merdeux (Touquin) ou Merderaux à Châtres où les légumes poussent bien. À Piscop où les fontaines ne pissent que comme des coqs, ils regrettent de manquer d'eau, et à Pisseleu, dans l'Oise, d'abreuver les loups qui sortent des bois pour pisser dans la rivière. Les chasses du seigneur sont partout impopulaires et nul ne regrette que les marécages empêchent la meute de traquer le gibier. Les grands équipages sont dévastateurs et ne nourrissent que les chiens, les piqueurs, et les invités. Les habitants des Mouettes dans l'Eure, ceux du village de la Muette près de Paris ne sont pas inspirés par les oiseaux blancs venus de la mer, ils déplorent que les seigneurs aient installé chez eux des pavillons de chasse (en latin *movita*) qui leur laissent présager de sombres coupes dans les récoltes.

Bandits de grands chemins

Les gabelous poursuivaient à cheval les faux sauniers, contrebandiers du sel, sur les routes de Bretagne et de Normandie. La maréchaussée poursuivait les bandits qui attaquaient sur les chemins les voitures bourrées d'or ou de marchandises. À partir du XIXe siècle, les gendarmes traquaient les réfractaires et les opposants politiques qui trouvaient refuge dans les villages et cherchaient à gagner l'étranger. Jadis, au Moyen Âge, les grands chemins étaient encombrés d'une faune indéfinissable de vagabonds qui changeaient de province, de filles publiques chassées des villes, de trafiquants divers et de repris de justice à la recherche d'un bon coup. La chaîne des bagnards ferrés au Kremlin-Bicêtre traversait les villages pour gagner les ports de l'ouest et être internés ou embarqués à Brest, ou rejoindre la chiourme des galères à Toulon. Les routes étaient des lieux empruntés constamment par les criminels, les repris de justice, les asociaux. Aussi les auberges n'étaient-elles pas toujours sûres. On s'arrêtait à La Bégude dans le Vaucluse ou à La Bégude-de-Mazenc dans la Drôme quand la poussière de la route prenait les voyageurs à la gorge. Ils buvaient volontiers au cabaret du Kremlin-Bicêtre d'où partait la chiourme des bagnards. L'auberge était réputée pour son pittoresque ; le cabaret avait pour enseigne « Au sergent du Kremlin », en souvenir des campagnes napoléoniennes. Quant à Bicêtre, il évoquait l'occupation anglaise de Paris au XVe siècle, pendant la guerre de Cent Ans : le nom venait de l'évêque de Winchester, représentant personnel du roi d'Angleterre. Un lieu maudit.

On buvait par contre du cidre sans risque à la bonne auberge normande de Carville-Pot-de-fer. On était assuré de trouver les gendarmes à cheval à l'auberge de La Coucourde. Ils surveillaient chaque jour ce lieu de passage, sur la grande chaussée de Lyon à Avignon. Le patron les appelait quand il avait dû fournir des chambres à des clients suspects. Ils étaient cueillis au réveil s'ils figuraient sur les listes de recherche de la maréchaussée. L'auberge du Cheval-Blanc existe, dans les États du pape, non loin d'Avignon. C'était un lieu de remonte pour les chevaux de poste. Les soldats et les marins avaient leurs endroits réservés, qui arboraient des enseignes martiales : à Gonfaron, dans le Var, l'auberge affichait un étendard de combat.

La Poste était seulement synonyme de relais de chevaux et le mot existait dans la toponymie (Paray-Vieille-Poste, Essonne) bien avant l'organisation du courrier par Louis XI. Le mot entrait comme suffixe dans les noms de lieux. Les auberges du Cheval-Blanc étaient très nombreuses au bord des routes, quelquefois à l'écart des villages. Les origines germaniques du nom d'auberge rappelaient le lieu où les soldats dressaient leurs tentes à l'étape. Au XIXe siècle, le terme évoquait la mythologie criminelle des voyages sans retour.

Un lieu-dit Les Adrets existe depuis le XIe siècle dans l'Isère. Le terme n'est nullement péjoratif : le village est construit sur le bon versant de la montagne, qui jouit de l'ensoleillement. Pourtant *L'Auberge des Adrets* dans le mélodrame en trois actes joué par Frédérick Lemaître en 1823 était un lieu sinistre, sur la route de Grenoble à Chambéry. Les exploits du bandit Robert Macaire, échappé des prisons de Lyon, faisaient le succès de l'Auberge des Adrets, qui ne s'est pas démenti sous le règne de Louis-Philippe. Il correspondait à un temps où, sur les routes de montagne, les voyages n'étaient pas sûrs, et la gendarmerie débordée.

Les auberges, au XIXe siècle, étaient souvent envahies de soldats. Les voyageurs étaient nombreux ; la sécurité dépendait des gardes du château, qui les visitaient souvent et pouvaient intervenir sur la plainte du maître aubergiste. La milice urbaine avait les mêmes pouvoirs. Mais les seigneurs ne considéraient pas comme un devoir la surveillance des routes : quand celles-ci étaient menacées par des hordes d'écorcheurs, les villes fermaient leurs portes et les châteaux offraient aux vilains le refuge de leurs remparts. Chaque terroir avait pratiquement son château, dont dépendait sa sécurité.

Les citadelles à prendre

Les citadelles ne manquent pas, elles héritent des sites naturels occupés déjà par les *oppida* des Gaulois : ainsi Ardin, dans les Deux-Sèvres, ou Ardon dans le Jura. De ces châteaux, s'ils sont incendiés ou « eschellés » par l'ennemi, on peut sortir par des souterrains qui aboutissent dans les bois voisins ou dans les champs. On en suppute dans Arfeuille-Châtain, dans la Creuse. Le latin *fodiculare* veut dire fouiller, creuser. On retrouve cette racine dans Arpheuilles du Cher, Arpheuilles-Saint-Priest de l'Allier. Il y avait aussi un souterrain dans la rue Hautefeuille à Paris. Les manants de l'Ain peuvent trouver refuge au château de Balan comme ceux de Ballore en Saône-et-Loire. Le site idéal, dans la région Durance-Rhône, est celui des Baux. Invité par le roi René, comte de Provence, Louis XI a visité ces rochers escarpés, véritable nid d'aigle dominant la plaine. On pouvait y réunir le bétail et la population de toute la région sans courir le risque d'une attaque surprise. Le château était imprenable. On trouve des lieux fortifiés convenables portant le même nom en Normandie : Les Baux-de-Breteuil et Les Baux-Sainte-Croix. Ils ont aussi pour caractéristiques l'escarpement du site, protection naturelle en cas d'agression.

Les exemples de châteaux-*oppida* abondent. Beauchastel en Ardèche et Beaucaire dans le Gard, dont le nom dit assez qu'il était construit en pierre de taille *(quadrum)* et sur une motte. La ville, où se tenaient les célèbres foires médiévales, est entourée d'une enceinte élevée, sur la rive droite du Rhône, en face de Tarascon. De son promontoire le château défendait, du côté du royaume, le passage et le pont sur le Rhône. La foire fut inaugurée en 1217 par le comte de Toulouse Raymond VI qui avait fait construire le château. En 1271 il était au roi de France, qui l'avait emporté définitivement sur les seigneurs du midi. Le château était livré aux Français depuis la paix imposée par Louis IX et acceptée par le comte de Toulouse qui ne voulait pas risquer, après le désastre de Muret, une nouvelle défaite des chevaliers du sud. La fille du comte, Jeanne, s'était mariée au frère du roi Saint Louis, Alphonse de Poitiers. Beaucaire appartenait aux fleurs de lis.

Belfort avait le double avantage de verrouiller la grande voie de pénétration sur le Rhin à partir du Rhône, dans les deux sens. Sa citadelle déjà construite au temps des Gaulois pouvait héberger une vaste population. La ville faisait partie du comté de Montbéliard quand Thierry II y fit élever, autour de 1125, une forteresse imprenable. Belfort fut ensuite aux Habsbourg, après Charles le Téméraire, puis aux Français en 1648. La place était si bien défendue que longtemps plus tard, en 1814, elle résista avec seulement 3 000 défenseurs à une armée d'Autrichiens. L'exploit fut renouvelé un an plus tard en 1815. Le général Lecourbe tenait encore la place quand Paris et Napoléon s'étaient rendus. En 1870, le colonel du génie Denfert-Rochereau narguait les Prussiens de Bismarck et sortait de la forteresse avec les honneurs de la guerre, ayant dépassé les cent jours de résistance. Belfort devenait le symbole de la ville imprenable, même avec les moyens les plus modernes, confirmant ainsi l'importance de son site.

Besançon était du même modèle. L'antique Vesontio tirait son nom de *ves*, qui veut dire montagne en préceltique. La forteresse n'avait qu'à épouser les contours du site pour être imprenable. Plus tard on mêla les tumultueux bisons aux armes de la ville. Elle n'en avait nul besoin, étant la capitale naturelle de toute une région, grâce à la solidité miraculeuse de son incomparable situation.

Les cent mille forteresses du royaume de France

La nature est pour moitié dans le destin d'une forteresse. Une boucle du Doubs entoure la ville, la rendant presque imprenable. Pour compléter son invulnérabilité, une étroite bande montagneuse de 360 mètres d'altitude domine la boucle de la rivière. Là, les Gaulois avaient construit leur « mur », devenu ensuite château féodal, puis forteresse de Vauban. Ainsi les places fortes, défendues par un château, ont-elles plus d'importance que les ouvrages isolés dans les terroirs. La plupart des villes ont des enceintes solides et sont construites sur un site naturel, qui n'a pas toujours l'invulnérabilité de Besançon. Une simple hauteur a permis au duc de Bourbon de construire le château de Montluçon, enfermée dans des courtines circulaires, rasées et remplacées aujourd'hui par un boulevard de Courtais. La place de Metz est considérablement agrandie quand elle devient la capitale de l'Austrasie et qu'elle accueille les rois mérovingiens et les maires du palais : son enceinte s'élève le long de la Meuse, dont un affluent entoure complètement les remparts. Des portes fortifiées défendent l'accès de la ville aux rues étroites : la Serpenoise, la porte d'Enfer, sur la rivière, la porte de Mazelle et celle des Allemands. Telle se présente l'ancienne Divodurum (forteresse divine) puis Mediomatrici du nom de la tribu gauloise qui l'occupait et dont Metz est un diminutif. C'est l'ensemble de la ville de l'évêque qui est une place forte, comme Toul et Verdun.

La folie des fortifications transforme en forteresses les villes les plus riches, sans que leur site les prédispose à cette pénible obligation, qui les contraint à construire des maisons en hauteur, bordant des rues étroites et sinueuses. Toul a le mérite de bénéficier d'une position. Le nom veut dire : pierre, éminence. Verdun est également située sur une hauteur et tire son nom de *dunum* qui veut dire forteresse jadis aux mains d'un chef de guerre qui s'appelait peut-être Vero. Mais rien ne permettait à Tours de résister aux envahisseurs sinon la tradition : la capitale des Turones avait pris au temps des Romains le nom de Caesarodunum (la forteresse de Jules César) : elle était déjà défendue. Les trésors accumulés dans le sanctuaire de Martin obligeaient les habitants à étendre et à fortifier ces défenses : c'est jusqu'à Tours que les « Arabes » arrêtés à Poitiers par Charles Martel comptaient porter leur razzia. On attendit le Xe siècle et les invasions normandes pour construire la place forte de Châteauneuf-les-Tours pour abriter les reliques d'un saint qui rapportait beaucoup de dons en argent et en or. L'enceinte de 2 mètres d'épaisseur et de 11 mètres de hauteur enfermait un espace de 5 hectares dans un quadrilatère percé de quatre portes fortifiées.

À la même époque fut construit le fort de Saint-Remi-de-Reims sous les ordres de l'archevêque Seulfus qui voulait mettre à l'abri les richesses de l'église et protéger le peuple chrétien. Les vilains de Saint-Denis près de Paris construisirent pour Charles le Chauve, qui avait la lourde tâche de contenir les invasions des Vikings sur la Seine, un camp retranché en bois et en pierre. À Rouen, vers 950, la ville « marché » fut entourée de murs épais grâce aux soins de Richard Ier. Bordeaux elle-même prenait peur : la tour de l'Arbalasteyre, qui était à 40 mètres de l'enceinte, y fut intégrée quand on construisit le château de l'Ombière.

Les Normands une fois installés n'avaient d'autres soucis que de se protéger eux-mêmes contre d'éventuels envahisseurs : Caen n'était qu'un petit port sur l'Orne, où entrèrent facilement leurs barques qui relâchèrent sur la grève. La vocation militaire du lieu est attestée par l'étymologie gauloise : Caen signifie champ de bataille (*catu*, combat et *magos*, champ). Guillaume le Conquérant décida d'y construire un château imprenable au XIe siècle. Il avait choisi Caen comme lieu de résidence pour rééquilibrer sa province normande jusqu'alors trop centrée sur Rouen et sur la Seine. Il voulait faire de la ville une plaque tournante pour la reconquête religieuse, car il s'était converti au christianisme et voulait imposer sa religion au peuple normand. Dès 1061, il réunit un concile dans la ville qui proclama la trêve de Dieu et interdit la guerre des barons. Il avait nommé évêque de Bayeux son demi-frère Eudes et un moine exemplaire, Maurille, archevêque de Rouen. Ainsi construisait-il deux abbayes à Caen et poussait-il les travaux du château. Il faut croire que la place n'était pas imprenable puisqu'en 1346 le roi d'Angleterre Édouard II, descendant du Conquérant mais adversaire du roi de France Philippe Auguste, y saisissait un énorme butin. Henri V à son tour habita le château, que les Français avaient entre-temps repris, en 1417. Ces deux souverains anglais n'avaient eu de cesse de compléter des défenses qui se révélaient inefficaces. La guerre n'épargnait pas Caen, malgré ses hauts murs.

Falaise n'est pas davantage à l'abri : les places de défense ont un sort incertain. D'une part le rocher de Falaise, le promontoire qui domine le val d'Ante, interdit aux envahisseurs venus de la terre l'accès de la riche plaine de Caen. D'une certaine manière, Falaise est donc la place d'armes des ducs de Normandie contre les rois de France. Mais une fois conquis, le château peut se retourner contre ses premiers maîtres et devenir, au temps de Philippe Auguste, l'un des meilleurs forts de la défense française contre la menace anglaise venue de la mer. Comme Caen, Falaise était promise au sac, prise et reprise maintes fois. L'impressionnante forteresse à douze tours, le donjon isolé lui-même par de larges douves du reste du château, la tour Talbot, haute de 35 mètres, au sommet de laquelle les archers accédaient par un escalier de 130 marches, tout renforce le site défensif, qui semble imprenable. Dès le XIe siècle, le duc Robert, descendant de Rollon le Brave, habita le rocher de Falaise. Il y avait connu Arlette, dont le père était pelletier. Ainsi était né Guillaume le bâtard, plus tard appelé le Conquérant. Que n'aurait-il refusé à Falaise ? La ville, en fait, n'est pas à l'abri : les bourgeois ont consenti d'énormes sacrifices pour hérisser de tours une muraille destinée à garder une province, et non pas leurs biens propres. Falaise est un lieu perpétuel de bataille, comme Caen. De la maîtrise de ces deux villes fortes dépend la possession d'une région entière.

Il en va de même, en Champagne, de la place de Provins, tenue par les comtes sur le plateau briard, entre la vallée de la Seine au sud qui, par Montereau, gagne Melun et Paris, et les vallées du Grand et du Petit-Morin qui convergent au nord vers la Marne. Provins, sans doute, défend la Champagne contre les incursions venues de l'ouest et du sud. Mais elle est aussi l'une des portes d'accès à la région parisienne, une des clés du riche grenier à blé de la Brie. Aussi ses remparts sont-ils ceux d'une ville cardinale, qui doit soutenir des assauts venus de partout. La tour dite de César, qui domine la ville, est carrée, dressée tous azimuts : les Anglais peuvent surgir, ainsi que leurs alliés bourguignons. Le comte Thibaut de Champagne, son fils Henri dit le Libéral ont leur palais à Troyes mais aussi à Provins. Ils résident dans les deux villes qui sont également, comme Lagny, des centres de foires plusieurs fois l'an. Il importe que Provins soit imprenable : les gens d'armes y maintiennent la sécurité des foires et organisent des patrouilles sur les routes de Troyes et de Sens. Le comte de Champagne Henri a épousé la fille du roi de France. Ils sont alliés et parents. Ils iront à la croisade ensemble :

Louis VII dit le Pieux n'est-il pas, pour un chrétien, le plus désirable des beaux-pères, même s'il s'est séparé, grâce au soutien du pape, de son épouse Aliénor d'Aquitaine qui a trouvé un second mari fort entreprenant en la personne du roi d'Angleterre Henri Plantagenêt ? Raison de plus pour fortifier les murailles de Provins : la guerre anglaise menace.

Elle est fort éloignée des murs de Carcassonne, mais ceux-ci ont connu l'incessant fracas guerrier. Le site privilégié de ce « rocher aux chênes », au pied duquel serpentait l'Aude, avait attiré les guerriers dès la période gauloise puisque cet *oppidum* abritait la tribu des Atacini. Les Wisigoths et même les Sarrasins y avaient tenu garnison. Charles Martel, après sa victoire de Poitiers, les en avait expulsés. La ville haute fut ensuite dominée par des comtes qui prirent parti pour Toulouse dans la guerre des Albigeois. Simon de Montfort et les barons du nord, ayant égorgé tous les habitants de Béziers, s'étaient emparés de Carcassonne et avaient brûlé sur des bûchers tous les cathares refusant d'abjurer... Plus tard, Saint Louis contraignit le vicomte de Trencavel à capituler. Le roi de France, maître de la haute ville entourée de sa double ceinture de remparts, avait planté l'oriflamme de Saint-Denis en haut du donjon. Il avait autorisé les habitants à construire une ville basse, sur l'autre rive de l'Aude. Lors de la guerre de Cent Ans, pour se prémunir contre les incursions du Prince Noir et de ses écorcheurs anglais, même la ville basse fut entourée de remparts.

Une légende encore vivace au XVIe siècle prétendait que la ville tenait son nom d'une forte et belle femme appelée Carcas. Cette Mauresque avait organisé la résistance de la ville contre Charlemagne et ses preux. Pour tromper le roi franc, elle avait placé en haut des remparts des mannequins pourvus de casques et de piques, bourrés de paille. Changeant constamment de coiffure, elle se déplaçait en haut des remparts pour cribler les Francs de flèches.

« Ils se rendront, dit Charlemagne. Ils manquent de vivres et d'eau. »

Carcas, pétrie de ruses, lança dans les douves un pourceau gorgé de blé pour faire croire que les réserves de la ville étaient encore abondantes.

« Levons le siège, dit le roi des Francs, nous n'en viendrons jamais à bout. »

À peine l'armée avait-elle commencé son mouvement que Carcas sortit de la ville. « Carcas te sonne ! » dit-on à Charlemagne. Il en fit « Carcassonne ». On assure qu'il laissa la citadelle à cette femme admirable qu'il maria à l'un de ses preux.

Le Bourget est un fortin !

Ces grandes cités fortifiées sont des centres de pouvoir, abritent des dynasties seigneuriales qui contrôlent une vaste région, des comtes ou des vicomtes. Mais la toponymie nous enseigne que la France était criblée de minuscules forteresses impressionnantes, rassemblant, en cas de danger, les paysans des terroirs environnants. Ces Bonneville, ces Bonnegarde (Landes), ces Bonnemaison (Calvados) étaient, comme leur nom l'indique, à la fois solides et accueillantes. Le plus souvent, les points forts s'appelaient *Borcq*, *Borgo* ou *Bourg*. Bourgeois vient de bourg, et non l'inverse : un *burgus* est un lieu fortifié en Gaule, comme *burg* en Allemagne. La liste de ces « bourgs » donne une longue série de petits seigneurs installés après les premières invasions germaniques. Ce sont la plupart du temps des Francs, des Goths, des Burgondes... Le bourg est ainsi tenu par les seigneurs Achard, Archambault, ou Beaudouin. On connaît des Bourg-la-Reine et des Bourg-le-Roi qui appartiennent en propre aux souverains. Bourg-l'Évêque dans le Maine-et-Loire est sous suzeraineté ecclésiastique. Certains bourgs commandent une petite région. Quand la Bresse passe sous la coupe des ducs de Savoie, Bourg-en-Bresse devient la capitale de la province. Il en est ainsi de Bourg-de-Bigorre qui commande une micro-région. Le Bourget dans la Seine et dans le Jura, Le Bourget-du-Lac en Savoie assurent aussi la protection des paysans. On construit, quand les circonstances l'exigent, de « nouveaux » bourgs comme dans la Creuse, au XIIe siècle, à Bourganeuf.

Un fortin sur une hauteur peut suffire à dissuader les brigands. Les noms en *Broye* (hauteur en gaulois) en désignent beaucoup dans la Haute-Saône, la Marne et l'Oise, comme par exemple Broyes-les-Loups-et-Verfontaine. Carlux dans la Dordogne, Caylus dans le Tarn-et-Garonne (sur la rive droite de la Bonnette) désignent une place forte, comme Châlus dans la Haute-Vienne.

Cette place, située à 28 kilomètres au nord de Saint-Yrieix, est irriguée par la Tardoire, qui coule au pied de l'antique forteresse dont le seigneur avait, au XIIe siècle, pour suzerain le vicomte de Limoges. La haute tour permettait de surveiller les envahisseurs qui pouvaient venir aussi bien de Bordeaux, capitale anglaise pendant la guerre de Cent Ans, que de Paris. L'ennemi principal du comte de Limoges était Richard Cœur de Lion, roi d'Angleterre. Les petits barons du Limousin se rebellaient sans cesse contre les occupants anglais. La situation se compliquait d'autant qu'à la fin du XIIe siècle le roi d'Angleterre manquait d'or et d'argent pour faire la guerre. En 1199, à Château-Gaillard sur la Seine, il apprit qu'un laboureur avait découvert un trésor au pied du château de Châlus. Le seigneur du lieu, Aymard, s'était aussitôt emparé de ces richesses. Richard veut lui faire rendre gorge et lance une expédition. Le vicomte Aymard lui propose un partage, il refuse et assiège Châlus avec ses routiers. Le château est mal défendu, le roi confiant. Il chevauche autour des remparts, sans heaume. Un carreau d'arbalète tiré par un manant le blesse à l'épaule. Il meurt peu après de la gangrène. On désigne encore, à Châlus, le rocher de Maimont, où se tenait le roi quand il reçut le coup fatal.

Cassel dans le nord et Castex au midi désignent, à l'évidence, les châteaux de ces petits barons qui protégeaient les campagnes dont ils vivaient, grâce aux droits seigneuriaux et féodaux. Les variantes gasconnes de Castet-Arrouy, de Castetbon et de Castetpugon désignent des maisons fortes habitées par des nobles aux rapières usées abritant dans leurs écuries des chevaux efflanqués. Les Castelbajac et les Casteljaloux sont de la même veine, comme les Castelnau ou Castelnaudary dans l'Aude qui signifie : le nouveau château du seigneur Ari. En Corse, on dit Castiglione.

Les noms composés avec « château » sont innombrables en France et désignent le plus souvent le seigneur fondateur. On peut généralement visiter les vestiges des anciennes résidences seigneuriales, souvent réduits à un pan de mur, une tour isolée, ou de simples fondations car les châteaux ont été ruinés par les guerres de Religion, souvent rasés par Richelieu puis Louis XIV lors de la lutte du pouvoir royal contre les féodaux, enfin brûlés à la Révolution par la révolte paysanne, qui voulait éliminer les documents où était consigné, depuis le Moyen Âge, le détail des droits féodaux. Les maîtres s'appelaient Arnoux, Bernard, Gontier, Guibert, Lambert ou Landon, Thébaud ou Thierry, Audrey ou Briant en Bretagne (Châteaubriant). Comme Fontainebleau, Châteaubleau aurait pris le nom d'un seigneur germanique : Blahaut.

Une légende tenace attribue cependant la fondation de la résidence royale de Seine-et-Marne à une chasse à courre. Un chien nommé Bliau se serait égaré. Épuisé, il aurait retrouvé ses forces en buvant l'eau miraculeuse d'une fontaine. Ainsi Bleau serait un nom de chien. Certains spécialistes n'acceptent aucune de ces hypothèses et tiennent que Fontainebleau comme Châteaubleau doivent leur nom au dieu gaulois *Belus*. Les nymphes des fontaines feraient partie de son heureuse escorte.

Châteaurenard, dans les Bouches-du-Rhône, qui domine de ses ruines les plaines riches de Cavaillon et la vallée de la Durance est un faux ami : que les propriétaires de poulaillers se rassurent. Maître Goupil n'est pas le seigneur des lieux : il s'appelait Rainardo et il était de noble ascendance. À Châteauroux, toutes les femmes ne sont pas rousses : le nom de la place vient d'un seigneur Raoul qui la fortifia au Xe siècle. On ignore tout de ce Raoul, dit le Large, autant que du fondateur de Châtellerault qui se serait nommé Adroaldus, ou Hérault. Il ne reste aucun vestige de cette forteresse mais on sait qu'en 900, la seigneurie fut érigée en vicomté et passa dans la mouvance des La Rochefoucauld. Les nouveaux vicomtes s'éteignirent sans descendance sous le règne de Philippe Auguste, qui s'empressa de réunir la ville à la Couronne. Châteldon, Châtelguyon en Auvergne ont une origine semblable. Le château, acquis par Pierre Laval dans les années 1930, était la création d'un lointain seigneur Odon, comme Guidon avait fondé Châtelguyon. Quant à Châteauneuf-du-Pape, il ne doit rien à l'évêque de Rome. L'appellation est moderne, et permet de classer les crus. La ville s'appelait jadis Château-Calcernier.

En revanche, les origines de Châteaubriant sont connues. Briant Ier, comte de Penthièvre, l'avait bâti au XIe siècle. Ne subsistent que deux tours rondes et un donjon découronné. Le reste a été refait en 1524 par le baron du lieu, Jean Laval. On peut aussi préciser les origines de Château-Thierry, sur les bords de la Marne. Un fort surveillant le mont qui enjambait le fleuve avait été construit sur l'ordre de Charles Martel en 720. N'étant que maire du palais il lui avait donné le nom de son jeune souverain, le mérovingien Thierry IV. Il ne reste que les fondations de la forteresse de Châteauneuf-de-Randon élevée sur les bords d'un petit affluent de l'Allier, le Chapeauroux. C'était jadis le siège d'une baronnie du Gévaudan. En 1380, le poliorcète Du Guesclin donnait l'assaut à la place tenue par les Anglais. Il mourut au cours de l'action. Ainsi les lieux fortifiés sont-ils souvent les témoins d'exploits militaires oubliés.

Souvent on donnait aux forteresses et aux villes fortifiées des noms indiquant que les tours et les donjons permettaient de découvrir toute la région par temps clair. La lumière est présente dans Clermont, Montluçon et Duclair en Normandie. De simples villages pouvaient être pourvus de fortifications ou d'églises fortifiées. On les appelait La Ferté dans les Ardennes ou le Jura, La Ferté-Alais dans l'Essonne, du nom d'une noble dame Adélaïde, dont les origines étaient franques. Milon, Bernard, Gauchais étaient de rudes seigneurs qui dominaient ces petits bourgs pourvus d'enceintes.

Certains s'agrandissaient vite comme La Ferté-Milon dans la Brie riche en blé, qui changea plusieurs fois de nom : on l'appela d'abord Ferté-en-Oulxois ou Ferté-sur-Oucq, du nom de la rivière qui l'irrigue. Elle avait été fondée au IXe siècle par le seigneur Homogald qui voulait protéger ses biens et son église des incursions normandes. La forteresse comprenait deux enceintes : la première était réservée à la famille et aux soldoyeurs du maître ; la seconde abritait les paysans des environs qui décidèrent d'y construire des maisons. Le bourg ainsi constitué prit au Xe siècle le nom de Milon qui l'avait beaucoup agrandi.

Quant à La Ferté-Bernard dans la Sarthe, elle appartenait à la puissante famille des seigneurs Bernard avant d'être enlevée par Philippe Auguste et réunie au royaume. Elle est célèbre pour ses femmes qui, pendant les guerres de Religion, voulaient quitter la ville assiégée par le huguenot Henri IV. Commènes, le gouverneur catholique, en laissa sortir quelques-unes, sous prétexte de soulager la défense des bouches inutiles mais il les fit accompagner par des soldats déguisés en paysannes. Ceux-ci tombèrent sur les postes du roi, faisant un grand carnage. D'où le proverbe : « Des agnelles de la Ferté, il n'en faut que deux pour étrangler un loup. »

Chaque « ferté » avait ainsi sa légende héroïque, comme il sied à une ville forte que ses murailles ne protègent nullement de la guerre, mais qui attirent au contraire les combats.

Il en est ainsi des lieux-dits La Guerche où l'on construisait dans l'ouest des fortifications pour lutter contre les Bretons et les Wisigoths. Ces postes étaient tenus par des Francs des marches de Charlemagne. Ils s'appelaient La Guerche-de-Bretagne ou La Guerche-sur-l'Aubois dans le Cher. D'une autre époque date, dans le Tarn-et-Garonne, La Française, forteresse construite par les soldats du roi pour tenir les routes de Toulouse. Les sites choisis pour la défense n'étaient pas toujours des montagnes ou des rochers, mais des presqu'îles ou des îles. Ainsi fut édifiée la place de Lille, dès le Xe siècle.

Aux derniers siècles de l'occupation romaine, des villageois s'étaient réfugiés dans cette île sur la Deule qui s'y divisait en un grand nombre de bras. Sans doute cherchaient-ils refuge au milieu des eaux, en raison des premières invasions. La trace d'un bourg de Lille est retrouvée en 863 lorsque Baudouin Ier dit Bras de Fer, dont on assure qu'il fit pendre aux murailles de son château un grand nombre d'ennemis, avait fortifié l'île pour y établir le centre de sa domination sur la plaine de Flandre. En 1007, un Baudouin IV a renforcé l'établissement et le bourg a dû être agrandi, ainsi que son enceinte, par Baudouin V. La ville dûment fortifiée fut cependant prise par Henri III en 1054.

Le roi Philippe Auguste et le comte Ferrand de Flandres se l'étaient disputée férocement. Elle dut être reconstruite car le Capétien l'avait entièrement brûlée. Philippe IV le Bel l'avait réunie à la Flandre mais elle était revenue au duc de Bourgogne, puis à la maison d'Autriche. Louis XIV, qui s'en rendit maître après un siège de neuf jours, comprit que Lille ne pourrait rester française qu'à la condition d'être puissamment fortifiée. Vauban construisit alors sa citadelle et ses puissantes défenses en étoile. Cela n'empêcha pas Lille d'être de nouveau prise et reprise, au cours des guerres du XVIIIe siècle.

Les îles fortifiées sont nombreuses dans la toponymie, alors qu'elles sont seulement des points fluviaux, comme Paris, reliés à la terre ferme par des ponts. C'est le cas de L'Isle-Adam qui tire son nom de son seigneur : Ade, attesté au XIIe siècle sur l'Oise, d'Isle-Aumont dont le seigneur est d'origine picarde, de L'Isle-d'Abeau dans l'Isère et de L'Isle-de-Noé dans le Gers. Le seigneur Jourdain est le maître dans le Gers de L'Isle-Jourdain et L'Isle-sur-la-Sorgue dans le Vaucluse est une île fortifiée dont on peut visiter les portes et les remparts. Les habitants s'étaient regroupés au cœur du marécage de la Sorgue et ils avaient rapidement obtenu leur indépendance, avant de bénéficier du puissant développement du Comtat lorsqu'il fut terre du pape. On découvrit qu'une île offrait plus de sécurité qu'un rocher couronné de tours.

Pourtant, les montagnes gardent les préférences seigneuriales : elles verrouillent les vallées, permettent de tirer profit du commerce fluvial et des chemins terrestres. On ne peut se fier aux consonances chantantes de Montcuq dans le Lot. *Cucuq* désignait une hauteur pointue d'où le seigneur surveillait son fief. Mont-Roc, dans le Tarn, honteux de son vrai nom, a obtenu le changement. Il s'appelait Montcouyoul et vouait aux sarcasmes conscrits et nouveaux mariés. Le seigneur Maurentius qui domine un rocher de Seine-et-Oise est à l'origine d'une puissante dynastie. Il a construit une forteresse sur le site dès le temps des Barbares. Il est clair que Montfermeil est une forteresse, comme Montfermier dans le Tarn-et-Garonne. Ni l'un ni l'autre ne manquent de fermeté (*firmus* en latin).

Quand le « mont » désigne une personne, il s'agit forcément d'un seigneur ayant construit un château. C'est le cas de Montalembert dans les Deux-Sèvres : l'illustre famille a pris son nom d'un château situé en Angoumois, aux confins du Poitou, dans la baronnie de Ruffec. Elle est connue depuis le XIe siècle et règne sur les seigneuries d'Essé, de Panvilliers, de Vaux, de Cers, de Monbeau et des Essarts : autant de terroirs qui permettaient au seigneur de réussir de riches mariages et même de prendre part aux guerres du roi, comme cet Adrien de Montalembert qui suivit François Ier en Italie. Montauban dans le Tarn-et-Garonne veut dire seulement la ville blanche, immaculée *(mons alba)*. Elle passe pour avoir été défendue en 1144 par le comte de Toulouse Alphonse. Une légende cruelle affirme qu'il fut appelé à la rescousse par les habitants du bourg ; en effet, les abbés du monastère tout proche de Montauriol exerçaient, comme les évêques, un monstrueux droit de cuissage sur les pucelles promises aux noces. Montauban était au comte : il fit cesser les abus. Montespan, calme village de la Haute-Garonne près de Saint-Gaudens, avait un château où régnaient les seigneurs de la maison de Comminges. D'une branche de cette maison, au XIIIe siècle étaient sortis les Pardaillan-Gondrin et d'Antin.

Montesquiou, près de Mirande dans le Gers, était un village blotti sous les tours du château féodal de la famille qui porte son nom. On peut en voir les ruines sur les bords de la Losse. C'est le berceau d'une branche cadette des comtes de Fézensac, issus des ducs de Gascogne. Le mousquetaire Pierre de Montesquiou, comte d'Artagnan, n'était pourtant pas né à Montesquiou, mais au château d'Armagnac. On ignore tout du Montgiscard qui a donné son nom dans la Haute-Garonne au bourg situé sur le canal du midi, mais il y avait assurément construit un château. On est sûr par contre de la fondation de Montlhéry par Thibault surnommé Fil d'Étoupe, second fils de Bouchard II, sire de Montmorency. Ce baron érigea au début du XIe siècle la tour qui abritait le village. En 1104 le baron Gui II dit Troussel céda la forteresse au roi de France Philippe Ier. Mais le frère de Gui n'accepta pas le marché, s'estimant lésé. Il vint assiéger la place défendue par le roi Louis VI le Gros qui riposta avec vigueur. Il fit raser le château des barons pillards, dont ne subsista que la tour. À Montmédy, le château tirait son nom d'un village qui faisait partie du patrimoine d'un noble gallo-romain appelé Madia. Il n'était encore qu'un rendez-vous de chasse, mais des maisons furent construites autour du château fort élevé en 1235 par le comte Arnould III. Il entourait l'ensemble du plateau de Montmédy d'une muraille couronnée de tours. La ville forte, longtemps disputée entre Français et Habsbourg, revint au roi Louis XIV par la paix de Nimègue.

Pareillement, Montbéliard doit son origine à un château fort qui dominait le vallon de la riante vallée du Doubs. Le premier comte de Montbéliard était Louis de Dasborch qui régnait autour de 966. À la fin du XIVe siècle, la dynastie passa entre les mains d'une jeune Henriette qui fit preuve d'une énergie surprenante. Pour défendre sa place, elle prit l'offensive, occupa le fief de son mari, le comte Eberhard de Wurtemberg. Elle assiégea le comte de Zollern dans son château de Hohenzollern, le tint longtemps prisonnier dans les caves de Montbéliard où il mourut. La comtesse Henriette avait ainsi éliminé l'un des membres de cette famille des Hohenzollern qui devaient donner plus tard des rois à la Prusse.

Très souvent, les noms des villages servent à identifier les châteaux qui donnent eux-mêmes leurs noms aux familles seigneuriales. Mais il arrive que le château soit le premier installé, et qu'il attire ensuite les populations par sa présence tutélaire. C'est qu'il commande alors l'accès d'une région, qu'il la prend tout entière sous sa bonne garde.

Château-Gaillard tombe aussi...

C'est le cas de Château-Gaillard dans la vallée de la Seine. Comme Falaise, il verrouillait la Normandie. Pour construire une position stratégique absolument imprenable, le roi d'Angleterre Richard Cœur de Lion n'avait pas ménagé ses efforts. Le Château-Gaillard devait résister à tous les assauts. Il dominait un méandre de la Seine au confluent de la petite rivière du Gambon. En 1196, une armée de terrassiers aménageait la butte crayeuse : le roi était pressé, il voulait planter les léopards d'Angleterre en haut du donjon, entouré de sa double enceinte. La seconde était festonnée au point que les tours se touchaient presque pour supprimer les angles morts et permettre aux arbalétriers de n'oublier aucun « eschelleur ». Le donjon, bourré de troupes, avait trois étages. Les murs mesuraient à la base 4,50 mètres d'épaisseur. Un escalier taillé dans le roc, entre les deux enceintes, conduisait aux immenses entrepôts qui permettaient de soutenir un long siège.

Philippe Auguste décida de s'en emparer, il n'avait pas le choix : la Seine, pour le Français, s'arrêtait à Château-Gaillard. Elle était ensuite anglaise. Si les bateaux parisiens voulaient arriver jusqu'à la mer, il fallait prendre Château-Gaillard. Blessé à Châlus, Richard Cœur de Lion était mort, mais son successeur, Jean sans Terre, s'accrochait à la forteresse. En 1204, après cinq mois de siège, Philippe Auguste réussit à s'en emparer. La Normandie reconquise, l'énorme bâtisse devenait inutile. On en fit une prison où Philippe le Bel, en 1313, enferma deux princesses adultères qui avaient fauté avec deux gentilshommes normands, Philippe et Gauthier d'Aulnay. Marguerite, fille du duc de Bourgogne Robert II, avait épousé Louis, le fils du roi. Blanche était la femme d'un haut seigneur, Charles de la Marche. Les amants furent écorchés vifs sur l'échafaud dressé place du Martroy à Pontoise ! Ils furent ensuite châtrés, décapités et pendus par les aisselles au gibet de Montfaucon. Marguerite souffrit de la faim et du froid dans Château-Gaillard. En 1315, Louis X le Hutin, montant sur le trône, résolut de se débarrasser de sa femme pour épouser Clémence de Hongrie. On étrangla Marguerite avec ses propres cheveux. Quant à Blanche, elle résista à sept années de prison et fut libérée par son mari qui la répudia. Elle put se cloîtrer à l'abbaye de Maubuisson. Ainsi l'immense Château-Gaillard, après avoir joué son rôle dans l'histoire, devait-il servir de lieu de torture à deux femmes égarées : n'en est-il pas toujours ainsi des plus coûteuses forteresses ? On fait visiter aux touristes les fortins de la ligne Maginot dans l'est : vestiges des temps sinistres de la Seconde Guerre mondiale.

Fougères, qui tire son nom d'une plante tapissant les terres humides et abritant les serpents, est une de ces places fortes, construite dans les temps lointains où la France s'arrêtait aux portes de la Bretagne : qui tenait Fougères tenait la route du nord de la péninsule, celle qui serpente à travers landes et rochers vers la baie du Mont-Saint-Michel. La ville tout entière est une forteresse construite sur un promontoire rocheux qui surplombe la vallée du Nançon, un affluent du Couesnon. Le château est en bas, et la ville en haut, sur le rocher. Les étangs, les marais, les eaux dormantes du Nançon entourent le fort construit au XIe siècle, et détruit de fond en comble cent ans plus tard. Le seigneur Raoul II décida de le reconstruire : ce baron tenait à garder bretonne la Bretagne, à la défendre contre les envahisseurs venus de France. Impossible de remettre en place l'immense donjon aux murs de 5 mètres d'épaisseur qui avait été démantelé et qui s'était ruiné. On préféra se servir, pour le guet, de la haute tour des Lusignan, qui avait 30 mètres de hauteur et dominait toutes les fougères avoisinantes.

En 1488, les guetteurs signalèrent l'arrivée de l'armée du roi de France, conduite par La Trémoille et forte de quinze mille soldats. Anne de Beaujeu et son fils Charles VIII voulaient en finir : la Bretagne devait être arrachée de force aux Anglais et au duc François II, leur allié. Spontanément, les Bretons se levèrent en masse, les petits seigneurs quittèrent leur gentilhommière pour prêter main-forte au duc, qui avait chaussé le pied de fer. Se défendrait-on dans Fougères ? Plutôt que de s'y laisser enfermer, les Bretons abandonnèrent la place pour affronter le roi de France en rase campagne, à quelques lieues du château, dans la plaine de Saint-Aubin-du-Cormier (un saint évêque d'Angers au VIe siècle avait donné son nom à un bois de sorbiers). L'artillerie de La Trémoille, très puissante, avait convaincu le duc de Bretagne et ses partisans — le comte de la Marche, maître du château, le jeune seigneur de Léon, le sire de Châteaubriant et le sire de Rohan — de ne pas accepter la bataille dans une position d'infériorité. À Saint-Aubin-du-Cormier, les dix mille Bretons portant le hoqueton blanc à croix noire de la vieille Armorique pourraient manœuvrer et montrer leur vaillance. Ils étaient si nombreux, dit la chronique, qu'ils mirent une rivière à sec en s'y désaltérant.

Le duc François ne pouvait commander l'ost lui-même : il était las, malade et désespéré. Il avait enrôlé dans son armée, outre les Bretons, des renforts étrangers en assez grand nombre : des Gascons levés par le sire d'Albret qui voulait épouser la jeune duchesse Anne ; mille lansquenets fournis par un autre prétendant, Maximilien d'Autriche, un géant blond qui prenait le parti des Anglais, étaient également présents dans l'armée ducale qui comptait une cavalerie bien équipée. Commandée par Rieux, elle fut, malgré sa vaillance, taillée en pièces par le capitaine italien Galiot, un mercenaire du roi de France qui trouva la mort sur le champ de bataille. Le jeune sire de Léon mourut en héros à dix-huit ans, ainsi que Thomas de La Marche. Le soir même, La Trémoille, vainqueur, invita à dîner ses adversaires malheureux : deux moines franciscains entrèrent au dessert dans la salle du banquet. Ils avaient mission de confesser les survivants : le roi de France les avait condamnés à mort. Fougères était aux fleurs de lis tachées de sang.

La place devenait une riante ville de province, et la forteresse une résidence seigneuriale. On ouvrait des fenêtres Renaissance dans l'épaisse muraille. Les sœurs de Châteaubriant s'y marièrent. Fougères était sortie de l'histoire.

Il en va de même de Brive-la-Gaillarde, ville-pont sur la Corrèze. Elle passait pour très ancienne : Gondebaud, qui se disait fils du roi mérovingien Clotaire, s'y était fait couronner roi d'Aquitaine en 585. La ville du brou de noix et du foie gras truffé était, pendant la guerre de Cent Ans, une place forte entourée de remparts qui dominait la plaine de ses 112 mètres d'altitude. Elle commandait la route de Toulouse, marquait l'entrée en pays de langue d'oc et des tuiles romaines. La ville avait dû défendre son indépendance contre les bouillants seigneurs de Turenne et de Malemort. Les Anglais de Bordeaux, remontant vers le nord, s'en étaient emparés en 1374. Mais les Français l'avaient reprise et l'on savait que le courage des Brivois, leur fidélité au roi de France étaient à toute épreuve. Ainsi, la ville avait-elle mérité son surnom de la Gaillarde qu'elle prit plus tard : cela ne devait pas l'empêcher d'être pillée de fond en comble et saccagée par les protestants en 1577. Il n'est pas de place qui ne puisse être prise.

Tous les villages ont leur château

Les châteaux forts ont été construits dans les siècles de guerre féodale sur tous les terroirs. Aucun n'a résisté aux sièges. Matafelon-Granges porte un nom curieux : quel seigneur insolent a pu prétendre « mater les félons » par la seule menace de son donjon de pierre ? Quel baron fou s'est cru en sécurité dans Montségur ? Les seigneurs de Mirepoix et de Pereille avaient quelque raison de le penser. Construit sur les abrupts du Puig, le château n'avait qu'un sentier sinueux comme voie d'accès, il dominait les hauteurs boisées de l'Ariège et donnait accès au col de la Peyre, porte de l'Andorre, de la Cerdagne et de la Catalogne. De l'autre côté de la montagne régnait le comte de Barcelone. Montségur était la dernière forteresse, avec Roquefixade et Roquefort, du puissant comte de Toulouse ou de son vassal, le comte de Foix.

Ce camp militaire abritait, en cas d'agression, les paysans du village de Villeneuve-d'Olmes situé en contrebas. Il accueillit, après la victoire des barons du nord sur les comtes de Toulouse et de Barcelone à Muret en 1213, les réfugiés cathares qui fuyaient les tribunaux de l'Inquisition. Montségur devint la capitale fortifiée d'une église de la résistance.

Raymond de Pereille ne put y résister longtemps : Montfort occupait le pays jusqu'à Mirepoix (le pic à belle vue) qu'il avait donné à son fidèle compagnon Guy de Lévis. Le comte de Foix, après la reddition de Raymond VII de Toulouse, s'était à son tour rallié au parti de la paix. Montségur était isolé. L'armée levée par le sénéchal royal de Carcassonne, Hugues des Arcis, devait venir à bout de sa résistance désespérée. Pourtant, rien n'était plus difficile à prendre que cette place forte construite sur un pic.

La forteresse de Semur-en-Auxois était aussi un « mur de montagne » réputé imprenable. Située sur une colline granitique entourée de toutes parts par l'Armançon, la ville était ceinte de tours et baissait les herses en levant les pont-levis dès que les guetteurs signalaient l'approche d'une bande d'écorcheurs. Le château, pourvu d'un haut donjon, formait un cercle bardé de tours très rapprochées. Quatre énormes tours (dont la tour Lourdaut) protégeaient le donjon et l'on n'en sortait que par des ponts-levis. La place commandait l'accès de la Bourgogne et résistait à tous les assauts. Le duc Philippe avait réussi à expulser les routiers et écorcheurs qui battaient la campagne, pillaient les fermes, assiégeaient la ville. Louis XI, à la mort de Charles le Téméraire, avait acquis la Bourgogne et nommé Georges de La Trémoille, sire de Craon, gouverneur de Semur. Mais les Semurois voulaient rester bourguignons. Ils se soulevèrent, acclamant la duchesse Marie, fille du feu duc. Louis XI envoya une armée commandée par Charles d'Amboise, comte de Brienne, en 1478. Semur fut prise, mise à sac et incendiée. Elle n'avait pu soutenir un siège en règle.

Semur-en-Brionnais ne résista pas davantage. Il était pourtant construit près de la Loire, sur une hauteur, et formait un « mur » inaccessible. Cet ancien *oppidum* gaulois était la capitale d'une région riche en bœufs et en blé. La place existait dès le IXe siècle. On l'avait fortifiée pour résister aux raids des Normands qui dévastaient jusqu'à la Bourgogne. Le seigneur Dalmace, de la maison des ducs d'Aquitaine, s'en était rendu maître. Sa fille Alix avait épousé le fils du roi Robert de Bourgogne dit le Vieux. Au cours d'un banquet, le jeune homme avait tué son beau-père. En expiation, il avait fait construire dans Semur-en-Auxois l'église Notre-Dame dans laquelle il devait être enterré. Le Brionnais avait été réuni à la couronne par Louis XI sans aucune résistance. Les habitants pouvaient-ils espérer vivre en paix ? Ils avaient connu de nombreux sièges pendant la guerre de Cent Ans : les Anglais du Prince Noir avaient pris la ville, lui imposant une lourde rançon. Les Armagnacs, puis les reîtres allemands, devaient par la suite renouveler ces scènes de pillage et de violences. Les murailles de Semur ne l'avaient pas mise à l'abri des accidents de l'histoire. Seule la paix française imposée à la Bourgogne devait rendre inutiles les hautes murailles.

Les « murs » n'ont jamais empêché les pilleurs d'entrer. Mûr-de-Bretagne en est un autre exemple. On pourrait aussi citer Châtelaudren, une place frontière entre le Trégor et le Goëllo. Ce château du seigneur Audren était construit près de la rivière Le Leff. Il fut détruit au XVe siècle par le duc de Bretagne Jean V, à la suite d'une pénible affaire : la place était alors dominée par une femme, l'énergique et ambitieuse Marguerite de Clisson. Elle accepta d'entrer dans une intrigue avec le roi de France contre son duc Jean V pour qu'un de ses fils soit plus tard admis à la succession de Bretagne, une fois le souverain légitime éliminé. Le duc fut attiré dans un piège, près de Loroux-Bottereau, non loin de la Loire. Les agents du roi de France s'emparèrent de sa personne (1420). Il fut interné au château de Paluau dans le Poitou puis à Champtoceaux. Les Bretons, indignés, partirent à sa recherche. On le découvrit, on le délivra.

Marguerite de Clisson fut frappée dans ses biens. Accusée de lèse-majesté, elle réussit à s'échapper mais on confisqua ses domaines pour les attribuer aux fidèles du duc. La forteresse de Châtelaudren fut démantelée. Ses hautes murailles n'ont pas su la protéger. Il n'existe pas de protection contre les erreurs et les crimes politiques.

C'est aussi le destin des « murs » que d'être pénétrés. Ils sont pourtant nombreux en France. Murol ou Muron dans le sud, Murat dans le Cantal n'ont pas la célébrité de Muret dans le Toulousain. On oublie généralement qu'il existe des comtes de Murat au Moyen Âge. La petite ville du Cantal a été construite autour de son château, érigé sur un site imprenable au confluent des ruisseaux de Bournantel et de l'Alagnon. Le rocher conique de Bonnevie offre au regard plusieurs étages de colonnes prismatiques et ressemble à un jeu d'orgues géantes. Les tours se confondent avec les blocs, avec les cônes. La nuit, les arquebusiers distinguent mal les formes qui se détachent du rocher. Ils ont accepté les bizarreries de la nature et, pour se débarrasser de leurs angoisses, de leurs fausses perceptions, de leurs alarmes inopportunes, ils ont baptisé les tours aux contours indiscernables tour du Dragon, ou du Rat blanc, ou du Lion, ou encore de l'Épervier. Ce château presque naturel fut démantelé sur ordre de Louis XIII. Pendant la guerre de Cent Ans, il avait résisté aux Anglais. Les vicomtes de Murat existaient dès le XIe siècle, liés ou alliés par mariage aux autres familles féodales du lieu : les Montfort et les Roche-Manec.

Il ne reste rien du formidable château de Murol, dans le Puy-de-Dôme, que les murs calcinés au temps de la Révolution. Guillaume de Murol et Joachim d'Estaing avaient habillé de tours cet énorme bloc granitique calotté de basalte. Les murs construits par des cyclopes n'ont pas empêché le château d'être de bonne prise. Livré aux « eschelleurs » sans-culottes.

Comme Murol, Muret devait son existence au château qui la protégeait. La ville elle-même avait prospéré à l'abri de ses remparts, dans la proximité de Toulouse. Elle était devenue la capitale de la Comminges ; le sire de Reymond, au XIe siècle, avait élevé une forteresse qu'il croyait inexpugnable. Il protégeait le commerce des cuirs, des grains et des farines. Les habitants du bourg se réjouissaient de la paix de Toulouse.

Ils furent envahis par une armée de barons pillards venus du nord pour extirper, à la demande du légat du pape, l'hérésie cathare des terres du comte de Toulouse. Celuici avait rassemblé ses forces, unies à celles du roi Pierre d'Aragon. Dans la plaine, au nord de la ville, l'affrontement fut sanglant. Simon de Montfort finit par l'emporter quand Alphonse d'Aragon et nombre de ses chevaliers furent tués. De cette bataille date l'époque d'asservissement du sud-ouest aux Capétiens venus du nord. Des tours du château de Muret, on avait pu voir le désastre.

Le Verdun de la Meuse, comme Verdun-sur-Garonne ou Verdun-sur-le-Doubs sont étymologiquement des lieux fortifiés. Aujourd'hui, Verdun est synonyme dans le monde entier de la cruelle bataille de 1916 et de la résistance du peuple français à l'agression, au prix d'un demi-million de victimes. Tous les noms de lieux et de villages autour de la place sont entrés dans l'Histoire. Celui de Verdun était célèbre dès le Moyen Âge. La ville est située dans un vallon irrigué par la Meuse, qui commence à y devenir navigable. Les Romains fréquentaient déjà Verodunum. Louis le Débonnaire y avait signé en 843 son traité de partage de l'empire entre ses fils. En 889, le diocèse avait été dévasté par les Normands. Déjà fortifiée, la place fut envahie une seconde fois par les rois de l'est et par les envahisseurs hongrois. Verdun fut ensuite au cœur de l'histoire européenne, disputée avec férocité entre les Francs de l'ouest et ceux de Germanie, occupée par ses évêques, visitée par le pape, confiée aux mains énergiques d'un certain Godefroy le Barbu. Une longue suite de sièges, de sacs, d'incendies, d'épidémies ont fait de Verdun une ville éprouvée par l'Histoire avant même qu'elle ne devînt l'épicentre du premier grand cataclysme du XXe siècle. Il est clair que le site privilégié de Verdun ne devait nullement la garantir contre le malheur, mais bien au contraire l'offrir aux coups. Les lieux privilégiés, en devenant des places fortes, sont toujours en puissance des villes prises : ainsi l'histoire dément-elle férocement les pimpantes syllabes de la toponymie, qui promettent sûreté, bonheur, invulnérabilité.

CHAPITRE 5

Les étrangers au village

BEAUCOUP DE CES NOBLES SEIGNEURS campés sur des pitons glacés, drapés d'hermine et bardés de fer étaient étrangers à la Gaule. Ils venaient des bords du Rhin ou des rives lointaines du Danube. La toponymie française leur doit des milliers de noms de lieux, tous inspirés par les diphtongues gutturales qui leur servaient de langage.

Leurs femmes s'appelaient Besa ou Badila ou Berila. La femme de Froci pouvait s'appeler Frisikka et donner naissance à Fréchencourt dans la Somme. Le mari, qui peuplait Bénouville en Normandie et adorait les dieux normands, s'appelait couramment Bjoern-Wulf, homme-loup. Les Bado, les Bivo, les Biho pouvaient épouser Blanda, une femme gallo-romaine propriétaire des domaines de Blandainville en Eure-et-Loir.

Montgiscard, noble gallo-romain du nom de Guiscardo, pouvait convoler avec la germanique Leutgardis, maîtresse de vastes pâturages en Mayenne. Les noms germains ou normands dominaient, selon les régions.

Les Chirac en Corrèze, en Lozère et dans les Charentes s'apparentaient par leurs racines aux Cherreau de la Sarthe et descendaient de Gaulois du pur terroir dénommés *Carius* après la latinisation de leurs noms. Ces possesseurs de la terre finissaient par se la partager après bien des affrontements, par la force des choses. On ne peut éternellement se faire la guerre, surtout quand on a accueilli les étrangers sur son sol pour demander leur protection contre d'autres envahisseurs.

Les noms barbares

Pendant les invasions germaniques, les Barbares casés sur les domaines gallo-romains sont légion. Mais il est des installations beaucoup plus anciennes, dont la toponymie a conservé la trace, du temps de l'Empire romain. Les gouverneurs des provinces avaient en effet besoin de main-d'œuvre, les esclaves se faisant rares, pour cultiver les terres revenues en friches. Ils avaient aussi le plus grand désir de faire passer le rideau de fer de l'époque (appelé *limes*, la limite) à des tribus entières qui s'installeraient sur les terroirs avec familles, bagages et bétail. On ne cherchait pas à répartir les étrangers dans les villages. Ils vivaient entre eux, dans des lieux qui souvent portaient leurs noms : ainsi les Allain de Meurthe-et-Moselle et les Allaines de la Somme sont des postes militaires le long du *limes*, occupés par des guerriers Alains. Par contre, ceux du Maine-et-Loire sont des colons, à moins qu'ils n'aient été installés aux confins de l'Armorique, pour surveiller ces territoires mal réduits. Alaincourt dans la Moselle et Alincourt dans les Ardennes surveillent les marches du nord, mais Allainville, au cœur de la Brie, semble supposer l'installation de familles adonnées au travail agricole, dans la plaine la plus riche d'Europe.

On fit appel dans le même pays, mais aussi en Bourgogne et dans l'Yonne, aux Marcomans, tribu germanique qui a donné son nom à Marmeaux, ainsi qu'à Marmagne dans le Cher.

Les Sarmates, des Slaves venus du Danube, ont été plus tard attirés par les Romains dans la future Burgondie. On trouve Sermizelles dans l'Yonne et Sermesse en Saône-et-Loire ; plus à l'ouest : Sermaize dans l'Oise et Sermaize-les-Bains dans la Marne. Toujours plus à l'ouest, ces Sarmates ont fondé Sermaise dans le Maine-et-Loire et Sermaises dans le Loiret.

Le nom générique de Germains a présidé à la fondation de Germaine dans l'Aisne et de Germaines dans la Haute-Marne. Ces installations de colons remontent au Bas-Empire et les gouverneurs ne se sont pas donné la peine de rechercher l'origine exacte des peuples dont ils favorisaient l'immigration pour mettre les terres en valeur. En revanche, à Jauldes, en Charente, le nom désigne une tribu précise, celle des Gallita, qui serait venue des Alpes à l'époque de la domination romaine.

Du Ve siècle date sans doute la pénétration des Suèves qui ont laissé peu de traces sur le territoire français et qui ont poursuivi leurs migrations au-delà des Pyrénées, pour s'installer au nord de l'Espagne et du Portugal. On les trouve cependant à Wissous, qui pourrait bien être le village des Suèves, dans l'Essonne. Les Soissons de Bourgogne ne sont pas comme ceux de l'Aisne des Gaulois *Suessiones* installés depuis les migrations celtiques, mais des Saxons, barbares adorant les idoles, christianisés en Côte-d'Or.

Cette multitude de peuples ne doit pas faire illusion : ils se sont adaptés à la vie gallo-romaine et fondus dans la population. Si les villages ont gardé leur nom, c'est en souvenir de leur première installation. Ils n'étaient pas très nombreux, pas plus que les Francs et les Burgondes. Mais ceux-ci étaient disséminés à la tête de l'aristocratie des domaines, comme responsables de la défense. C'est à ce titre qu'ils imposaient leurs noms aux places fortes, aux camps où ils résidaient, alors que la population restait largement autochtone. Il est certain que les sujets du sire de Béthancourt-en-Valois dans l'Oise ou de Bettoncourt dans les Vosges respectaient le guerrier germanique Betto qui avait pris une part des revenus des domaines pour lui-même et ses soldats, et qui résidait dans les villages pour organiser l'autodéfense. Il est certain que le chef germain Dag-Wulf a installé son camp à Roche-d'Agoux dans le Puy-de-Dôme, dominant les villages avoisinants entièrement peuplés de Gallo-Romains. Quand ils furent christianisés et assimilés grâce aux évêques, ces sauvages guerriers devinrent des seigneurs et constituèrent la caste militaire du haut Moyen Âge.

Ferdinand Lot explique que ces noms ne représentent souvent que « des fractions de domaines, des hameaux, des écarts », et que le personnage éponyme n'est pas, la plupart du temps, un puissant seigneur mais « un petit tenancier cantonné dans un coin de village qui conservait, lui, son nom celtique ou romain pour l'ensemble ». Il souligne aussi que les Gallo-Romains prennent souvent des noms francs pour se mettre au goût du jour, de même qu'ils ont jadis latinisé leurs noms gaulois. Il indique que les Sarmates étaient recrutés pour ainsi dire comme des gendarmes pour assurer l'ordre intérieur.

On comptait même en Gaule des garnisons de Maures qui ont donné des Mortagne en Normandie, en Vendée et dans les Charentes. En fait, les Maures sont présents dans d'autres régions. Maurs est dans le Cantal : c'est, dit Dauzat, un « poste romain occupé par des mercenaires maures ». D'où venaient-ils ? D'Afrique du Nord, où les Romains tenaient aussi garnison, sur le *limes* qui surveillait le Sahara. Particulièrement recherchés étaient les Mauritani, peuple guerrier habitant le Maroc contrôlé par Rome. Ils ont peuplé Mortain dans la Manche, Mortagne-sur-Sèvre et Mortagne-au-Perche en Normandie, mais aussi Mortagne-du-Nord et Mortagne-sur-Gironde. Que penser de Bessamorel dans la Haute-Loire sinon que les habitants de ce village avaient une peau très foncée, comme les Maures ? Quant à Négreville, il s'agit d'un faux ami : le village devrait son nom à un Germain nommé Nac-Hari.

Le brassage de peuples, surtout guerriers, opéré à la fin de l'Empire, explique l'abondance de la toponymie germanique sur notre territoire, avec quelques apports de peuples venus du Danube et du sud de la Méditerranée. Ces migrations ne causaient aucun conflit. Avant les invasions, les peuples avaient reçu des lotissements sur des terres vierges ou abandonnées. À partir du Ve siècle, les habitants des villages demandèrent eux-mêmes la protection des Barbares et s'efforcèrent de les retenir sur leur sol.

Les juifs

Les juifs sont aussi présents dans la toponymie. Jusqu'aux temps de la conquête arabe, ils étaient compris dans ces populations venues d'Orient que l'on appelait en Gaule romaine les Syrii. Souvent négociants ou voyageurs, ils s'attardaient dans les régions de passage, sur le faîte des plateaux plutôt que dans les fonds de vallée. Ils étaient nombreux dans le Toulousain et en Auvergne, sur le parcours des routes à grande circulation. Ils s'installaient également dans l'est, en Alsace et jusque sur les bords de la Meuse et de la Moselle. On en comptait un grand nombre à Lugdunum, où les foyers d'immigrés orientaux étaient recensés dès le IIe siècle. Ils étaient parmi les plus anciens habitants de la Gaule romaine. Il semble qu'on puisse relever des installations de juifs sur la terre elle-même. Juif en Saône-et-Loire vient de Villa Judaeis, un nom de domaine attesté en 969 par les documents. Jœuf, en Meurthe-et-Moselle, a la même racine. On peut encore relever le village de Jugy en Bourgogne, sur l'axe Saône-Rhône, qui tient son nom d'un juif, Judiacum.

On peut aujourd'hui trouver étrange et scandaleux un lieu-dit Mort-aux-Juifs dans la commune de Courtemaux dans le Loiret, non loin de Louzouer. Courtemaux est l'ancien domaine du chef germain Hermold. Louzouer, la commune proche, indique un lieu de culte chrétien. S'agit-il de la commémoration d'un pogrom en terre chrétienne, qui eut lieu à une période très ancienne ? Pourquoi aurait-on gardé le souvenir d'un massacre ? Aucun autre lieu comparable ne peut être signalé sur le territoire. Les explications les plus savantes parlent d'un marc-au-juif : un péage fixé à un marc d'argent dont le préposé aurait été un juif. Faisait-on au contraire payer le marc sur les marchandises véhiculées par des négociants juifs ? Rien ne permet d'en décider. De fait, on peut remarquer non l'abondance, mais la rareté des noms juifs dans la toponymie.

À partir du Xe siècle, les juifs sont pourtant installés en de nombreux points du territoire. Mais ils résident plutôt dans les villes où les noms de rues qui les concernent sont nombreuses. À Paris, à Strasbourg, à Reims ou à Lagny, ils habitent des quartiers réservés où ils sont parqués pour des raisons religieuses. Ils subissent périodiquement en France, comme dans les autres pays catholiques, des persécutions du pouvoir. Les chrétiens leur reprochent, au temps des premières croisades, d'aider leurs ennemis les Turcs à attaquer les convois de pèlerins. C'est avant la première croisade, en 1096, que les premiers pogroms ont lieu sur les bords du Rhin. On compte plusieurs phases dans la persécution entreprise par les rois de France.

L'antisémitisme correspond d'abord à l'esprit de croisade, au renouveau de la foi qui pousse chevaliers et menu peuple sur la route de l'Orient. Alors, les juifs sont enfermés dans les quartiers réservés des villes, pour qu'ils n'aient pas de contacts avec la population chrétienne. On les oblige à porter un chapeau pointu et une petite roue : la rouelle. La persécution ne tarde pas.

En 1182, les juifs sont l'objet de brimades, puis de sévices, enfin de violences graves. Tous les cent ans, les pogroms reprennent, jusqu'à l'expulsion. On interdit toute activité aux juifs, même la médecine où ils excellent. On admet qu'ils pratiquent le prêt sur gages et le commerce de l'argent, ce qui ne les rend pas populaires. Souvent, ils décident de franchir le Rhin et de s'enfuir dans les pays slaves où ils sont, à cette époque, mieux accueillis. Ceux du sud de la France bénéficient d'une relative tolérance, surtout pendant l'occupation du Comtat Venaissin par les papes d'Avignon. Dans ce climat, il ne faut pas exclure l'hypothèse d'un souvenir de pogrom dans l'inscription « Mort-aux-Juifs ». Maints communes ou hameaux, pour des raisons moins valables, ont été débaptisés. Pourquoi laisser figurer sur la carte de France ce nom intolérable, quelles que soient les obscurités de l'étymologie ?

Les Bretons

Les Bretons sont aussi des voyageurs et des émigrants. On les attire sur les terres comme colons ; on les engage aussi dans les bandes de soldats car ils ont une réputation de gens de guerre. Berthenonville, en Normandie, est le domaine des Bretons. On appelle ces colonies simplement Bretagne dans le Territoire-de-Belfort, où ils sont installés, sur la frontière de la Germanie. Ils existent aussi dans l'Indre et dans le Lot (Bretenoux). Les nombreux villages de l'ouest à toponymie bretonne ont peut-être été créés au même moment que les *plous* de basse Bretagne, lors de l'arrivée en Armorique des Bretons chassés par les Angles et les Saxons des îles anglo-normandes. On trouve en effet Bretagnolles dans l'Eure, Bretignolles-le-Moulin dans la Mayenne. Bretteville, qu'elle soit Le-Rabet ou l'Orgueilleuse, sur-Dives, sur-Laize ou sur-Odon, suggère avec une belle insistance que les Bretons ont dû sans doute s'installer nombreux, à moins que le nom du lieu n'ait pour origine la protection militaire assurée par un chef de guerre breton, ainsi que l'on en usait pour les Germaniques. Brétigny-sur-Orge, dans l'Essonne, et Bretigney dans le Doubs semblent porter cette implantation bretonne loin vers l'est, au hasard des besoins militaires.

On trouve d'autres Bretons, plus proches de nous, s'installant sur les terroirs à partir du XIIe siècle. On peut imaginer qu'il s'agit de colons attirés par des entreprises de culture ou des monastères, pour le défrichement et l'assèchement des marais. Ainsi s'expliqueraient Breteniѐre en Bourgogne et La Breteniѐre dans le Doubs. La Bretonnière en Vendée comme Labretonie dans le Lot-et-Garonne peuvent avoir pour origine un seul occupant breton, propriétaire du sol et maître tout-puissant de la terre. Du Guesclin n'était-il pas breton ?

Les Espagnols

On est davantage surpris de trouver dans les noms de village des traces de peuplement espagnol. On pense qu'Espagnac, en Corrèze, tire son origine d'un maître espagnol, comme Épaney dans le Calvados, où Épeigné-les-Bois dans l'Indre-et-Loire. Espanès, dans la région toulousaine, provient à l'évidence d'une implantation d'Espagnols. On sait que, sous l'Empire romain, on déplaçait ainsi les colons venus d'Espagne dans la Provincia gauloise et dans la Gaule tout entière. Ainsi s'explique l'installation, dans les riches terroirs à blé du nord, des Épagne ou Épagne-Épagnette. Ces noms sont alors nombreux dans l'ouest : Épaignes dans l'Eure, Épannes les Deux-Sèvres. On ignore la date de l'installation des Espagnols dans les Alpes mais on relève les noms d'Épagny en Haute-Savoie.

Ces noms d'étrangers sont la preuve que les populations se déplaçaient en Gaule, depuis l'installation romaine jusqu'aux croisades, et que ces mouvements n'ont jamais cessé, même si les seigneurs voulaient fixer les manants à la glèbe. Les besoins économiques et militaires, les invasions et les migrations contraignaient aux changements dont la toponymie a gardé, surtout dans les régions périphériques, des traces nombreuses. Les Espagnols, les juifs, les Bretons, les Germaniques (on pourrait ajouter les captifs anglo-saxons christianisés dans l'ouest) sont les plus mobiles. Il en existe probablement d'autres dont la toponymie n'a pas retrouvé la trace.

À partir des XIIe et XIIIe siècles, les noms de lieux sont fixés et ne changent plus guère. Ils ne tiennent donc pas compte des migrations ultérieures qui ont été cependant nombreuses.

Des noms extravagants

Quelques noms de villages et de villes changent, sous l'influence des seigneurs qui veulent marquer l'analogie d'un lieu avec une cité étrangère qui les a frappés pour mille raisons. Quand on donne le nom d'Apamée à la ville de Pamiers dans l'Ariège c'est, à l'évidence, un choix religieux. Il s'agit de rappeler le départ à la première croisade du comte de Foix Roger II qui s'est illustré en Orient. Les croisades, dans ce lieu des Pyrénées, étaient une telle aventure que le changement de nom a été bien accueilli. La mystique du temps considérait la croisade comme un pèlerinage héroïque, impliquant tous les sacrifices. On pouvait bien leur sacrifier aussi la toponymie. La Syrie brûlante revivait ainsi dans un recoin glacé des Hautes-Pyrénées.

Les mêmes motifs religieux ont fait rechercher le nom de Bethléem pour débaptiser des villages. Là, il n'était pas question d'exotisme mais de transformer le lieu en crèche pour la naissance de l'enfant Jésus qui était né à l'étable et sur la paille de la petite ville de Judée alors aussi connue que Lourdes aujourd'hui comme lieu de pèlerinage. L'empereur Constantin, dès le IVe siècle, avait fait édifier au-dessus de la grotte une basilique remaniée par Justinien et conquise par les croisés en 1099. Un Bethléem avait été baptisé dans les environs de Clamecy (Nièvre) sur la rive droite de l'Yonne. En 1117, le comte de Nevers Guillaume II y avait fondé un hôpital. Son successeur Guillaume IV était reparti à la croisade et devait trouver la mort sous les murs de Saint-Jean-d'Acre en 1168. Il avait alors légué son hôpital à l'évêque de Bethléem. On y créa un évêché fantôme, aux confins des territoires d'Auxerre et d'Autun. Il y eut ainsi en France un évêque de Bethléem, titre envié, jusqu'à la Révolution. La ville de la naissance du Christ avait donné son nom, en Charente, à Baignes-Sainte-Radegonde. D'autres hameaux du Nord, de Bourgogne et de Normandie portent explicitement le nom de Bethléem. La motivation religieuse de ces baptêmes va de soi. Elle est encore plus impérieuse quand Bethléem est considérée comme un lieu martyr, après sa reconquête par les Infidèles en 1187.

Il est aussi des musulmans en Espagne, et la guerre que leur mène l'Occident chrétien ressemble à une croisade. Que Béziers tire son nom de l'ancien Guadalquivir (Baetis) nous fait remonter à l'époque pré-celtique, longtemps avant la naissance du Christ. Mais Cordes, dans le Tarn, et Cordes-Tolosannes dans le Tarn-et-Garonne n'évoquent que le Moyen Âge arabe. À Cordoue, la capitale des cuirs sur le Guadalquivir, a été achevée en l'an mille la grande mosquée commencée au VIIIe siècle par Abd al-Rahman le conquérant. Plus de huit cents colonnes prises dans les temples antiques reconvertis en églises ont fourni la matière pour la construction de 19 nefs orientées vers La Mecque. La ville était la capitale d'un puissant émirat que la Reconquête catholique, venue du nord, a eu le plus grand mal à abattre. Quand elle est achevée en 1236, on considère la prise de la mosquée (aussitôt transformée en église) comme un exploit de la croisade. Pourtant Cordes-Tolosannes a été fondée par le comte Raymond VII de Toulouse avant la Reconquête, en 1222. Avait-il fait le vœu de partir à la croisade et de faire flotter la croix de Toulouse sur la tour de la mosquée ? Il est plus douteux que Cordes, dans le Tarn, évoque Cordoue. Le nom peut seulement signifier que la ville est construite, comme Gourdon, sur une hauteur.

En revanche, Grenade, dans les Landes, évoque la capitale espagnole de la Reconquista. Cette autre capitale de l'Andalousie entourée de vignes, d'oranges et de fruits tropicaux, regroupait dans son enceinte l'Alcazar du XIVe siècle, l'Alcazaba du XIIIe. Au XIe siècle, le chef arabe Ziride Zawi, d'abord au service du calife de Cordoue, y avait fondé un royaume indépendant dont s'était détaché le royaume de Málaga. En 1090, les Almoravides avaient repris partout le pouvoir. Puis, en 1235, la dynastie des Nasrides s'était installée à Grenade. Huit ans de guerre avaient été nécessaires pour la reconquête chrétienne par les Rois Catholiques, Ferdinand et Isabelle. La prise de Grenade, en 1492, faisait alors plus de bruit en Occident que la découverte de Christophe Colomb. Elle marquait la fin de la croisade en Espagne. Il n'est pas étonnant qu'un seigneur occitan, de retour de guerre, ait donné le nom d'un village à cette victoire chrétienne symbolique. Il en est probablement de même à Pampelonne dans le Tarn qui tire son nom de la ville espagnole. Valence-sur-Baïse, dans le Gers, est la transcription de Valence en Aragon.

Par contre, les villes de Plaisance dans la Vienne, le Gers et la Haute-Garonne, attestées dès le XIIe siècle, renvoient à la ville italienne de Plaisance et font appel sans doute à des souvenirs de pèlerinage et non de batailles ou de croisades. On peut surtout penser à la prestigieuse université, bien connue des moines et des clercs d'Occident, dont l'éclat pouvait inspirer les évêques et les abbés quand ils recherchaient des noms de lieux pour les nouveaux bourgs.

Er-Roha, en arabe, veut dire Édesse. Les chevaliers de l'Ordre du Temple avaient fait la conquête de cette forteresse d'Asie Mineure. Baudouin, comte de Boulogne, frère de Godefroi de Bouillon, s'était fait adopter en 1098 par le prince arménien d'Édesse qu'il laissa assassiner, devenant ainsi lui-même comte d'Édesse. Quand Baudouin conquit Jérusalem, il abandonna le comté à son cousin Baudouin II du Bourg qui avait épousé Morfia, une princesse arménienne. Il fit d'Édesse le fer de lance des chrétiens contre les Turcs. En 1144 pourtant, la ville d'Édesse fut prise et ruinée. La deuxième croisade ne réussit pas à reprendre la principauté aux Ottomans. Édesse a tout de même donné son nom à la ville de Roaix dans le Vaucluse. Un texte de 1138 en témoigne. On aimait alors Édesse la Chrétienne, que tenaient encore en leur pouvoir les chevaliers du Temple.

Béthanie est un petit village de Judée, proche du mont des Oliviers où le Christ subit sa passion. Une abbaye de cisterciens, fondée en 1133, donna le nom de Bithaine-et-le-Val à un village de défrichement de la Haute-Saône, en souvenir de Béthanie. On est davantage surpris par Cologne. Pourquoi un canton du Gers s'appelait-il du nom de la grande ville allemande du Rhin ? L'hypothèse la plus vraisemblable est celle des moines défricheurs, autorité morale de la collectivité villageoise, dont certains ont pu venir de la vallée du Rhin. Pour eux, Cologne était une des capitales intellectuelles et artistiques de l'Europe. Quand la bastide a été fondée dans le Gers, au XIIIe siècle, la cathédrale dressait déjà ses flèches vers le ciel et l'université était réputée. On comprend que l'archevêché rhénan ait inspiré les moines du Gers. Cologne était pour eux une ville-phare, une des métropoles de la foi occidentale. Peut-être ces moines avaient-ils appris les techniques de la métallurgie dans les monastères allemands où les ingénieurs pratiquaient la fusion du fer à haute température et le laminage. De toute façon, Cologne était un exemple.

Le rappel des batailles

Les villes qui inspiraient la toponymie des villages occidentaux avaient toutes valeurs d'exemples et de souvenirs héroïques. Mais certaines rappelaient clairement le souvenir de batailles qui ne s'étaient pas toujours déroulées sur leur sol. Par exemple, Malakoff, petit village de la Seine. Un cabaret s'appelait « À la Tour de Malakoff ». Il était fort fréquenté par les Parisiens qui allaient aux champs. En 1855, le village de Crimée où le général de Mac Mahon venait de s'illustrer (« J'y suis, j'y reste ») donna son nom au hameau champêtre où les Parisiens venaient boire et danser le dimanche.

Solferino, un village des Landes, porte le nom, glorieux depuis 1859, de la victoire des Français sur les Autrichiens. Il faut dire que le Second Empire plantait alors la forêt de pins, fixant les dunes et permettant à des villages forestiers de naître. L'administration crut être agréable à l'empereur en choisissant un nom de victoire. Magenta n'eut pas la même chance, ni Austerlitz, qui ne donna son nom qu'à un pont de Paris. Par contre, la victoire anglaise d'Azincourt n'est pas responsable du nom du village, qui existait antérieurement. Azincourt désigne le domaine d'un seigneur germanique du nom d'Aizo.

On ne sait pourquoi Bretteville, dans le Calvados, fut appelée l'Orgueilleuse, pas plus que Brive, la Gaillarde. Pourtant le château féodal, les hauts remparts de la cité, tout semble indiquer qu'elle tint tête à de nombreux sièges. On peut en dire autant de Caen qui porte bien son nom, ayant été à maintes reprises, jusqu'en 1944, lieu de bataille.

Certains lieux portent le souvenir de monuments romains qui peuvent ne pas subsister. Ainsi à Saint-Péravy-la-Colombe dans le Loiret. Il ne s'agit pas d'un village de colombophiles mais d'une étape sur une voie romaine où se dressait jadis un monument. En revanche, le trophée en l'honneur de l'empereur Auguste existe encore à La Turbie dans les Alpes-Maritimes. Il célèbre une victoire des Romains sur les tribus des Alpes qui prétendaient interdire les communications avec Rome. La Provincia était alors à ce point romanisée que les monuments civils et religieux y étaient aussi nombreux qu'en Gaule Cisalpine.

Pourquoi les gens du Tarn ont-ils appelé une bastide Damiatte? En raison de la victoire que Saint Louis remporta sur les Turcs dans la ville égyptienne en 1249. Les moines défricheurs ont sans doute imposé cette pieuse appellation. Hastingues, dans les Landes, est une véritable provocation, comme si les Prussiens, occupant l'Alsace en 1870, avaient débaptisé un village pour l'appeler Leipzig! Les Anglais ont rappelé dans ce village français, occupé pendant plus d'un siècle, la victoire de Guillaume le Conquérant contre les Angles et les Saxons en 1066. Hondschoote dans le Nord ne rappelle pas la victoire des gendarmes français contre les Autrichiens. C'est, comme à Azincourt, la bataille qui porte le nom d'un très ancien village qui n'a pas été débaptisé au moment des combats. Il a, au contraire, permis de conserver le souvenir d'une coûteuse charge de cavalerie, qui a sauvé l'honneur des tricolores.

Si rien ne rappelle les héros tombés à Jarnac pendant les guerres de Religion, les batailles livrées et gagnées par Henri IV qui liquidaient quarante ans de guerres civiles ont, au contraire, reçu des suffixes flatteurs, un peu comme Castillon-la-Bataille dans le sud-ouest, qui mettait fin à la guerre de Cent Ans en ouvrant au roi Charles VII le duché de Guyenne, dernière partie du territoire occupée par les Anglais.

Ainsi Ivry-la-Bataille, dans l'Eure, célèbre la victoire du grand roi Henri IV, comme Arques-la-Bataille dans le pays de Caux. Henri III, en 1589, venait d'être assassiné et le prétendant Henri de Navarre se rendait à Dieppe pour y recevoir le secours des Anglais. Il était poursuivi par l'armée du très catholique duc de Mayenne, renforcée d'Espagnols. Il se réfugia dans le château d'Arques, construit sur un promontoire très étroit et entouré de fossés profondément creusés au sommet des versants. Cette place militaire du XIIe siècle avait été complétée au cours des âges. On venait récemment de construire, à l'entrée ouest, quatre énormes tours d'artillerie en silex et en brique qui pouvaient abriter des canons. Du haut du donjon, Henri le chevaucheur pouvait guetter l'arrivée de la flotte anglaise qui lui apporterait les renforts attendus.

Henri réussit à attirer le duc de Mayenne, son adversaire, dans ce camp retranché, où il a bien posté son artillerie. Les pièces prennent la vallée tout entière sous leur feu. Les gens du village d'Arques se sont cachés dans les bois, attendant l'issue du combat. À Paris, on loue à prix d'or les balcons et les fenêtres pour assister au triomphal retour du duc de Mayenne, vainqueur d'Henri le Navarrais. La bataille fait rage. Trente mille hommes s'égorgent dans ce lieu resserré. Un engagement d'infanterie dans le brouillard fait tomber de nombreux combattants dans la plaine. Les Suisses du roi et les lansquenets se tirent dessus à la sauvette, se chargent à la pique et à l'épée. Les Caumont la Force, les Rosny, les Châtillon, les Guitry entourent Henri et se font hacher pour le sauver. Le roi n'échappe que de justesse à la cavalerie adverse.

Il se réfugie alors au château, au moment où le soleil dissipe les nuages. Ce miracle fait s'allumer les mèches, les boulets creusent « de belles rues dans les escadrons et les bataillons » du duc de Mayenne. Il doit abandonner le combat et se retirer. Les secours anglais arrivent. Henri les voit débarquer : de solides Écossais munis de poudre et de trois mille boulets. La bataille d'Arques est symbolique : désormais Henri de Navarre a les moyens de commencer la reconquête du royaume qui lui permettra de prendre Paris presque sans coup férir et de se faire couronner roi. Ce jour de victoire, dans le village d'Arques, le Navarrais a entrevu son triomphe.

Il faut croire que Louis XIV était encore sensible au prestige royal du lieu puisqu'il lui rendit visite, avec sa mère Anne d'Autriche et le cardinal de Mazarin. Le château avait permis à Henri, son ancêtre, d'amorcer la longue marche vers l'unité française.

L'histoire est passée par là !

Les noms de lieux ne changent pas seulement parce que les contemporains veulent célébrer un événement ou rappeler un fait d'armes capable d'exhorter les paysans à la foi et à l'enthousiasme. Il arrive que les personnages de l'histoire donnent eux-mêmes leurs noms aux bourgs et aux villages, soumettant, en somme, leurs titres glorieux à l'approbation des générations successives de vilains qui auront l'honneur d'habiter ces villages débaptisés.

Un hameau des Charentes s'appelait Villebois, du nom d'un certain Boast, seigneur germanique obscur du temps des invasions. En 1622 on ajouta Lavalette pour célébrer les nouveaux hôtes illustres du château. Le maître des lieux s'appelait Louis de Nogaret d'Épernon et il était cardinal de La Valette. Il était de la famille de Jean Parisot de La Valette, quarante-huitième grand maître de l'ordre de Malte, qui avait fait une guerre acharnée aux Turcs. Échappant au siège de 1565, il avait donné son nom à une ville-port. Le cardinal qui portait le nom illustre de La Valette avait obtenu le chapeau sans même avoir reçu les ordres parce qu'il était du parti de Marie de Médicis. Mais il devint très vite le serviteur zélé de Richelieu, ce qui lui permit de faire une brillante carrière et de donner son nom au village charentais de Villebois-Lavalette.

Vitry, dans la Marne, devint Vitry-le-François en raison de la destruction de Vitry-en-Perhois dit encore Vitry-Brûlé. Dans ce dernier bourg, le roi mérovingien d'Austrasie, Thierry, avait fait égorger Mundéric, un fils naturel de Clovis. Plus tard, le Capétien Louis VII, en querelle avec le comte Thibaut de Champagne, fondit sur Vitry, égorgeant tous ses habitants, ordonnant de brûler dans l'église plus de 1 300 personnes. Ainsi avait agi Louis VII, l'époux d'Aliénor d'Aquitaine, dit le Pieux, en l'an de grâce 1144. Comme si cet assassinat royal ne suffisait pas aux malheurs de Vitry, la ville avait de nouveau été incendiée en 1544 par l'empereur Charles Quint, lors de la guerre du roi de France contre les Impériaux. François Ier résolut alors de construire un autre Vitry, dit le-François, à une lieue de l'ancien, sur l'emplacement du village de Moncourt. Pour attirer les habitants, on leur accorda des avantages particuliers : ils étaient dispensés de loger les gens de guerre. Ainsi Vitry-le-François remplaça-t-il, par la grâce du roi, à la fois Moncourt et Vitry-le-Brûlé. Mais François Ier n'eut pas un geste pour retirer la croix qui célébrait le lieu où l'on avait brûlé sur le bûcher les juifs de Vitry au XIVe siècle.

Les illustres familles

Très souvent, les fondateurs de ville, qui ont l'orgueil de donner leur nom à une cité, n'ont laissé aucune trace dans l'histoire. On ignore tout de ce Raoul Chaillot qui créa dans le Toulousain Beauchalot. Pas davantage n'a-t-on gardé le souvenir du chevalier breton qui donna son nom à Béhuard dans le Maine-et-Loire. Le village de Séant, dans l'Aube, fondé au XIIe siècle, prend au XVIe le nom des seigneurs de Bérulle. Le cardinal Pierre de Bérulle était né au château de Sérilly près de Troyes. Il laissa son nom dans l'histoire religieuse pour avoir fondé l'ordre des Oratoriens. Ennemi politique de Richelieu, il avait dû abandonner le pouvoir pour se retirer dans ses terres où il s'était éteint doucement, donnant autour de lui l'exemple des vertus. Ainsi, la désignation du village sous le nom de ce saint homme était-elle à imputer à une volonté d'édification et non de gloriole.

On est parfois en mesure de préciser le nom du seigneur qui accolait son titre au nouveau lieu. Ainsi Béville-le-Comte en Eure-et-Loir devait tout à Thibaut IV, comte de Blois et de Champagne, qui vivait au XIIe siècle. La comtesse de Champagne, Blanche de Navarre, a donné son nom à la « ville neuve » de Blancheville en 1252. Le fondateur de Bohal, Jean de Bohalle, est en revanche un inconnu qui n'a guère marqué l'histoire de la côte morbihannaise.

L'illustre dynastie des Bourbons entre dans l'histoire au VIIIe siècle dans un petit bourg de l'Allier appelé Bourbon-l'Archambault. Le sire Adhémar de Bourbon, que l'on croit issu de la famille franque de Pépin le Bref, avait des descendants qui portaient le nom du lieu : Archambault. Les petits barons de très ancienne noblesse étaient aux croisades ; ils épousaient à leur retour des filles de princes du sang. Quand Béatrix de Bourgogne, baronne de Bourbon, épousa Robert de France, comte de Clermont et fils de Saint Louis, les nobliaux bourbonnais se branchèrent sur la souche royale capétienne. En 1327, la baronnie de Bourbon fut érigée en duché-pairie : une O.P.A. nobiliaire du plus grand profit. Le nom même de Bourbon était celtique et désignait des sources d'eaux chaudes appréciées des Romains et des Gallo-Romains, qui surgissaient aussi de terre à Bourbon-Lancy en Saône-et-Loire. La Bourboule, dans le Puy-de-Dôme, évoquait aussi ce dieu gaulois Bormo ou Borvo qui devait transmettre son nom aux rois de France, fils de Saint Louis, dans la plus païenne des filiations toponymiques.

Il y a détournement de nom de lieu. C'est l'inverse dans

le petit hameau de Broglie dans l'Eure. Une famille s'installe, comme à Bérulle. Les Broglie sont des étrangers, des Italiens. Originaire du Piémont, cette famille extraordinairement prolifique fournit à la France un certain nombre d'ecclésiastiques et d'hommes de guerre dont le page du duc de Savoie François Marie, capitaine des arquebusiers de la garde, qui était entré au service de la France en 1644 et s'était distingué pendant les guerres de la minorité de Louis XIV. Il était le créateur de la branche française des Broglie. Victor Maurice, né en 1640, devait être maréchal du Roi-Soleil et, comme tel, compagnon de Turenne et de Condé. Gouverneur du Languedoc, il avait montré une louable énergie — pensait-on à la cour — dans la répression des émeutes protestantes des Cévennes, multipliant les dragonnades. Son fils François Marie, maréchal à son tour, réussit la retraite de l'armée de Bohême contre les Autrichiens en 1741. Il eut l'honneur de défendre Prague et le roi le fit duc.

En 1742, les gens de Chambrais, dans l'Eure, apprirent que leur village avait changé de nom : l'immense château qui le dominait allait être rasé, transformé en résidence moderne, dans le goût de Versailles. La nouvelle famille ducale, en s'y installant, lui donnait son nom. On revenait au temps des guerriers germains, quand les porteurs de lances servaient à désigner les bourgs. Mais cette fois, l'influence, la fortune, la position sociale remplaçaient la simple supériorité guerrière. Broglie annonçait les temps nouveaux, ceux du pouvoir politique et de l'argent.

Rien de plus anonyme que Bourg-Madame, en Catalogne. En fait le lieu s'appelait avant 1815 La Guinguette. Il fut débaptisé par le duc d'Angoulême qui voulait honorer son épouse. Ce fils de Charles X avait épousé sa cousine, la sœur de Louis XVII : Marie-Thérèse Charlotte dite Madame Royale. Enfermée au Temple où elle avait écrit sur le mur de sa prison : « Ô mon Dieu ! Pardonnez à ceux qui ont fait mourir mes parents ! » elle avait été échangée par la Convention contre des prisonniers de marque de l'Autriche. Elle avait alors vécu en émigrée, organisant en 1815 la résistance à Bordeaux contre le retour de l'Empereur, ce qui faisait dire à Napoléon qu'elle était « le seul homme de la famille ». Son mari regroupait les partisans royalistes dans les Pyrénées. À des fins partisanes, pour développer la propagande royaliste en Catalogne, il avait donné le nom de Bourg-Madame à un village, ce qui avait permis d'organiser une cérémonie où les paysans avaient fait acte de fidélité à la famille des Bourbons. Le changement du nom de lieu est un exemple rare d'opération politique, réponse probable à l'orgie révolutionnaire des Choisy-le-Roi ou des Villeneuve-le-Comte débaptisés. Dans les Pyrénées-Orientales, le prince rebaptisait à l'ancienne.

On ne peut dire que tous les Mirabeau de France aient gardé le souvenir du tribun révolutionnaire. Ni Mirabeau ni Les Pennes-Mirabeau ne lui doivent rien. Le nom veut dire simplement hauteur d'où l'on voit au loin. On compte de nombreux Mirabel, Miribel, Mirebel et Mirabeau dans toute la France. Il en est un chargé d'histoire, c'est Le Bignon-Mirabeau dans le Loiret, pays natal de l'orateur. C'est le seul exemple de héros révolutionnaire ayant donné son nom à un lieu. Il n'existe pas de Danton ni de Robespierre et le martyre de Lepelletier de Saint-Fargeau n'honore guère qu'une rue de Paris et une station du métropolitain. Par contre, les puissants seigneurs de l'Ancien Régime ont, comme les Broglie, donné leurs noms à des lieux nombreux. La toponymie n'est pas plus juste que l'histoire elle-même.

À tout seigneur tout honneur

La plupart du temps la présence du seigneur moderne dans le nom du village implique possession, propriété : Carling, dans la Moselle, indique avec force que le terroir est concédé en 1716 par Charles Louis, comte de Nassau-Sarrebruck. Il a consenti à se séparer des terres pour que la communauté du bourg les possède en son nom. Le village de Verzy en Champagne a pris le nom de Charmont en 1669 pour indiquer une nouvelle dépendance : cette « montagne de Charles » est dite Charmont dans la Marne en raison de la reconnaissance du comte de Champagne ou de l'abbé de Beaulieu-en-Argonne comme suzerains. Il est touchant que le hameau des Hautes-Alpes Clémence-d'Ambel ait gardé le souvenir de Clémence, la gentille fille de Raymond, seigneur du fond de la vallée du Valgodemar. Le partage qui disposait ainsi du terroir remonte au XVe siècle !

Cottance dans la Loire et Coutances dans la Manche rappellent le passage en Gaule de l'empereur Constance Chlore qui s'employa à fortifier l'ouest du pays contre les envahisseurs venus de la mer, au début du IVe siècle. Il fonda des villages de soldats et de colons, pour occuper les lieux stratégiques. Pourquoi le petit bourg de Caigny dans l'Oise a-t-il brusquement pris le nom de Crillon-le-Brave, compagnon d'Henri IV ? Le personnage est déjà connu dans le Comtat Venaissin où sa seigneurie sera érigée en duché en 1725. Il a fait la guerre dans toute la France aux côtés du roi Henri et s'est fait partout admirer pour son courage. Un jour qu'il entendait prêcher la passion à Villeneuve-lès-Avignon, il porta la main à son épée à l'évocation des souffrances du Christ et s'écria d'une voix forte : « Où étais-tu, Crillon ? »

Le petit bourg de Custines en Meurthe-et-Moselle est un autre exemple d'appropriation du lieu par une famille illustre. La terre est érigée en marquisat en 1719, mais ce n'est pas en l'honneur du marquis voyageur, auteur du *Monde comme il est*, et des *Courses en Suisse, en Calabre, en Angleterre et en Écosse*. Le célèbre observateur globe-trotter n'était né qu'en 1793. Son père, le général et diplomate Renaud

Philippe de Custine, décapité en 1794, était né en 1768. Il était aux armées l'aide de camp de son père, le comte Adam Philippe de Custine, ancien compagnon du maréchal de Saxe et lui-même maréchal de camp, qui fut guillotiné en même temps que son fils. Le baptême antérieur du village de Custines ne doit rien à ces morts illustres, victimes de la Terreur, mais tout à la fortune de la famille, qui avait les moyens d'obtenir de la cour un marquisat.

En 1689, la commune de Montmorency en Seine-et-Oise se fit appeler Enghien-les-Bains. Les seigneurs de Condé, héritiers des Montmorency, étaient en effet ducs d'Enghien. La commune devint alors une des capitales du Paris mondain qui se pressait aux bains sulfureux en paradant avec autant de complaisance que, plus tard, sur les grands boulevards tracés par Haussmann. Jadis le village n'était qu'un moulin. Au pied du « ruisseau puant » qui alimentait la roue à aubes, le curé Cotte, un oratorien, avait soupçonné la présence d'une source. En 1766, il faisait une communication à l'académie des Sciences sur les propriétés des eaux de Montmorency. Le prince de Condé avait alors consenti à donner un terrain en concession à Levieillard, qui exploitait déjà les eaux ferrugineuses de Passy. Les guinguettes, guimbardes et vinaigrettes pouvaient alors, pour dix sols, voiturer les Parisiens vers les eaux miraculeuses, et ces voyages servaient de prétexte aux polissonneries. Un colonel anglais, blessé à la guerre d'Amérique, prétendait y avoir recouvré la santé. On construisit, après la Révolution et l'Empire, une ville de bains et de plaisirs à Enghien. Le roi Louis XVIII en personne venait y soigner ses jambes. La duchesse d'Angoulême s'y rendait à cheval et le duc d'Orléans en char à bancs. La mode était lancée : le cuisinier Canard fit le reste, en plaçant Enghien au premier rang des rendez-vous gastronomiques. Il ne manquait que le vaudeville : le grand Talma, en y faisant retraite, fit plus pour Enghien que le roi de France.

Dans la riche plaine de France, non loin de Noailles et de Mouchy, le hameau de Fitz-James — érigé en duché-pairie en 1710 — s'appelait depuis les invasions barbares Warty, du nom d'un farouche guerrier nommé Warto. La terre regorgeait de blé et rapportait gros. Louis XIV, dans sa bonté, avait fait la fortune française d'un maréchal en exil, Berwick, catholique anglais, fils naturel du roi d'Angleterre Jacques II et de la sémillante Arabella Churchill. La seigneurie de Warty, près de Clermont-en-Beauvaisis, devenait ainsi illustre. Le fils du maréchal, François, était évêque de Soissons et confesseur de Louis XV. Il avait demandé et obtenu le renvoi de la maîtresse royale, la duchesse de Châteauroux. Son frère Charles était maréchal de France et son autre frère, le comte Édouard, maréchal de camp. Le petit-fils de ce dernier, Édouard, était à l'armée de Condé.

La même fortune échut à un lieu modeste des Deux-Sèvres. Frontenay se fit appeler, à partir de 1714, Frontenay-Rohan puis Frontenay-Rohan-Rohan. Ce bourg où l'on fabriquait des chandelles et des sabots devait sa notoriété à Hercule Mériadec de Rohan, prince de Soubise. Les Rohan étaient une des plus anciennes maisons nobles de France : elle tirait ses origines des rois et ducs de Bretagne et son nom d'une seigneurie du Morbihan devenue vicomté en 1100 puis comté sous la Renaissance, enfin duché en 1603 en faveur d'Henri de Rohan. Louis XIV avait déjà conféré aux Rohan-Guéménée, en raison de leurs origines souveraines, le rang et les honneurs de princes étrangers. Les Rohan, princes de Soubise, devaient recevoir la même illustration. Hercule Mériadec se destinait à l'Église mais, son frère aîné Louis étant mort à la guerre, il entra dans le métier des armes. Il fut de toutes les batailles, blessé au massacre de Malplaquet. Il avait plus d'un titre à la reconnaissance du roi. Il en profita largement et devint l'un des seigneurs les plus riches de France.

Parfois les villes aux noms modernes sont de pures créations. On jurerait que Henrichemont dans le Cher est un souvenir des guerriers germaniques. Il n'en est rien : Sully y construisit une ville nouvelle en 1610 avec l'idée d'obtenir, dans la passion agronomique de l'époque, le meilleur rendement du terroir. Il voulut donner le nom du roi Henri à ce bourg sorti du sol. En le latinisant (Henricus), il le germanisa (Heinrich). Henri IV lui-même n'hésitait pas à rebaptiser des villages : au lieu de Wy qui sonnait mal à ses oreilles gasconnes, il proposa Joli-Village, ce qui donne : Wy-Dit-Joli-Village.

Certains terroirs recevaient franchement le nom d'occupants étrangers comme Libourne qui avait accepté cette contrainte : le gouverneur de Gascogne au XIIIe siècle, Roger de Leybourne, ne demandait pas l'avis des habitants pour imposer son nom, venu du Kent. Ainsi Frédéric II, au XIIIe siècle, avait-il imposé en Haute-Alsace Kaysersberg. Plus tôt encore, au XIe siècle, le fils du roi breton Guethenoc qui se nommait Gauzilin avait créé Josselin où fut construit un des plus beaux châteaux du Morbihan. Le sénéchal anglais Jean de La Linde ne s'était pas gêné pour constituer une bastide portant son nom dans la Dordogne à Lalinde. L'usage était établi de marquer de ses armes le pays que l'on tenait en dépendance.

Singeant l'époque héroïque, les grands seigneurs français s'enracinaient dans les terroirs pour obtenir titres, pensions et bénéfices. Luynes, en Indre-et-Loire, s'appelait Maillé. Le seigneur de Luynes était un étranger, qui devait son nom à un charmant ruisseau des environs d'Aix-en-Provence. Mais Charles Albert voulait être duc : on lui donna Maillé, qui porta son nom. Le roi n'avait rien à lui refuser, Luynes était son fastueux Premier ministre. Cet Albert ou Alberti était un étranger, un de ces Italiens fortunés et rompus aux affaires que la cour de France attirait. Sa famille était connue à Florence depuis le XIe siècle. Elle avait émigré vers 1400 dans le Comtat Venaissin. Thomas Alberti, viguier de Pont-Saint-Esprit, avait bien servi le roi Charles VII qui l'avait nommé bailli du Vivarais et du Valentinois. Un de ses descendants, Léon d'Albert, avait épousé en 1535 Jeanne de Ségur qui lui avait apporté la terre de Luynes. Leur fils Honoré était un furieux bretteur, très versé dans l'artillerie qui, pendant les guerres de Religion, s'était distingué au service de la reine mère et plus tard d'Henri IV. Sa carrière était faite : le roi prit comme page son fils Charles qui devint favori du dauphin Louis, puis du roi Louis XIII. Devenu duc, il mourut en disgrâce, mais il a légué son nom aux deux Luynes, celui du midi et celui du Val-de-Loire.

Plus discret, François Charles de Menou de Charnizay obtint de Louis XIV un marquisat qui lui permit d'illustrer sa terre de Menou dans la Nièvre. Cette illustration n'était que justice : la famille de Menou Charnizay s'était ruinée au service du roi. Charles, fils de l'écuyer du roi René de Menou, avait tenté de faire fortune aux colonies. Il avait guerroyé contre les Anglais en Nouvelle-France (Canada) ; il avait construit des forts et des fermes en Acadie, creusé des puits de mine, lancé de vastes défrichements. Quatre cents habitants, laboureurs et militaires, l'avaient suivi dans son entreprise. Il avait dépensé sur sa cassette plus de 800 000 livres pour protéger sa colonie contre les raids anglais. Un commerçant de La Rochelle, Le Borgne, lui fournissait armes et canons. Pour avancer les sommes nécessaires, le créancier avait saisi successivement tous les biens de Menou qui était mort ruiné, noyé dans la rivière du Port-Royal. Il était convenable que ses descendants fussent distingués par la faveur du roi. L'un d'eux, beaucoup plus tard, devait accompagner Bonaparte en Égypte et se convertir à la religion musulmane.

La richesse des Montmorency était considérable et ne pouvait être exposée aux coups du sort. Fondateurs d'Enghien, ils avaient aussi imposé leur nom à Beaufort en l'an

1689. Le duc de Montmorency était en même temps seigneur de Beaufort.

Il est vrai que des hommes obscurs, par leur puissance financière, imitaient les grands seigneurs en donnant leurs noms aux villages dont les habitants travaillaient au château, comme domestiques surtout. Le petit village de Le Plessis-Piquet désignait depuis le XVe siècle son propriétaire, l'heureux financier Jean de La Haye, dit Picquet. Il changea de nom au début du XXe siècle : Picquet était oublié, on lui préféra la guinguette fort populaire de Robinson.

Qui se souvient aujourd'hui de Pot ? Il a pourtant donné son nom au château qui marque l'entrée de la Bourgogne, quand on vient de Paris, La Rochepot. Philippe Pot était le filleul et le favori du duc Philippe le Bon. Il fut aussi grand chambellan de son successeur Charles le Téméraire et nommé gouverneur de la Flandre de langue française, qui était dans l'héritage de Bourgogne. Après sa victoire contre le duc Charles, Louis XI ne commit pas l'erreur de maltraiter ses bons serviteurs. Il nomma Philippe Pot grand sénéchal de Bourgogne. Plus tard, Charles VIII en fit le gouverneur de la province. Tous les rois furent successivement sensibles à ses qualités d'homme d'État et à son éloquence, qui l'avait fait surnommer « la Bouche de Cicéron ». Cela valait bien récompense : le château de La Rochepot symbolisait la réussite éclatante d'une famille qui devait tout au talent d'un seul homme.

Les Français n'ont pas la mémoire courte : ils ont conservé des noms de lieux qui célèbrent la gloire des anciens occupants romains. L'empereur Constantin aurait donné à un village de Catalogne le nom de sa mère Hélène : Elne demeure, comme Eaunes, dans le Toulousain. Mais s'agit-il de la même Hélène ?

Fréjus, dans le Var, garde le souvenir de Jules César qui aurait inauguré le forum de la ville. *Forum Julii* remonte au Ier siècle avant Jésus-Christ.

On est surpris de trouver dans les origines de Grenoble le nom de l'empereur Gratianus. On assure que c'est pour le bon motif : cet empereur chrétien y avait fondé un évêché et Grenoble a voulu garder la mémoire du bon Gratien, protecteur et ami des chrétiens. Les villes gardent souvent le nom des personnages gratifiants. Par exemple Vallouise dans les Hautes-Alpes a tenu à se souvenir, sans chercher à changer de nom, de Louis XI qui est devenu le maître de la province en 1480. Il est naturel que Domrémy, petit bourg de la Meuse où la fille du laboureur d'Arc faisait paître ses moutons, voulût s'appeler Domrémy-la-Pucelle. La ville de Domrémy était doublement sacrée, puisqu'elle était vouée à saint Rémi, l'évêque de Reims qui avait baptisé Clovis. La patrie de Jeanne d'Arc était un domaine de Rémi.

Le Havre devait tout à François Ier et ne portait cependant pas son nom. La ville s'était appelée à l'origine Le Havre-de-Grâce en raison de la chapelle Notre-Dame-des-Grâces qui s'élevait dans l'endroit désert, avant la fondation du port.

L'hommage nominal pouvait s'adresser à des têtes couronnées comme Eugénie-les-Bains, dans les Landes, vouée à l'impératrice qui raffolait de Biarritz et de la côte basque, qu'elle avait lancée. Même Bismarck avait été l'hôte de Biarritz qui signifiait en basque « les deux roches ».

Un autre hommage, princier et parisien : le lieu dénommé au Moyen Âge « la branche du pont de Saint-Maur » prit le nom de Joinville en 1831 en l'honneur d'un des fils de Louis-Philippe. Rien à voir avec le site originel de la famille, dans la Haute-Marne. Là, les Joinville existaient depuis les croisades : simple baronnie à l'origine, leur fief avait été transformé en principauté par Henri II en faveur de François de Guise. D'autres hommes illustres se retrouvent dans les noms de ville : Descartes a supplanté La Haye-Descartes, son village de naissance dans l'Indre-et-Loire. Dans l'Eure survit un La Haye-Malherbe et dans le Gard un Logrian-Florian qui emprunte son nom au grand fabuliste.

Parfois, un site a la chance de sauvegarder la mémoire du fondateur d'une richesse locale. Sans l'activité du duc Decazes, il n'y aurait pas eu d'exploitation minière à Decazeville. La commune de Levallois-Perret tire son nom du hameau de Champerret arraché à Neuilly et du propriétaire des terrains, Nicolas Eugène Levallois, qui fonda un village industriel en 1845.

Le banquier Laffitte eut également l'immodestie de donner son nom au village de Maisons-Laffitte dans les Yvelines, où il occupait, en 1830, un impressionnant château construit jadis par François Mansart pour un président à mortier du Parlement de Paris, René de Longueil. Le roi Louis XIV en avait fait son surintendant des finances et n'avait jamais trop de bonté pour cet homme habile qui fit ériger sa terre en marquisat. L'érection du château était le signe de sa glorieuse réussite.

Le lieu s'appelait Maisons. Il était entouré d'un immense parc de domaines ruraux dont les paysans habitaient un hameau. La superbe demeure dont la façade ouvrait sur la Seine ne devait pas rester longtemps dans la propriété des Longueil. Souvent fortune varie et, si le petit-fils du président à mortier était encore un académicien distingué qui recevait Voltaire à Maisons, le comte d'Artois, frère de Louis XVI, en fit l'acquisition en 1777. Le prince aimait le plaisir ; il avait construit le pavillon de Bagatelle avec son inscription libertine « *Parva, sed apta* ». Il voulut humaniser la grande bâtisse de Mansart et faire construire des espaces où les jolies femmes pussent montrer leurs épaules sans trembler de froid. Hélas ! plus d'une laissa sa tête place de la Révolution et les travaux de Monseigneur le comte d'Artois à Maisons furent inachevés. Lannes racheta le bien national en 1804, reprit les travaux, planta dans le parc des peupliers qui figuraient la disposition de ses régiments à la bataille de Montebello. Lannes n'était pas un homme d'affaires et de placements, comme Soult ou Masséna. Sa veuve, dépourvue de ressources, se hâta de vendre Maisons à un banquier du nom de Laffitte qui s'était beaucoup enrichi en spéculant sous l'Empire, pendant que les maréchaux couraient les batailles. Jacques Laffitte en fit un foyer d'opposition aux derniers Bourbons, y reçut le député Manuel et Paul-Louis Courier, le furieux pamphlétaire anticlérical. Arago, Béranger et Thiers y préparaient la révolution de 1830. Elle fut fatale à Laffitte qui fut ruiné après avoir été à la tête d'un bref gouvernement. Il avait vendu les écuries de Mansart et alloti le parc. Le château menaçait ruine quand l'État le restaura au début du XXe siècle. Le champ de courses restait intact. On y fit longtemps courir les lévriers.

Le village, devenu ville-dortoir, le parc divisé en lotissements gardent le souvenir du généreux banquier qui tenta de faire oublier dans la dernière partie de sa vie les moyens rapides par lesquels il était arrivé à la fortune. D'autres n'ont pas connu la ruine, mais au contraire l'aisance, parce qu'ils fondaient des villes modestes, voire des villages de toile comme ce Monsieur Malo, armateur de Dunkerque et créateur de la plage de Malo-les-Bains. En 1870, le lieu s'appelait simplement Malo-Plage, comme un autre armateur, Bray, avait créé Bray-Dunes. C'était la mode de l'époque. Plutôt que de fonder des hôpitaux ou des crèches comme on l'avait beaucoup fait sous le Second Empire, les riches croyaient à l'air pur et aux loisirs ; en avance sur leur temps, ils installaient sur les plages des files de tentes bariolées qui sollicitaient les baigneurs. En 1870, même dans les mers chaudes du sud, les baigneuses étaient encore rares.

Il n'importe : la mode était lancée. Un tour de France des plages se mettait en place, qui allait triompher au XXe siècle. Il est vrai que les promoteurs auraient rarement l'indiscrétion d'ajouter leurs noms aux files de tentes et de pins-parasols, restant le plus souvent dans un fructueux anonymat. Les bénéficiaires du système industriel ont rarement eu la tranquille assurance des hauts serviteurs devenus marquis ou princes par la grâce de Louis XIV et qui n'hésitaient pas à étaler leur gloire en donnant leurs noms à d'humbles bourgades, comme s'ils dussent en faire autant de Mecques de la réussite sociale.

CHAPITRE 6

Saints de garde et de sauvegarde

LES SAINTS baptisent les chapelles, les églises, les couvents, les monastères, les cimetières, les hameaux, les villages et les villes. Ils sont omniprésents, partout tutélaires, comme si la vie au Moyen Âge ne pouvait se passer de leur continuelle intercession. Le moindre carrefour est placé sous leur garde, afin qu'ils en éloignent le mal et le Malin. Ils patronnent les villes, les professions, les pays, les activités des hommes, ils édifient la masse des chrétiens parce que leur vie de martyrs et de faiseurs de miracles parle au cœur et à l'imaginaire. La statuaire et la peinture ne cessent d'évoquer, dans les termes les plus naïfs, les chroniques locales des saints, que l'on voit monter au paradis en déployant, comme devant les forteresses, des échelles de bois. Ils attellent des loups à leurs charrettes, parlent aux oiseaux, éloignent les corbeaux ou les faucons. Ils soignent les blessés et parfois les guérissent miraculeusement, chassent les démons des villages où ils sèment le trouble : leurs ossements ou le moindre objet qu'ils ont touché prend valeur de sacré. On en fait trafic, avec frénésie. Les villages dotés des plus sûres reliques, celles qui font pleuvoir en été et guérissent de la peste et de la lèpre, sont l'objet de pèlerinages. Les saints et la Vierge ne sont pas seulement les indispensables intercesseurs, ils sont présents dans la vie quotidienne, pour aider les hommes dans leurs mille et une épreuves, ils sont derrière chaque geste, chaque voyage, chaque cérémonie de la vie civile. On ne peut se passer des saints.

Il ne faut pas s'étonner de leur importance dans la

toponymie. On compte dans les noms de villes et de villages des valeurs sûres, les saints apôtres, ceux qui ont accompagné le Christ dans sa Passion et qui ont répandu sa parole dans toute la Chrétienté. Les saints martyrs de l'Église, qui peuvent être des papes, des archevêques et des évêques, des patriarches mais aussi des civils versés dans la sainteté, des rois et des princes, des ministres ou des hauts dignitaires. Les saints importants viennent d'Orient par un cheminement parfois légendaire, où les reliques accomplissent de curieuses escales. Ces grands saints universels sont partout recherchés.

Pourtant ils subissent la concurrence des spécialistes, les saints qui soignent la gale ou les maux de dents, ceux qui assistent les femmes enceintes (comme en Bretagne sainte Catherine) et rendent fécondes les femmes stériles. Ces saints hospitaliers préviennent ou soignent les maladies. Ils sont précieux et peuvent même préserver les troupeaux des épidémies qui les déciment périodiquement. On comprend qu'ils ne soient pas les mêmes selon les régions, que leurs attributions varient et qu'ils se rapprochent des saints locaux qui sont souvent les seuls à obtenir les faveurs des villageois : d'où le très grand nombre de noms de saints obscurs, souvent inconnus, mais qui comptent beaucoup dans la foi des terroirs.

Le martyre rend les saints exemplaires et répand la foi, grâce au récit de leurs souffrances. On accueille les étrangers, dont les exploits mystiques fascinent. On éprouve souvent quelque tendresse pour les saints militaires : Maurice, Martin, dont le martyre évoque la présence oppressive de l'Empire romain. Les saints de la légion thébaine sont représentés. On distingue les grands martyrs universels — saint Sébastien percé de flèches ou saint Laurent sur le gril — des martyrs locaux dont on connaît la chronique. Les saints bretons sont intarissables et racontent clairement leur géhenne. Les auvergnats ne sont pas moins parlants. Chaque région connaît des types de récits presque interchangeables, sur des thèmes communs.

Une autre catégorie de saints affiche des fonctions précises : les saints papes, les saints évêques s'opposent aux curés, aux diacres obscurs, aux abbés et aux abbesses ainsi qu'aux saintes locales, simples vierges et martyres adorées dans les villages. On compte même des veuves de saints hommes qui ont été elles-mêmes sanctifiées. Les saints évêques peuvent être des étrangers, des ermites fameux pour leur aptitude à souffrir de toutes les frustrations. Honorés sont aussi les saints fondateurs d'ordres monastiques ou d'établissements religieux. Ils ont été béatifiés sans subir le martyre, pour l'excellence de leur foi chrétienne. Tous sont présents dans les noms de lieux.

Les saints évangélisateurs, qui ont aboli les idoles païennes, sont adorés dans les régions où ils ont exercé, mais inspirent parfois des dédicaces très loin des lieux où ils se sont fait connaître. Les parlers locaux déforment d'ailleurs les noms de saints, de Geours à Georges, de Père à Pierre...

Les installations religieuses donnent souvent leur nom aux villages en dehors des saints. Les mots de monastères, de couvents, d'abbayes, d'ermitages, de retraites ou d'hôpitaux sont largement représentés. Naturellement, les églises et les chapelles ont la plus belle part. On reconnaît leur présence dans les noms composés. Mais les lieux de retraite des ermites et des moines sont sans doute les plus fréquemment utilisés, car ils entraînaient paradoxalement des déplacements de populations et des créations de villages. Les moines ont pris la tête des défrichements, des premières tentatives d'exploitations minières et métallurgiques. Il est normal qu'on retrouve leurs noms dans les lieux. On peut aussi reconnaître dans le pays la chaîne des établissements de certains ordres fort représentés comme les Templiers, les Hospitaliers ou les Bénédictins.

Il reste que le territoire français a fait le plus large accueil à un petit nombre de saints, qui étaient pourvus de vertus particulières et suscitaient un culte fervent. Outre la Vierge

Marie, très souvent signalée, saint Martin et saint Denis couvrent un grand nombre de paroisses. Ils sont les saints universels de la Gaule romaine devenue barbare, qui se cherche des protections dans l'au-delà. Saint Georges et saint Germain sont aussi très présents comme saint Maurice et saint Michel. Catherine, Anne, Marie, Madeleine et Marguerite, Hélène et Sabine sont également offertes à la foi des paroissiens. La géographie des saints couvre tous les terroirs, comme si l'Église catholique avait répandu sur les campagnes un filet serré de chroniques, de légendes, de récits fabuleux de vies exemplaires, afin d'extirper des campagnes toutes traces de paganisme et les superstitions des temps anciens : les cultes aux grottes, aux rivières et aux vents qui subsistaient encore dans la Gaule chevelue.

Des noms sans religion

La réussite est-elle totale ? La permanence d'un grand nombre de divinités païennes dans la toponymie semble inciter à la prudence. Tous les noms de lieux, à l'évidence, n'ont pas été débarrassés du Malin.

Les croyances très anciennes, antérieures aux Celtes, contemporaines de la civilisation des menhirs et des dolmens, sont évoquées au moins dans un lieu : Carnac, dans le Morbihan. Les géants de Carnac, où l'on voulut voir après la conquête romaine les alignements de soldats de César changés en statues de pierre par quelque maléfice des druides, sont sans doute des monuments religieux dont on n'a pas su préciser la fonction. Il est clair que pour mettre en place des blocs de ce poids, plusieurs milliers d'hommes ont été nécessaires, travaillant selon des techniques établies. Carnac vient du préceltique *karn* : le tas de pierres. Le celtique *cairn* ou le breton *karn* ne sont pas plus explicites. Le tas peut marquer un tumulus ou désigner un lieu sacré. On ne peut en dire plus. Mais il est clair que le nom n'a pas été débaptisé et que les chasseurs d'idoles ont admis la subsistance d'une toponymie vieille de quatre millénaires avant le Christ, d'autant plus facilement que ni les Gaulois ni les Romains ne rendaient aucun culte aux pierres alignées. Ailleurs, les menhirs n'ont pas empêché de distribuer des toponymes de facture chrétienne. Locmariaquer offre aux touristes le « grand dolmen » de la « table des marchands ». On peut voir des centaines de mégalithes dans les environs. Mais le bourg se regroupe à l'entrée du golfe du Morbihan autour de sa gracieuse église romane. Son nom signifie : lieu (*loc*) où l'on a construit un village (*ker*) en l'honneur de la Vierge Marie. S'il y avait ici des lieux de culte préceltiques, ils ont disparu pour céder la place à la mère de Dieu qui remplaçait sans doute la « grande mère » adorée au temps des Celtes.

Certains villages ont conservé le nom des dieux gaulois, sans chercher à les travestir en saints chrétiens. Balesmes dans l'Indre-et-Loire, Beleymas dans la Dordogne, Bellême dans l'Orne, Blesmes dans l'Aisne et Blismes dans la Nièvre ont oublié que leurs habitants rendaient jadis un culte à la déesse Belisama. Ce culte était fort répandu dans les campagnes du centre, de l'ouest et du nord. Les Romains, comprenant l'importance de cette déesse, l'avaient assimilée à Minerve. Ils la confondaient avec Menerba ou Minerva dans leur Provincia de la Gaule méditerranéenne : Ménerbes dans le Vaucluse répond à Minerve dans l'Hérault.

D'autres dieux ont été ainsi romanisés : c'est le cas de Belenos, le dieu gaulois en qui les Romains ont vu Apollon. On trouve sa trace dans le nom de Baulne-en-Brie dans l'Aisne, Beaune en Bourgogne et Beaune-la-Rolande dans le Loiret. Belenos était l'un des dieux les plus populaires chez les Gaulois. Il se manifeste de cent manières : dans la Marne il est devenu Beaunay fondé en 1222 sur un lieu-dit où l'on célébrait sans doute Belenos. Il est aussi présent sous ce nom dans la Seine-Maritime. Il est encore là à Belan-sur-Ource en Bourgogne, non loin de Beaune qui, au temps des Gaulois, faisait figure de métropole. Sans doute, les druides y cueillaient-ils le gui comme à Brouthières dans la Haute-Marne où les « bruts » (les bourgeons) évoquent la plante magique.

Les dieux des grottes et des eaux n'ont nullement abandonné la place. La ville romaine de Néris-les-Bains s'appelait au temps de Néron Aquae Neriae du nom du dieu Nérius bien antérieur à Jules César. Bormo est un dieu gaulois des eaux chaudes, quasi miraculeuses, que l'on trouve dans le centre de la Gaule et dont Bormes, dans le Var, garde le souvenir. On retrouve une « source sacrée » dans le mot gaulois qui a donné Cahors. Chaudefonds, Chaudefontaine et Chaudes-Aigues, dans le Cantal, sont la traduction littérale du latin. Ces sources d'où l'eau jaillit à 90 degrés ont été exploitées dès les temps très anciens par des établissements de bains. Périgueux a pris au IVe siècle, comme la plupart des grandes villes, le nom de la tribu gauloise de son territoire. Mais elle s'appelait autrefois Vesunna, une déesse gauloise qui sortait nue d'une source sacrée. Les chrétiens n'ont exercé aucune censure, on a oublié la déesse. On ne sait quelle divinité se cache derrière *Divodurum* (la citadelle divine) qui a donné Jouars-Pontchartrain. Et l'on ne connaît guère la vie légendaire du dieu gaulois Leucetio qui est à l'origine du village de Lauzès dans le Lot.

Les bois sacrés sont nombreux à être honorés dans les noms de lieux, selon la tradition gauloise : Luc, Le Luc, Lux en Côte-d'Or, Lucq-de-Béarn ou Luc-sur-Mer en Normandie grouillent de pins consacrés à Apollon ou au dieu Lug présent dans Lugdunum, l'ancien nom de Lyon. Athéna ou Artémis — et non Apollon — étaient adorées à Nikê (Nice) comme à Marseille, et Vénus à Port-Vendres. Le dieu de Tart-le-Haut en Bourgogne, comme celui de

Tart-le-Bas, peut-être même de Tart-l'Abbaye était le dieu taureau Tarvos, bien connu des éleveurs gaulois. La Tutela de Tulle était-elle une divinité romaine ou celtique ? Le dieu contenu dans le beau nom du village de Vertus dans la Marne est assurément gaulois, même s'il fut plus tard assimilé à Apollon. On l'adorait sous le nom de Virotutes.

Les Romains vouaient, comme les Gaulois, un culte aux nymphes des eaux. Ils avaient ouvert des stations balnéaires sur chaque jaillissement d'eau chaude. On trouve des bains romains à Bagneaux dans l'Yonne, à Bagneux et Bagnolet dans la Seine. À Baigneux-les-Juifs en Bourgogne et à Banyuls-sur-Mer en Catalogne. Bain-de-Bretagne dans l'Ille-et-Vilaine est aussi romain que Bagnères-de-Bigorre ou Bagnères-de-Luchon. On a pris la peine de rendre hommage, dans cette dernière ville, à la déesse basque des sources : Ilixone.

Jupiter, le père des dieux, semble jouir en Gaule d'une popularité durable puisque l'on retrouve son nom en plusieurs lieux. Fanjeaux, dans l'Aude, évoque un *fanum* Jovis, un temple de Jupiter comme Giou-de-Mamou dans le Cantal et Gioux dans la Creuse. Ici était adoré le Dieu. On le retrouve, loin dans le Nord, à Jeumont, sur la frontière belge et à Jouy-en-Argonne sur la Meuse. Ce mont Jouy est en fait un *mons* Jovis, une montagne de Jupiter, encore présent dans le Cantal à Jou-sous-Monjou. Juville, dans la Moselle, est transcrite sous ce nom par les moines du XIIIe siècle sur des documents où, manifestement, la présence de Jupiter ne gêne pas. Les moines sont plus indifférents qu'ignorants.

Neptune, et non Zeus, est adoré dans le Puy-de-Dôme à Landogne, et Latone, la déesse lune des Romains, à Lannes dans la Haute-Marne, Losne et Saint-Jean-de-Losne en Bourgogne. Dans cette dernière ville, l'ancienne et la nouvelle toponymie faisaient bon ménage. Saint Jean endossait le sanctuaire de Latone très connu dans la ville antique. À Templemars, dans le Nord, on brandit le dieu Mars comme un drapeau. Si l'on a oublié le culte d'Auguste et de Rome à Troyes (qui s'appelait Augustobona), c'est parce que l'évêque a imposé au IVe siècle le nom de la cité des Tricasses qui sont devenus les Troyens.

La moisson de cultes celtiques, gaulois et romains est donc particulièrement riche en France. On ne peut dire que les changements de noms de lieux aient balayé tout souvenir des cultes anciens. Sans doute ont-ils été jugés inoffensifs dans les hameaux du Cantal, de Bourgogne ou de la Corrèze où on les retrouve le plus souvent. Les populations de ces *pagi* étaient-elles rebelles à toute évolution des croyances ? Leur laissait-on, par dérision les noms de Jupiter et de Belenos ? On ne peut que constater les survivances.

Les moines ne se reposent jamais

Dans la Gaule encore païenne, le clergé ne ménage pas ses efforts pour évangéliser les villages. Les apôtres venus d'Angleterre et d'Irlande parcourent les *plous* de Bretagne, les paroisses de l'ouest. Si les laïcs mettent la main sur les évêchés dont ils font des seigneuries, les moines donnent l'exemple de la pureté de mœurs et de l'activité militante. Géraud, grand seigneur d'Auvergne, fonde le monastère d'Aurillac au temps des Carolingiens et sa réputation de sainteté dépasse les frontières de la région. Il en est de même de Guillaume, comte de Mâcon et duc d'Aquitaine, responsable de la marche (marquis) de Gothie. Son ancêtre, qui s'appelait aussi Guillaume, avait participé à la défense du sud de la Gaule contre les raids musulmans. Il avait fondé le monastère de Gellone dans le diocèse de Lodève.

Guillaume le Pieux, suivant cet exemple, consacre un monastère du Mâconnais aux apôtres Pierre et Paul en septembre 911. Une série d'abbés remarquables fait prospérer cet ordre de Cluny : ils s'appellent Bern, Odon, Aymard et Mayeul, qui fut enlevé et rançonné par les Sarrasins. Des moines essaiment de Cluny, fondant des monastères en France et en Allemagne ; le mouvement est lancé, et repris par Gérard, un seigneur du Namurois, qui ouvre le monastère de Broigne. Saint-Bénigne de Dijon est réformé par les clunisiens qui ouvrent un autre établissement à Fleury, devenu Saint-Benoît-sur-Loire. Mainard réforme la Normandie pendant que Richard, abbé de Saint-Vanne-de-Verdun s'attaque à la Lorraine.

Le mouvement monastique ne connaît pas de répit. Il va se poursuivre, avec des hauts et des bas, jusqu'au XIIIe siècle où les moines défricheurs s'attaquent aux déserts français pour y fonder des villes de colonat. Un mouvement de cet ampleur ne pouvait manquer de laisser des traces nombreuses dans les noms de lieux.

L'abbaye fondée par Herlevin a marqué le village du Bec-Hellouin, dans l'Eure. Il était le premier abbé de cet établissement fondé en 1024. Dans la Loire, La Bénisson-Dieu, fondée en 1138, est assurément le siège d'une fondation religieuse. Une abbaye de cisterciens, créée en 1133, porte le nom de Béthanie, proche du mont des Oliviers, lieu du martyre du Christ ; c'est Bithaine-et-le-Val en Bourgogne. La Chaise-Dieu, en Haute-Loire, est un établissement religieux dont les fresques consacrées à la danse macabre sont justement célèbres. Les noms de Celle, Chelle ou La Celle désignent des ermitages ou des monastères. Celle-Lévescault, dans la Vienne, établit une dépendance des moines par rapport à l'évêque.

On sait que le roi mérovingien Childebert a fondé dans le Var le monastère de La Celle et qu'un prieuré clunisien a donné son nom à La Charité-sur-Loire dans la Nièvre.

Les couvents de femmes sont parfois nommément désignés : Chatte, dans l'Isère, viendrait du latin *casta* : le lieu enfermerait des femmes consacrées à Dieu. Pourquoi Conques, dans l'Aveyron, a-t-elle abandonné son nom de Castellio pour évoquer la coquille ? Est-ce pour indiquer qu'elle était sur le parcours des pèlerins de Saint-Jacques-de-Compostelle, connus sous le nom de coquillards ? Ou parce que l'abbaye était construite dans une vallée en forme de conque ?

Les noms commençant par Don (*dominus* ou *domina*) désignent de saints lieux ou de saintes personnes qui ont consacré des établissements religieux. Dammarie désigne la Vierge, parfois Marie-Madeleine. Les Dompierre et Dampierre, Dammartin, Dommartin : saint Pierre et saint Martin, apôtre venu de Tours, au nom de qui ont lieu les fondations. Dampjoux, dans le Doubs, est consacré à saint Georges. Une abbaye de Prémontrés, fondée au XIIe siècle, a donné son nom à Dilo dans l'Yonne et le monastère de Saint-Tutuarn à Douarnenez.

Site magique pour les Bretons. Un ermite Tutuarn avait construit sa cabane sur l'île Tristan. La ville d'Is était protégée de la mer par une digue dont les écluses s'ouvraient à marée basse pour évacuer les eaux de l'intérieur. Les portes de la mer étaient fermées par des clés d'or possédées par le roi Gradlon. Sa fille Dahud, fort dissolue, n'écoutait pas les conseils de sagesse que lui prodiguait saint Guennolé qui venait de Landévennec. Elle se laissa séduire par le Diable, sous l'apparence d'un beau jeune homme qui lui fit voler la clé dans le coffret du roi Gradlon. Ainsi, les portes de la ville furent ouvertes, et la mer engloutit les habitants. Pour s'enfuir, le roi Gradlon, guidé par saint Guennolé, dut se séparer de sa fille qui fut engloutie avec la ville d'Is. On assure qu'elle survit dans un autre monde et que les pêcheurs de Douarnenez aperçoivent, dans les fonds, les pans de murs de la cité enfouie.

Une autre légende berce la fondation du monastère de Faremoutiers dans la Brie. Dans ce village situé au confluent du Grand-Morin et de l'Aubétin, sur le plateau riche en blé, saint Colomban, apôtre des Gaules, était rentré d'Irlande où il avait trouvé refuge pour fuir la reine Brunehilde et le roi Théodoric qui l'empêchaient d'accomplir son ministère. Il avait, à son retour, converti au christianisme, en ce début du VIIe siècle, plusieurs chefs francs dont le rude seigneur Hanrik. Sa fille, une enfant de dix ans, fut séduite par le verbe de l'apôtre. Cette jeune Fare se montra d'une extraordinaire précocité dans la foi. Abandonnant son père et ses projets de riche mariage, elle se retira dans un lieu désert alors appelé Eboroac. Des ermites des deux sexes vinrent la rejoindre pour se consacrer à Dieu dans le monastère qui porte son nom : Faremoutiers. D'autres enfants de chefs francs, Ouen et Adam, imitèrent Fare et fondèrent aux alentours l'établissement de Rebais. L'abbaye de Faremoutiers fournit des moines en grand nombre. L'abbesse de Jouarre sortait de la maison de saint Colomban. Au IXe siècle, une fille de Charlemagne était à la tête de l'établissement qui reçut d'importantes donations. L'abbaye réformée était alors entièrement consacrée aux femmes.

Très souvent, le mot breton *lan* désigne un territoire sacré ou consacré par la présence d'un saint. Il peut y avoir fondé une église, une abbaye ou un monastère. À Landévennec, saint Guennolé (en breton ancien *Tewenneg*) aurait débarqué d'Angleterre, avec un groupe de moines, dans cette anse bénie par les dieux et le Gulf Stream, à l'embouchure de l'Aulne où poussent les palmiers. Gradlon, le roi de Quimper, aurait fait don aux moines de cette terre où Guennolé fonda une abbaye qui fut longtemps prospère mais que les Normands pillèrent en 913. Les moines s'enfuirent pour trouver refuge à Montreuil. Plus tard, l'abbé Jean reconstruisit l'abbaye bretonne qui fut dans l'histoire maintes fois ruinée et rebâtie.

Dans toutes les provinces, on trouve des traces des monastères dans les noms de lieux. À Guéret, dans la Creuse, les moines se fixèrent en 669 dans un guéret. Les Lieusaint (Manche) et les Lieudieu indiquent des abbayes fondées au XIIe siècle. Les fondations étaient particulièrement nombreuses autour de Limoges que l'on appelait au XVIIe siècle la « ville aux prêtres ». Elle ne portait pourtant pas un nom pieux : Augustoritum (le gué de l'empereur Auguste sur la Vienne). Saint Martial, qui avait fondé un évêché dans la ville, trouvait plus convenable de lui donner, à la mode gauloise d'alors, le nom du peuple, des Lemovices qui l'habitait. De même, Le Mans, origine de nombreuses fondations, était-il seulement la capitale des Cenomanni.

Montmartre, le village parisien, était le mont des martyrs. Saint Denis, saint Rustique et saint Éleuthère auraient été décapités sur la colline de Montmartre ; Denis, le premier évêque de Paris, aurait pris sa tête dans ses mains après son supplice (vers 250 après Jésus-Christ). Quelque quatre siècles plus tard, vers 627, près de la basilique qui contenait les restes du saint et de ses compagnons, le roi Dagobert, inspiré par saint Éloi son ministre, fit construire un monastère où furent transférées, dans l'abbatiale, les reliques du saint. Les rois de France prirent l'habitude de s'y faire enterrer car Denis était leur saint tutélaire. Dagobert avait déclaré la colline de Montmartre lieu d'asile. Au XIIe siècle, les moines de Saint-Martin-des-Champs y fondèrent un prieuré de l'ordre de Cluny. En 1133, le village appartenait au seigneur de Montmorency. Il le céda au roi Louis le Gros et à la reine Adélaïde qui établirent, sur les pentes sacrées, une abbaye de religieuses de l'ordre de Saint-Benoît. Dans la chapelle du Martyre, à Montmartre, Ignace de Loyola, au XVIe siècle, fit vœu de pauvreté et de fidélité à l'Église : le premier acte d'un processus qui devait conduire à la création de l'ordre des Jésuites. Montmartre est ainsi la colline sacrée de la capitale.

Montreuil est un autre village marqué par le destin. Son nom signifie couvent (*monasterium*). Un petit monastère y avait été construit, qui devait être rapidement ruiné. Les maraîchers s'étaient vite emparés des biens des abbés pour y cultiver les pêches, qui valurent au village de s'appeler Montreuil-les-Pêches. Un monastère avait été créé aussi à

Montreuil, petite ville du Pas-de-Calais dominée par un fort depuis le Vᵉ siècle. Les Ménétrol et les Ménetreuil ont également été choisis par les moines comme saints lieux de méditations. Ils étaient aussi présents à Menetou-sur-Nahon dans l'Indre et à Menetou-Couture dans le Cher. Le Monastère dans l'Aveyron est un nom transparent. On compte par dizaines les Moustier, Moutiers et Monestier qui sont des lieux d'implantation de couvents. On trouve la même racine dans Noirmoutier, rocher granitique recouvert de sable dans l'océan Atlantique et séparé du continent par un bras de mer guéable à marée basse : lieu d'implantation idéal pour un couvent. L'île aux plantes rares, à la cynoglosse à feuille de lion, dont les côtes regorgent de crustacés, dont les prés salés engraissent les agneaux et dont les jardins offrent aux moines les meilleures fèves de l'ouest, ne pouvait manquer d'être élue.

L'abbé résidait au château. Saint Philibert ou Fulbert y avait créé l'abbaye. Une abbaye noire : *nigrum monasterium*, parce que les religieux étaient des bénédictins vêtus de noir. Jadis, les prêtresses sacrées cueillaient dans les chênes le gui des druides. Pour Strabon, elles étaient des bacchantes déchaînées et les marins se précipitaient à leur rencontre. Les Normands débarquèrent, sans doute attirés par les bacchantes, et mirent le feu à l'abbaye en 830. Plus d'abbés, mais des soldats : la guerre sur mer pour la conquête de l'ouest était commencé. Un La Trémoille fut nommé baron, puis marquis (1584) ; un autre, duc et pair (1650). Les Anglais, les Hollandais étaient aussi pillards que jadis les Normands. L'heure n'était plus à patenôtre, mais au feu du mousquet ou du canon. Le monastère ne subsistait que dans le nom du lieu.

Où sont les nonnains de Nonancourt en Normandie ? Y avait-il des nonnes dans la Nonette d'Auvergne ? Sans doute pas. À coup sûr, les pucelles pouvaient prononcer leurs vœux, si elles étaient déçues par leurs soupirants à Puellemontier en Haute-Marne : les garçons pouvaient, s'ils étaient las du monde, se retirer dans les Vosges au monastère de saint Romaric, à Remiremont. Ils étaient sûrs de n'y rencontrer personne, pas plus qu'au couvent de Semoutiers-Montsaon, dans les vents glacés des plateaux de Haute-Marne. Les religieuses de Saint-Paul-de-Verdun trouvaient la paix à Vanault-les-Dames dans la Marne. Elles accueillaient les jeunes filles en Normandie dans La Ville-aux-Nonains, La Ville-ès-Nonais en Bretagne.

Les moines se faisaient rares au « vieux » monastère de Viricelles dans la Loire.

Mais les couventicules, les ermitages, les petits lieux de culte étaient innombrables, où chacun pouvait se recueillir dans la nature silencieuse. Le bon saint Lhomer, un parfait inconnu, s'était bâti lui-même un oratoire à Belhomert-Guéhouville dans l'Eure-et-Loir. Hermeaux était un ermitage dans le désert des monts d'Auvergne. Au Loreur, au Loroux dans l'ouest, à Louroux-Bourbonnais dans l'Allier, on peut prier Dieu sans être dérangé comme à Lourdoueix-Saint-Pierre dans la Creuse. Mais les meilleurs oratoires, où sont construits des bâtiments solides, sont Oradour-sur-Glane ou sur-Vayres, en Limousin, ainsi que la gamme des Ozoir-la-Ferrière, Ozouer-le-Repos, Ouroux. Ozoir-la-Ferrière en Seine-et-Marne, qui accueillit tant de Russes après la révolution de 1917 qu'il fallut y construire une église orthodoxe, était célèbre au Moyen Âge pour son oratoire, dans les grands bois d'Armainvilliers.

Villages pieux

Le charmant oratoire de Consolation-Maisonnettes a été consacré par François de La Palud dans le Jura à la fin du Moyen Âge. Un lieu de culte désert peut devenir un couvent : les Minimes s'y sont installées au temps de

Louis XIV. Quelquefois, les ermitages sont connus des malandrins et des fugitifs, poursuivis par le roi ou les princes pour des raisons politiques. Ces lieux d'asile ne sont pas rares ; on les appelle La Salvetat ou La Sauvetat. Ils existent dans le sud-ouest et le Massif central, les bords de Loire (Saint-Martin-la-Sauveté) ou les Pyrénées. On peut également demander asile aux Sauveterre (de Béarn, de Guyenne...), très nombreuses en Gascogne et en Aquitaine. L'ordre militaire des Templiers peut fournir du secours. Ses établissements sont nombreux en France : Le Croisty, dans le Morbihan, est une de leurs fondations.

L'ordre du Temple est essentiellement installé sur la façade atlantique, le sud-ouest, la Bretagne et la vallée de la Loire. Il avait été fondé par Hugues de Payns, Geoffroy de Saint-Omer et quelques autres chevaliers, en 1118, pour assurer la sûreté des routes conduisant en Terre sainte. Les moines possédaient à Jérusalem un palais attenant au temple de Salomon, d'où ils avaient tiré leur nom. Les templiers devaient assister à la messe trois fois par semaine, faire abstinence, consentir des aumônes et prêter le serment d'offrir leur vie au Seigneur, pour toutes les missions que le grand maître de l'ordre leur confierait. Ils portaient pardessus leur armure un manteau blanc de laine, orné d'une croix latine rouge. Des dons et legs considérables leur permettaient de s'armer et de nourrir, en Orient, la bataille contre l'Infidèle. En France, ils possédaient des biens immenses : le Temple de Paris, forteresse imprenable, comprenait le tiers de la ville dans son enceinte. Au XIIIe siècle, l'ordre possédait neuf mille manoirs dans la Chrétienté. Il était inévitable que de nombreux noms de village conservent le souvenir de son ancienne puissance.

Les églises étaient connues surtout pour les châsses précieuses qu'elles possédaient, préservant les reliques des saints. Le nom de Capelle, La Capelle ou La Chapelle, désigne ainsi les lieux de culte particulier, qui suscitent des pèlerinages. Un morceau du manteau, de la chape de saint Martin est conservé dans une « chapelle » de l'église de Tours. De petites églises ou chapelles sont ainsi bâties pour honorer les reliques des saints. C'est le cas de La Capelle dans l'Aisne. Les églises ne se bâtissent pas en un jour. Elles n'existent d'abord que dans les capitales des cités, où elles sont construites en bois, puis en pierre quand le caractère sacré du lieu et les reliques des saints ont attiré des dons et des legs. Pour les Romains, la basilique était un marché. Elle devient un lieu du culte quand elle est consacrée. On retrouve alors son nom dans les nombreux Bazoches, La Bazoque, Bazaiges. La maison des dernières cartouches de la guerre de 1870, Bazeilles, dans les Ardennes, tout près de Sedan, avait une basilique.

Souvent le bourg est assez riche, assez pieux pour s'offrir deux églises. On le signale alors : Colombey-les-Deux-Églises ou Boullay-les-Deux-Églises dans l'Eure-et-Loir. On souligne la beauté du bâtiment en pierre surmonté d'un clocher dans Belle-Église, petit village de l'Oise, à moins que cette église n'ait été construite grâce aux efforts d'un seigneur du nom de Bérin comme l'affirment les philologues.

Les diminutifs indiquent qu'une église a été bâtie et qu'on peut y venir prier. Dans le nord, les noms se terminent en *kerke* comme Coudekerque, ou Dunkerque qui signifie l'église des dunes. Dans l'est, on use du suffixe ou du préfixe *kirche* à Kirchberg (Haut-Rhin), à Kerprich-lès-Dieuze ou Kerprich-aux-Bois dans la Moselle, ou encore Kirchheim dans le Bas-Rhin qui veut dire : église de village.

En Bretagne, les *lan* indiquent le sanctuaire, église aussi bien que monastère. Celles de Landerneau sont célèbres : l'une, consacrée à saint Thomas, illustre dans la statuaire les vices que les Bretons doivent éviter : un porc attend le gourmand, un renard prêchant à des poules, vêtu en moine, condamne le mensonge. Un homme portant un sac le vol. La censure, sans doute aux temps modernes, a supprimé au burin le goupil habillé en moine. Mais les poules subsistent. On en rit dans Landerneau. Une autre église est consacrée à un respectable saint breton, Houardon, et la troisième à sir Thomas Becket, le malheureux archevêque de Canterbury, grand adversaire du roi Henri II Plantagenêt, assassiné dans sa cathédrale et sanctifié. Ce saint réformateur, qui s'opposait au pouvoir civil, a toutes les bonnes grâces des paroissiens de Landerneau. Nombreux sont les *lan* bretons, mais aucun n'est plus célèbre que celui de ce petit port fluvial où s'affirme dans les églises de pierre une foi populaire, ardente et exigeante.

Outre les *lan*, les Bretons ont les *plou* ou les *plé* qui signifient : lieu de culte où les prêtres peuvent baptiser, disposant d'un baptistère. Ces paroisses sont innombrables. Les églises y sont souvent précédées par des calvaires et entourées de cimetières aux riches décorations sculptées, avec une porte des morts parfois impressionnante, souvent gracile et avenante comme à Argol où le roi Gradlon, à cheval, semble promettre la vie éternelle aux trépassés. L'enclos paroissial de Pleyben, avec sa porte monumentale du XVIIIe siècle, offre aux paroissiens la plus riche des décorations religieuses : tout rappelle l'*ankou* (personnification de la mort), de la danse macabre à l'extérieur de l'église jusqu'aux bas-reliefs intérieurs, où des serpents rongent un cadavre, pendant que des personnages aux masques cornus ricanent. L'église avait, dit la chronique, trois cloches dont l'une s'est échappée : elle n'a pas été appelée au ciel. Des villageois jaloux de Lampual l'auraient dérobée, on la baptisait « la Catherine ». Mais les Bretons assurent que cette cloche facétieuse revient sonner une fois l'an, sans que personne puisse la retenir. Ces *plou* sont innombrables : au temps de l'immigration bretonne, ils abritaient des familles, des clans qui se regroupaient en terre étrangère, après la traversée de la Manche. Ils n'ont pas tardé à élever, à peine évangélisés, leurs églises de granit.

Très souvent le village prend le nom d'église, dans les provinces du centre. Un suffixe précise la géographie, ou donne des détails sur l'environnement comme dans L'Église-aux-Bois en Corrèze. Sainte-Mère-Église, dans la Manche, est un hommage à la Vierge. Souvent on ajoute « neuve » pour indiquer la création d'une paroisse rurale. C'est le cas d'Égliseneuve-d'Entraigues en Auvergne ou d'Église-Neuve-de-Vergt en Dordogne. Les curés plantent des croix sur le territoire de leur paroisse, par exemple pour s'y rendre chaque année en pèlerinage. Souvent, le lieu donne naissance à un hameau, désigné par sa croix. On compte en France, si l'on en croit Rostaing, plus de 150 lieux ainsi baptisés. Le mot Grâces, au sens d'actions de grâces ou de grâces spécialement obtenues peut passer dans la dénomination du bourg : ainsi La Grâce dans le Lot-et-Garonne.

Les Notre-Dame désignent un village consacré à la Vierge et sont généralement suivis du nom ancien du lieu. Par exemple, Notre-Dame-d'Aspres évoque Aspres et intervient après une grâce ou une dédicace particulière. On prie tout spécialement la Vierge en ce lieu. La dénomination n'est pas innocente : elle permet de mesurer, à certaines époques, le développement du culte marial sous l'influence du clergé. C'est à l'initiative des évêques que des noms sont ainsi modifiés, dans le but de répandre un culte nouveau, ou d'accentuer les caractères du culte ancien.

Si l'on considère les dates des changements, on s'aperçoit qu'une première vague de Notre-Dame apparaît très tôt, au VIIe siècle, et se prolonge, avec des interruptions, jusqu'au Xe : Notre-Dame-d'Oé dans l'Indre-et-Loire naît au IXe siècle.

Une deuxième vague suit l'an mille, comme Notre-Dame-du-Hamel dans l'Eure. Les fondations du XIe siècle sont nombreuses, plus encore celles des XIIIe et XIVe siècles.

Notre-Dame-d'Or, dans la Vienne, date du XIIIe siècle, le temps des cathédrales. La curieuse église de Notre-Dame-d'Épine dans l'Eure, sur la route de l'Argonne, est de 1230. Après le XIVe siècle, l'intervention de la Vierge dans la toponymie se poursuit, mais sans porter atteinte aux appellations anciennes : on lui consacre de nouvelles églises.

Saints guérisseurs

L'Église n'avait pas seulement mission de guider les âmes vers le ciel, elle assurait la survie des corps et fondait, grâce aux legs et aux dons, des hôpitaux dans les villes, ou des hospices comme à Beaune. Il arrivait que le lieu prît ainsi le nom de l'Hôpital. Un ordre particulier, celui des Hospitaliers, avait été créé pour s'occuper des voyageurs, des pèlerins et aussi des malades. Des maisons-Dieu et des hôtels-Dieu avaient été construits partout. En France, les hospitaliers de Saint-Antoine-du-Viennois dans le Dauphiné étaient aussi célèbres que ceux du Saint-Esprit à Montpellier. On connaissait aussi les hospitaliers du Grand-Saint-Bernard, chargés de secourir les voyageurs sur les routes des Alpes. Les lieux appelés L'Hôtellerie (en Normandie et dans le Maine-et-Loire) accueillaient les pèlerins mais dans L'Hôpital, on soignait. L'ordre de Saint-Jean possédait des établissements appelés L'Hospitalet dans les Alpes-de-Haute-Provence, les Pyrénées (L'Hospitalet-près-l'Andorre) ou le Massif central. Aide aux imprudents qui affrontaient les cols enneigés ? L'Hôpital-le-Grand et Hôpital dans l'Ain sont pleins de malades comme L'Hôpital-le-Mercier en Saône-et-Loire. Les Lespiteau sont des maisons religieuses situées le long des routes, destinées à accueillir le tout-venant qui demande de l'aide ou seulement un gîte.

On ne soigne pas la peste à l'hôpital. Les lépreux sont au contraire accueillis, isolés, condamnés à mourir ensemble : Levroux dans l'Indre est une léproserie comme les Maladières de Bourgogne et du Lyonnais, les Maladrerie du centre et de l'ouest : les lieux-dits rappelant d'anciennes léproseries sont légion. Si l'on n'enfermait pas les pesteux, on priait pour éloigner l'épidémie fatale, qui, au temps de la peste noire, décimait la France, au point de diviser la population par deux. Saint Roch, guérisseur de la peste, était vénéré partout. Il a donné son nom à des villages bretons et savoyards ainsi qu'à Saint-Roch-sur-Égrenne, dans l'Orne. Peut-être l'église de ce village abritait-elle quelques reliques du saint venu de Montpellier ? Elles valaient leur prix d'or. Les Vénitiens avaient organisé une expédition en 1425 (des spadassins déguisés en pèlerins) pour dérober le corps de saint Roch à Montpellier. Le doge, les sénateurs, le clergé et les représentants des corporations avaient accueilli triomphalement les reliques. On avait construit une église spéciale, San Rocco, pour les préserver.

Roch était né à Montpellier en 1295. Orphelin à vingt ans, il était parti en pèlerinage, à pied, pour l'Orient. L'Italie était en proie à la peste. Roch allait de ville en ville, soignant les malades sans crainte. À Plaisance, il serait mort s'il n'avait pris le parti de se retirer dans un lieu solitaire. Pris pour un espion par les Espagnols qui faisaient alors la guerre aux Aragonais d'Italie, il devait mourir en prison. Sa réputation était telle qu'il était partout invoqué dès que la peste menaçait : l'Église le canonisa. Il était honoré en tout lieu. Il avait son église dans nombre de grandes villes et souvent les villages jugeaient bon de prendre son nom, comme une assurance contre les fléaux du ciel.

Parmi les innombrables églises consacrées à Marie et dont les villages portaient le nom, beaucoup organisaient des processions, des prières, des pèlerinages en attribuant à la Vierge un pouvoir d'intercession. On bénissait en son nom les barques, et les marins la priaient avant de prendre le départ. Parmi les métiers dangereux, les mineurs avaient aussi un culte marial : Sainte-Marie-aux-Mines en témoigne. Privilège qu'elle partageait avec d'autres saints : Saint-Laurent-le-Minier, dans le Gard, ou Saint-Éloy-les-Mines dans le Puy-de-Dôme.

Les Saintes-Maries-de-la-Mer racontent une légende. La bourgade de Camargue, appelée au Moyen Âge Villo de la Mar, était bâtie, au débouché du Rhône de Saint-Ferréol dans la mer, sur un îlot déjà occupé par les Romains. Les comtes de Provence avaient encouragé le peuplement d'un lieu précieux, puisqu'il gardait la mer. La tradition voulait que Marie-Jacobé, sœur de la Vierge, Marie-Salomé, mère des apôtres Jacques et Jean, Marthe, Marie-Madeleine, Sara, la servante noire, Maximin et Lazare soient venus s'échouer sur cet îlot, venus d'Orient d'où ils avaient été chassés par la persécution que les Romains infligeaient aux chrétiens. Marie-Jacobé, Salomé et Sara y seraient mortes. Elles auraient été ensevelies dans un lieu secret de prière. Le roi René de Provence, en 1448, aurait découvert leurs reliques et les aurait confiées à l'église des Saintes-Maries. Un pèlerinage naquit, qui attira de plus en plus les gitans. Ceux-ci adorent tout particulièrement sainte Sara et donnent des fêtes en son honneur.

D'autres saintes sont invoquées : Barbe, par exemple, à cause d'une particularité de sa biographie. Cette jeune vierge fut décapitée à Nicomédie, en Orient, lors des persécutions de 235. Son père était hostile aux chrétiens et il avait accepté de sacrifier lui-même sa fille. Dès qu'il l'eut assassinée, la foudre tomba sur lui. Les paysans ont pris l'habitude d'invoquer sainte Barbe par temps d'orage, pour écarter le feu du ciel et protéger les récoltes. Tous les métiers manipulant la poudre invoquaient la petite sainte, des carriers aux mineurs et même aux artilleurs. La poudre tuait encore à la fin du XIXe siècle. Plusieurs cuirassés devaient sauter dans la rade de Toulon, victimes d'explosions de la poudre noire des canons au contact de l'air.

L'invocation de sainte Barbe se justifiait aussi dans la marine. La sainte a laissé son nom à Sainte-Barbe de la Moselle et Sainte-Barbe-sur-Gaillon de Normandie.

Éloi a d'autres spécialités : il n'intervient pas lors d'un danger précis, mais protège les métiers pacifiques, particulièrement ceux qui utilisent un marteau. On lui savait gré de ses miracles et surtout de son inépuisable charité. Cet homme simple, issu d'une chaumière du Limousin, avait appris le métier d'orfèvre à l'atelier monétaire de Limoges et son talent avait été remarqué par Bobbon, trésorier du roi Clotaire II. Éloi avait réussi à tirer d'une quantité d'or donnée au départ, non pas un, mais deux sièges d'or enrichis de pierreries. Il fit sa carrière auprès du roi en raison de cet exploit qui montrait à la fois son adresse et son honnêteté Dagobert lui confia des fonctions politiques et religieuses. Il fut ainsi évêque de Noyon sans avoir été ordonné prêtre (en 640). Il prêcha l'évangile dans les Flandres, chez les Frisons et sur les bords de la Baltique, incitant inlassablement les *pagani* à se détourner des dieux gaulois et romains, à abandonner Jupiter et Hercule. Il arrachait les talismans du cou des enfants, interdisait qu'on crie comme des loups pendant les éclipses. Il s'emportait quand il entendait les paysans invoquer le seigneur Soleil ou dame la Lune. Il avait créé en plein Paris un vaste monastère dont Sainte-Aure avait la direction et qui prit son nom au IXe siècle. Outre les mines, Éloi était adoré des tuiliers (Saint-Éloy-les-Tuileries dans la Corrèze), des glaciers (Saint-Éloy-de-la-Glacière dans le Puy-de-Dôme) et pour ses miracles ou ses vertus, peut-être aussi pour ses reliques dans toutes les régions françaises. Dans le nord, il est le patron des gens de cheval, qu'ils soient forgerons, bourreliers, carrossiers ou cultivateurs. À Douai, on chante dans les rues pour la messe de saint Éloi, le 1er décembre :

« Saint Éloi avait un fils qu'on appelait Auculi
Et quand saint Éloi forgeait, son fils Auculi soufflait. »

Le 30 novembre on chantait au patron, à qui l'on offrait des fleurs, la célèbre chanson *Saint Éloi n'est pas mort*. Le curé bénissait le lendemain les chevaux en les frappant au front du marteau à tête dorée de saint Éloi.

D'autres saints avaient des fonctions précises : Hubert, l'ancien évêque de Maastricht au VIIIe siècle, était le patron des chasseurs. Un village de la Moselle, Saint-Hubert, lui avait pris son nom, en raison de la réputation miraculeuse du saint. Il avait hérité de la légende d'Eustache à qui une croix était apparue dans les cornes d'un cerf. L'évêque avait évangélisé les Ardennes française et belge et ses reliques avaient été transférées au monastère d'Andage qui s'était appelé Saint-Hubert. On assurait que son étole guérissait de la rage. Le roi Louis le Débonnaire, qui avait transporté le corps du saint dans le monastère en 817, avait pris l'initiative d'un pèlerinage qui devait attirer rapidement les chasseurs autour du saint légendaire. Le 3 novembre, ils lui offraient la dixième partie de leurs chasses, ce qui réjouissait les moines.

Certaines saintes avaient joué dans l'histoire un rôle particulier qui les faisait adorer d'une ville ou d'une région. Ainsi Brigitte, qui a donné son nom à Sainte-Brigitte dans le Morbihan, était une jeune Bretonne devenue protectrice de l'Irlande. Cette Brigitte n'est pas parente de la sainte suédoise qui mourut à Rome au XIVe siècle. Elle s'était retirée en Irlande dans une cellule qu'elle avait elle-même construite sous un énorme chêne qui prit le nom de Kill-Dara (cellule du chêne). Des femmes étaient venues la rejoindre, touchées par sa piété. Elle les avait réunies en communauté. Quand on découvrit au XIIe siècle ses reliques, elles furent transférées en grande pompe dans la cathédrale Down-Patrick : ainsi la Bretonne devint-elle la patronne de l'Irlande.

Geneviève, qui défendit Paris contre Attila, était vénérée en raison du miracle dont les Parisiens avaient été les acteurs et les témoins. Cette fille de paysans avait été remarquée par saint Germain d'Auxerre qui l'avait aidée à se consacrer à Dieu. Son plus grand miracle avait été de porter les Parisiens sur les remparts et d'en faire des héros, alors qu'ils ne voulaient pas combattre. Saint Éloi avait sculpté la châsse contenant ses reliques. Elle a laissé son nom à de nombreux villages jusqu'à Sainte-Geneviève en Seine-Maritime. Les saints tutélaires ont la particularité d'émigrer, en raison du pouvoir miraculeux que l'on attribue à leurs noms. Les martyrs ont le même pouvoir.

Sainte Bretagne

Ils sont souvent localisés, connus seulement de la population d'un terroir. La Bretagne regorge de saints de ce genre, dont les noms de villages gardent le souvenir : Beuzec-Cap-Sizun, dans le Finistère, a gardé Beuzec en oubliant le « saint ». Beuzec s'appelait autrefois Bodoc. Pourquoi le saint est-il particulièrement remarquable ? Sans doute parce qu'il a évangélisé ce promontoire du cap Sizun, tendu vers l'île de Sein qui se termine par la pointe du Raz : lieu magique des druides, lieu de sarabande des fées irlandaises qui auraient enfoui leur trésor dans la terre, où elles dansent les nuits des « sept sommeils ». Beuzec aurait eu beaucoup de mérite à dissiper une légende qui remonte au temps des poseurs de menhirs.

Anna, la sainte de Commana, est la mère de la Vierge Marie. On retrouve le culte d'Anne dans maints villages, mais surtout à Sainte-Anne-d'Auray. En 1623, Nicolazic, un paysan du lieu, vit apparaître devant ses yeux Anne, la grand-mère du Christ. Un pardon fut organisé, qui attira les pèlerins de toute la Bretagne. Ce culte vient de très loin : Ana était la mère des hommes et des dieux celtes avant le christianisme. Elle veillait sur le repos des morts. Sainte

Anne recueillit simplement l'héritage de cette déesse mère. Les marins la supplient aussi. Ceux d'Arzon avaient promis d'aller en pèlerinage à Sainte-Anne-d'Auray tous les ans s'ils avaient le bonheur de revenir sains et saufs de la guerre contre le Hollandais Ruyter en 1673. Par miracle, ils revinrent et purent tenir leur promesse.

Souvent les saints bretons sont invoqués pour combattre des maux précis. À Baud, on prie saint Adrien pour les douleurs du ventre. On invoque saint Gilles à Saint-Gilles-Pligeaux pour guérir les épileptiques. Dans l'église du village, on assure que les hommes offraient un coq à l'office, les femmes des poules, voire un cochon pour obtenir l'intercession du saint. Un des lieux les plus visités des malades était Saint-Jean-du-Doigt. On prétendait que la châsse de la paroisse renfermait l'index de saint Jean-Baptiste, le crâne de saint Mériadec et un fragment du bras de saint Modez. Une telle richesse ne pouvait laisser les malades indifférents. Ils vinrent en foule demander au saint de guérir leurs maux d'yeux. La duchesse Anne elle-même eut recours au doigt miraculeux. On voulut le lui apporter : la châsse se brisa. Le doigt avait disparu. On le retrouva miraculeusement à l'église, à sa place habituelle.

Pour guérir des fièvres, un autre pèlerinage est conseillé : Saint-Viaud en Loire-Atlantique. On peut voir le bac de pierre dont se servit le saint homme pour franchir la mer d'Irlande. Ceux qui ont peur pour la santé de leurs vaches font une offrande à saint Thégonnec, le compagnon de Guennolé qui parcourut le pays du Léon au Ve siècle, arrivant de Grande-Bretagne. Le saint est représenté dans une charrette tirée par un bœuf ou un cerf. Il a l'habitude de protéger ces animaux. Pour les enfants qui marchent en retard, il faut voir sainte Tréphine. L'épouse de l'indigne et monstrueux roi Comorre est le symbole de la femme martyrisée. Son mari l'assassina parce qu'elle avait accouché d'un garçon, Trémeur. Ce dernier aurait été sauvé par une intervention de saint Gildas. On l'invoque pour aider les petits enfants à marcher.

Les sept saints venus d'Angleterre et d'Irlande pour évangéliser la Bretagne font l'objet d'un culte particulier. Le plus célèbre est saint Malo qui ne doit rien aux corsaires et tout au saint ermite, le moine Maklow ou Maclou, disciple de saint Brandan et débarqué sur le rocher avec des familles d'émigrants. Devenu évêque de Pou-Alet, sur la rive droite de la Rance, le moine fut persécuté par ses fidèles restés fort païens. Il mourut en Saintonge. Plus tard, les habitants de Saint-Malo allèrent chercher ses reliques pour les ramener dans leur ville : ils étaient devenus de bons chrétiens. Un miracle posthume de l'ermite évêque.

Saint Brieuc, élève de saint Ildut en Grande-Bretagne, était aussi un émigrant parmi d'autres quand il échoua dans la baie qui porte son nom. Il construisit bientôt, avec l'aide des fidèles, un monastère au centre de la ville qu'il fonda sur le rocher. La cathédrale abrite toujours son corps. Saint Gildas de Rhuys, débarqué en 598, s'installa d'abord dans l'île d'Houat. En 530, il construisit son monastère dans l'île de Rhuys, d'où il ne sortit que pour évangéliser les païens de la région. Cette abbaye de Rhuys était aussi célèbre que celle de Guennolé à Landévennec : autre saint tutélaire qui n'a pas laissé de traces dans les noms de villages.

Saint Pol de Léon, au contraire, donna son nom à sa ville. Pol-Aurélien était né aussi en Grande-Bretagne. Il était passé en barque à l'île d'Ouessant, puis à l'île de Batz près de Roscoff. Il avait terrassé un dragon qui effrayait les pêcheurs. Après cette victoire, il construisit son monastère. Il fut alors nommé évêque par le seigneur du lieu. La ville de Saint-Pol devint alors une sorte de forteresse mystique. On assurait que Dieu avait chargé un poisson d'apporter une cloche d'or à Pol-Aurélien pour qu'il pût la charger de toutes les vertus. Elle sonne aux jours du pardon et possède le pouvoir miraculeux de guérir les maux de tête et les affections des oreilles.

Un autre saint fondateur est Renan qui a donné son nom à Locronan. Cette métropole religieuse de la Basse-Bretagne conserve la légende du saint ermite venu d'outre-Manche avec ses compagnons. La région fort boisée offrait un accueil sûr à l'Irlandais déjà célèbre pour ses prédications à saint Renan, et qui recherchait le calme. Il devait être persécuté par une druidesse, Keben, qui l'accusa de sorcellerie : il avait, disait-elle, enlevé sa fille. On mit en prison celui qu'elle appelait le « loup-garou ». Mais Renan avait vu en songe l'enfant, enfermée par sa mère dans un coffre. Il le révéla à ses geôliers. On vérifia. Keben fut confondue : sa fille était morte étouffée. Renan lui rendit le souffle et obtint du comte la grâce de Keben. Il s'enfuit alors pour passer le reste de sa vie dans un village qui porte son nom : Saint-Renan, près de Saint-Brieuc.

Le comte de Cornouailles, après sa mort, fit accompagner son corps à Locronan. Keben, qui faisait sa lessive un vendredi (pour défier les catholiques), injuria le cortège funèbre et brisa la corne de l'un des bœufs d'attelage. La terre s'ouvrit et Keben fut engloutie. Le saint entra tranquillement dans son église qui devait être ensuite le lieu des Troménies, pèlerinages fort fréquentés.

Outre ces saints fondateurs, sans cesse en déplacement car ils ont reçu de Dieu mission d'évangéliser, certains ermites ont donné naissance à des lieux ayant connu des fortunes étranges. Les moines de l'île de Noirmoutier s'étaient installés à Déas dont ils avaient fait Saint-Philibert-de-Grand-Lieu. Leur abbaye fut envahie par les pirates. Les moines emportèrent alors le corps de leur saint patron Philibert, abbé de Noirmoutier au VIIe siècle, et le transportèrent sur la Saône, à Tournus. Les restes du saint homme demeurèrent donc conservés à l'abbaye de Saint-Philibert de Tournus.

Autre saint extravagant : Nazaire, un juif martyrisé en Italie, décapité à Milan en 52 après Jésus-Christ comme chrétien. Son culte est assez répandu dans le sud-ouest puisqu'une quinzaine de communes portent son nom. Ce moine hébreu, dont le nom avait été latinisé en *Nazareus*, était abbé de Lérins au Ve siècle. Il est normal qu'il ait inspiré un culte dans le midi. Saint-Nazaire, petit port de pêche avant de devenir, au Second Empire, un grand port industriel, tirait son nom d'un martyr étranger, dont la légende était parfaitement connue et qui ne devait rien au merveilleux de l'émigration bretonne. Il se rattachait à l'imaginaire chrétien venu du sud.

Saints du midi

Maxime, Cassin, Honorat, Trophime, Raphaël et Tropez sont les saints éponymes de la région méditerranéenne, de la Provence au Languedoc. Les moines de Lérins sont les plus anciens prosélytes. Ils avaient pour père, au Ve siècle, le bon Cassien. Mais bien avant, à la fin du IVe siècle, saint Honorat, un ermite, s'était caché dans une grotte de Sainte-Baume, près du grand pic du cap Roux. Il s'établit ensuite à Lérins, où les moines se succédèrent jusqu'au IXe siècle. Dans la forêt de pins d'Alep de l'île qui porte son nom, l'anachorète bâtit sept chapelles entourées de cellules. Les ermites le rejoignirent en grand nombre. Il dut les abandonner pour devenir évêque d'Arles, où il mourut en 429. Des îles de Lérins sortirent de nombreux missionnaires, saint Patrick, qui évangélisa l'Irlande, saint Loup, évêque de Troyes, saint Vincent de Lérins, saint Salvien, saint Césaire qui fut à son tour évêque d'Arles. Au VIIe siècle, saint Aygulph introduisit la règle de saint Benoît et saint Adalbert, au XIe siècle, construisit un monastère fortifié pour résister aux incursions barbaresques. Plus tard, les moines s'installèrent aussi dans l'île voisine de Sainte-Marguerite. On compte de nombreux villages portant le nom de Saint-Cassien ou Saint-Cassin dans la Dordogne, l'Isère, la Vienne, la Savoie. Les Saint-Honoré de l'Isère et de la Nièvre se réfèrent à l'évêque d'Arles, fondateur du monastère des îles de Lérins.

Arles était un centre de diffusion de la religion, en raison du brassage de population occasionné par le trafic fluvial sur le Rhône. Cette ville aux marécages (Arelate) était un point de rencontre entre Celtes, Ligures et Grecs de Marseille. Marius, en 104, avait creusé un canal réunissant la ville au golfe de Fos. Après le passage de Jules César, une colonie romaine s'y était installée. Des mariniers appelés urticulaires naviguaient sur des radeaux portés par des outres. La ville s'était développée, surtout sous Auguste, parce qu'elle était une étape sur le chemin de l'Espagne et de la vallée du Rhône. Un évêque grec, saint Trophime, qui n'a pas laissé son nom dans la toponymie, avait installé dans la ville un oratoire « à la Vierge mère encore vivante ». Il était l'envoyé de saint Pierre et fut enterré aux Alyscamps, un cimetière où les pèlerins vinrent nombreux en raison des miracles qui s'y étaient multipliés sur le tombeau de l'évêque. Le Christ y serait apparu en personne lors de la cérémonie de consécration. Un autre évêque de la ville, le bouillant Césaire, qui vivait au VIe siècle, laissa son nom à quelques villages des Alpes-Maritimes, du Gard et des Charentes (Saint-Cézaire-sur-Siagne, Saint-Césaire-de-Gauzignan).

Raphaël était un archange qui, dans la Bible, avait guidé Tobie au pays des Mèdes. Il lui avait fait recueillir le foie et le fiel d'un poisson pour guérir les yeux de son père aveugle. Pourquoi le port, gardé par deux rochers qui ressemblent à des lions, prit-il le nom de l'archange ? On ne sait. Mais un ange fit la fortune du lieu : sous le Second Empire, Alphonse Karr attira ses amis Gounod, Berlioz et Fromentin sur la plage. Ainsi Saint-Raphaël devint-il, à la fin du XIXe siècle, une station à la mode. À l'apparence, jamais archange n'y fit d'autre miracle.

Saint-Maximin devait sa fortune religieuse à un authentique passé missionnaire. La Sainte-Baume toute proche était un lieu très ancien de pèlerinage. Madeleine y aurait fini ses jours. Elle aurait été enterrée avec sa servante Marcelle, Sidoine et Maximin, qui avait subi le martyre à Aix sur le lieu où l'on éleva ensuite une basilique. Mais les pèlerins étaient surtout attirés par la sépulture de sainte Madeleine. Après les invasions sarrasines, un moine aurait apporté les reliques de la sainte à Vézelay où l'on organisa un nouveau pèlerinage dans l'abbaye bourguignonne. Des fouilles entreprises au XIIIe siècle par Charles d'Anjou permirent de découvrir les sarcophages et de ranimer le culte local, sous l'égide des bénédictins. Pendant la Révolution, la ville fut débaptisée : ce fut Marathon.

On trouve un Saint-Maximin dans le Gard, un autre dans l'Isère. Quant à l'héroïne de Sainte-Maxime dans le Var, c'est une sainte locale ayant probablement subi le martyre. Saint-Rémy-de-Provence n'a jamais vu l'évêque de Reims. L'antique cité grecque de Glanum fut ainsi baptisée par les rois mérovingiens qui comblèrent de dons une abbaye construite en l'honneur du saint. Ils étendirent cette politique à toute l'ancienne Gaule qui était en leur pouvoir, surtout au nord de la Loire où l'on compte de très nombreux villages qui portent ce nom. Quant à Saint-Tropez, elle célèbre un martyr authentique : ce Torpez ou Tropez était intendant et officier au palais de l'empereur Néron. Natif de Pise il avait été décapité en 68 parce que Néron haïssait les chrétiens et les faisait mourir par milliers. Son corps aurait été placé entre un chien et un coq (symboles du parricide) dans une barque abandonnée aux courants qui aurait échoué devant la ville antique de Heraclea Caccabaria. Une dame de la ville aurait été avertie en songe, par quelque archange, que la barque sainte était échouée sur la plage. Accompagnée de zélés serviteurs, elle aurait enseveli le saint en un lieu secret qui donna à la ville christianisée le nom de Saint-Tropez.

Ainsi les légendes des martyrs aboutissent-elles souvent à des fondations.

De martyrs en villages

Nos villages ont souvent pris le nom de martyrs locaux, dont on pouvait décrire la fin édifiante. Il en est ainsi de Saint-Andoche dans la Haute-Saône, victime de la répression à Saulieu. Saint Berthevin était un diacre qui fut décapité dans le Maine au IXe siècle. Les Saint-Cernin, très nombreux dans le sud-ouest, se réfèrent à l'évêque martyrisé de Toulouse (257). Saint Crépin, présent dans les Hautes-Alpes, a subi le supplice à Soissons. Saint Gratien est mort à Amiens sous la persécution de Dioclétien. Il a donné son nom à des villages du Val-d'Oise et de la Nièvre. Saint-Prest, en Eure-et-Loir, tire son nom d'un martyr d'Auxerre; Saint-Quintin-sur-Sioule rappelle un martyr mort vers 300 dans le Vermandois. Saint-Symphorien-le-Valois, dans la Manche, honore un martyr d'Autun.

On ne peut expliquer la faveur dont jouissent ces saints obscurs sans le trafic des reliques qui a fait rage pendant les mille ans du Moyen Âge. Les moins chères étaient les plus obscures. Les villages plus huppés, les paroisses riches des bourgs achetaient des bribes de reliques de grands martyrs internationaux, qui avaient subi le supplice en Orient ou à Rome. Julien l'Hospitalier, par exemple, faisait recette en cent lieux, particulièrement dans les Alpes. Ce chasseur né sans doute à Naples, avait reçu une sinistre prédiction : il tuerait son père et sa mère. Pour échapper à ce destin qu'un cerf lui avait annoncé à la fin d'une chasse, il avait fui son pays, mais tué quand même ses parents sans le savoir. Il avait fondé un hôpital dans un lieu retiré pour expier son crime. Les bateliers, les couvreurs, les gens des hôpitaux le révéraient comme leur saint patron, et pas du tout les chasseurs. Il n'est pas étonnant qu'il soit présent dans les montagnes et sur les fleuves fréquentés par les nautes : ainsi Saint-Jean-de-Losne, sur la Saône.

Le supplice de saint Laurent, mort sur le gril, a beaucoup inspiré la toponymie. Le diacre héroïque, sommé en 258, par le préfet de Rome, de livrer les richesses de l'Église les avait distribuées aux pauvres. Il avait crié, en montrant les éclopés, les clochards, les sans-abri : « Voilà les richesses de l'Église ! » Ce martyr de la charité ne vint jamais en Gaule, mais sa réputation était telle que le clergé lui rendit hommage en baptisant des bourgs comme Saint-Laurent-du-Var ou Saint-Laurent-du-Verdon.

Les saints de la légion thébaine étaient également honorés dans bien des lieux. La sculpture d'église rappelait le sacrifice des légionnaires thébains qui avaient refusé d'honorer les dieux de Rome. L'empereur Maximien, qui traversait les Alpes, les avait fait décimer une fois, plusieurs fois. Ils refusaient d'abjurer la religion chrétienne et périrent tous égorgés, avec leur chef Maurice, qui donna son nom à Saint-Maurice dans le Valais. Les Saint-Maurice sont très nombreux en France. On a dédié à ce saint populaire et à ses compagnons de la Légion thébaine des églises et basiliques.

Saint-Ours en Savoie et dans le Puy-de-Dôme évoque un légionnaire appelé Ursus tandis que son compagnon grec Gereo a donné son nom à Saint-Géréon en Loire-Atlantique et à Saint-Géron dans la Haute-Loire.

Quant à saint Étienne, il est comme Saint-Estèphe de Dordogne ou Saint-Esteben chez les Basques, le Grec Stephanus, premier martyr chrétien. Ce diacre au grand cœur était chargé de pourvoir au besoin de ses compatriotes : les veuves grecques sans ressources qui habitaient Jérusalem en 33, année de la mort du Christ. En même temps qu'à la charité, il se livrait à la prédication. Les autorités l'accusaient de blasphémer Moïse et le Dieu de la Bible.

Il fut condamné à mort et lapidé. Neuf mois environ après la crucifixion de Jésus, le diacre Étienne monta au ciel en priant pour ses bourreaux. Ses reliques furent découvertes en 415 et furent la source d'une immense vénération.

Naturellement, les femmes martyres étaient également recherchées et devenaient l'objet d'un culte. Blandine, martyrisée à Lyon en 177, donna son nom à Sainte-Blandine dans l'Isère et les Deux-Sèvres. Catherine, décapitée à Alexandrie en 307, prêtait ses traits à d'innombrables statues et consolait dans les villages les femmes en couches, malades, leur donnant son courage. Les Sainte-Catherine sont nombreuses en France, comme les Sainte-Cécile (martyre romaine) ou les Sainte-Christine (qui périt sous Dioclétien en Italie). Sainte-Eugénie-de-Villeneuve n'évoque pas l'impératrice mais la martyre grecque. Si sainte Foi a été martyrisée à Agen, sainte Florence de Vendée et de Gironde était une martyre italienne, comme sainte Ruffine, présente en Moselle. Les reliques de sainte Anne en Bretagne étaient beaucoup plus recherchées que celles de saint Joachim, père de Marie et présent seulement en Loire-Atlantique ou de saint Joseph dont l'image au Moyen Âge n'est pas avantageuse. Il a cependant donné son nom à deux villages de la Loire et de la Manche.

Les importants personnages de l'Église sont volontiers éponymes : les papes d'abord, comme saint Agathon en Bretagne, qui régna au VIIe siècle, ou Clément Ier, que saint Pierre lui-même aurait ordonné, qui donna son nom à quelques lieux. Saint-Eugène dans l'Aisne, en Charente-Maritime et dans le Morvan évoquent le pape martyr du IIIe siècle Eugenius. Léon le Grand a marqué les Saint-Léon du sud-ouest et Marcellin, martyr sous Dioclétien, les nombreux Saint-Marcellin. Plusieurs Sixte ont été sanctifiés donnant Saint-Sixt en Haute-Savoie et Saint-Sixte dans la Loire. Le pape martyr Victor a donné Saint-Victour en Corrèze.

Les évêques de la période mérovingienne ou carolingienne recouraient souvent aux noms des papes pour édifier des paroisses.

Ils citaient aussi les patriarches d'Orient : Saint-Alexandre dans le Gard évoque le patriarche d'Alexandrie et Saint-Anastaise dans le Puy-de-Dôme celui d'Antioche. Le métropolite d'Amasée a inspiré Saint-Astier dans la Dordogne. Les évêques et les archevêques célèbres par leur martyre ou par leur vie exemplaire ont donné leur nom à des centaines de lieux, même Becket, l'archevêque anglais de Cantorbéry, présent à Saint-Brévin-les-Pins en Loire-Atlantique, comme à Saint-Edmond en Saône-et-Loire. Les saints ermites se retrouvent partout, qu'ils soient de Gaule comme saint Avit, retiré dans l'Orléanais, ou d'Orient comme saint Martory (Haute-Garonne). Les personnages historiques bien vus des évêques donnent leurs noms aux paroisses. Clovis, par exemple, qui sert avantageusement son compagnon Léon Hart devenu saint Léonard honoré dans la Marne, le Pas-de-Calais, la Beauce. Saint Éloi est très avantagé par la toponymie mais la sœur de Dagobert, Énimia, a aussi donné son nom à Sainte-Énimie en Lozère. Leudgari, évêque et maire du palais au VIIe siècle, a inspiré les Saint-Lager et autres Saint-Léger. Le duc d'Aquitaine Guillaume, vainqueur des Sarrasins et moine à l'abbaye de Gellone, a donné son nom à plusieurs Saint-Guillaume et peut-être à Saint-Guilhem-le-Désert dans l'Hérault. Un roi des Burgondes a inspiré Saint-Sigismond. Le malheureux mourut en 523, jeté dans un puits par le Mérovingien Clodomir. Enfin, Saint-Louis-en-l'Isle, dans la Dordogne, tient sans doute son nom de Louis IX qui mourut à la croisade.

Les fondateurs d'ordres monastiques ont été largement honorés : Saint-Benoist-sur-Mer en Vendée, Saint-Benoît-des-Ombres, des-Ondes, du-Sault, la-Chipotte ou la-Forêt, sans compter Saint-Bénézet dans le Gard rendent partout hommage à Benedictus, fondateur des bénédictins au

VIe siècle. Saint-Bernard est à la fois saint Bernard de Menthon, fondateur des hospices du Grand- et du Petit-Saint-Bernard et Bernard de Cîteaux dans la Côte-d'Or. Outre saint Cassien que nous avons déjà rencontré, on honore les fondateurs d'abbayes particulières : saint Chef par exemple, fondateur d'un couvent dans l'Isère et Saint-Colomban-des-Villards, d'après le nom du missionnaire irlandais, créateur entre autres de l'abbaye de Luxeuil. Comme saint Riquier ouvrit le couvent de Centule dans la Somme, Sainte-Scolasse-sur-Sarthe est la création de la sœur de saint Benoît qui fonda l'ordre des Bénédictines au VIe siècle. Les saints abbés ou abbesses ont été, au même titre que les évêques des temps héroïques, donateurs de noms de lieux. Saint Amarin est un abbé alsacien et saint Amé l'abbé fondateur de Remiremont dans les Vosges. Saint Clémentin était le nom du premier abbé du couvent du lieu, dans les Deux-Sèvres. Saint Blimont qui a donné son nom à un village était l'abbé en second de Sainte-Valéry-en-Somme. Saint-Théoffrey, dans l'Isère, porte le nom d'un abbé de l'abbaye du Monastier dans la Haute-Loire, on ne sait par quel miracle. Pourquoi l'ermite de Sisteron, caché dans les grottes des Basses-Alpes, Donatus, a-t-il donné Saint-Donat dans le Puy-de-Dôme sinon parce que les Auvergnats se sont procuré, sans doute à bon compte, les reliques d'un obscur saint homme ? Saint-Gein dans les Landes est peut-être l'abbé de Saint-Claude dans le Jura qui s'appelait Eugendus et fut martyrisé à Lectoure, dans le Gers. Saint Gilles du Gard n'est pas un puissant abbé, mais un simple ermite provençal. Saint Marius était abbé du monastère de Bevons près de Sisteron. Il a laissé son nom à Saint-May dans la Drôme. Sainte-Austreberthe, charmant village du Pas-de-Calais, doit tout à une abbesse en Ponthieu. L'admirable Sainte-Gauburge-Sainte-Colombe dans l'Orne, comme Sainte-Vaubourg, dans les Ardennes, évoque la sainteté de l'abbesse d'origine germanique Walburgis qui régnait à Heidenheim au VIIIe siècle. Sainte Radegonde, vénérée à Poitiers, était l'épouse du roi franc Clotaire Ier. Elle devait mourir dans un couvent comme sainte Sigolène qui finirait ses jours comme abbesse en Albigeois au VIIIe siècle.

Des saints venus d'ailleurs

Les saints étrangers donnaient fréquemment leurs noms aux paroisses ainsi que les apôtres. Pierre est le plus honoré, souvent sous la forme de Pé, de Père (Saint-Père-sous-Vézelay, Saint-Père-en-Retz), ou de Péravy (*vicus petri*, le village de pierre), comme dans Saint-Péravy-Épreux dans le Loiret. On ajoute, après le prénom, une localisation : Saint-Pierre-Quiberon.

Les saint Paul peuvent se référer à l'apôtre mais aussi à des personnages intermédiaires qui ont été sanctifiés après avoir pris le nom de Paul. Par exemple, Paulus, évêque du Tricastin au IVe siècle, inspira Saint-Paul-Trois-Châteaux. Saint Jean l'Évangéliste et saint Jean-Baptiste inspirent conjointement les innombrables Saint-Jean qui sont d'Angély ou d'Aulph, s'ils voient passer les transhumants (aulphe est l'alpe, pâturage d'été). Jean peut être du-Bois ou de-Bœuf. Il se désigne par les lieux et ressort si souvent dans la toponymie qu'on peut parier qu'il est parmi les saints les plus populaires. Les deux Jacques (Majeur et Mineur) font moins école et s'anglicisent dans les Pyrénées-Atlantiques avec Saint-James. André est assez répandu : le martyr de la croix touche les cœurs. Il y a pourtant sous ce nom plusieurs saints. Le frère de l'apôtre Pierre fut crucifié à Patras, en Achaïe, où il prêchait l'évangile. Il est devenu le patron de l'Écosse et compte en France beaucoup de toponymes. Plus que Philippe, qui n'a guère qu'un village dans la Gironde. Saint Barthélemy a eu quelque succès, notamment dans les Alpes, ainsi que Barnabé, ce suppléant venu tard dans la liste céleste, qui n'est représenté que par un village breton. Matthieu est encore plus confidentiel ; il y a quelques cas de Saint-Simon. Saint Thomas compte une dizaine de noms dans les Alpes et dans l'ouest. Saint Josse dans le Pas-de-Calais ou saint Judoce en Bretagne n'ont pas de rapports avec Judas, l'apôtre félon, mais avec le prince breton Judocus. Saint Marc a, comme saint Luc, plus de chance. Une de ses formes populaires est saint Médard. Les Marceau et les Marcel descendent de papes ou d'évêques sanctifiés, comme les Médard qui ont télescopé saint Marc. Des apôtres locaux se glissent dans la toponymie : saint Flour qui, avec saint Nectaire, évangélisa l'Auvergne et saint Lambert la Belgique. Saint Austremoine est célèbre dans la Haute-Loire et l'on note en Bretagne un hommage à saint Nicodème, ce pharisien qui défendit le Christ devant le Sanhédrin, avant de devenir son disciple. On n'hésite pas à prendre des noms de saints étrangers quand ils sont aussi bénéfiques que saint Nicolas, très présent dans l'ouest et dans le nord. Évêque de Lycie au IVe siècle, c'est un saint navigateur, moins de son vivant qu'après sa mort. Ses reliques furent découvertes en Italie, à Bari, et pour partie furent exportées par mer en Occident. Le culte populaire de ce saint part de Grèce et d'Italie pour gagner la Normandie et les pays de la Loire.

Il s'infiltre ensuite à l'intérieur du territoire jusqu'en Lorraine (Saint-Nicolas-de-Port). Ce thaumaturge légendaire est adoré des enfants qui se souviennent qu'il a ressuscité les trois petites victimes du saloir, et par les marins qui ne manquent pas d'invoquer dans les ports l'intrépide qui défie les tempêtes. Il est présent près de Coutances, de Granville, de Redon. Thaumaturges sont aussi les femmes : la vierge Euphémie de Chalcédoine, martyrisée au IVe siècle, a donné naissance à deux villages de Savoie : Saint-Offenge-Dessus et Saint-Offenge-Dessous qui attendent constamment des miracles de la petite Grecque.

Nombreux sont les lieux de pèlerinage où se sont produits des miracles. Lourdes est le plus célèbre. Mais le nom n'évoque rien d'autre qu'un Gallo-Romain surnommé Luridus : le lourdaud. La Salette-Fallavaux dans l'Isère n'évoque qu'un lieu géographique et nullement le miracle du 19 septembre 1846, quand la Vierge apparut à deux jeunes bergers, annonçant le châtiment des nations coupables. Cent mille personnes s'y rendaient régulièrement sans que cette migration marque en rien la toponymie.

Les saints les plus populaires, universellement représentés sont à la fois thaumaturges, missionnaires, faiseurs de miracles et donneurs de victoires. Ils sont aussi du cru, reconnus aussi bien dans les montagnes que dans les plaines, au nord comme au midi. Martin, Germain et Maurice sont les trois saints les plus pratiqués dans les Gaules.

Martin surtout. Il passe pour faire jaillir les eaux du sol et pour connaître les sources qui accomplissent des miracles, donnant aux hommes et aux femmes ce qu'ils souhaitent le plus. Tours, la cité du saint, devient le centre le plus richement doté de la Chrétienté mérovingienne, au point de tenter les raids arabes. La légende de saint Martin se répand de village en village, jusqu'à se retrouver en Bourgogne, en Lorraine, dans les Alpes, sur les bords de la Méditerranée.

Le premier miracle de Martin est sa réussite. Il la doit à son mérite : comme Maurice, Martin est un légionnaire romain né en Pannonie (Yougoslavie) vers 316. Sa légende est déjà établie avant qu'il ne soit ordonné prêtre par saint Hilaire : il est le chrétien le plus charitable des légions, partageant son manteau avec son glaive pour en donner la moitié aux pauvres grelottants. Quand il devint évêque de Tours, il s'était rendu célèbre par sa charité qui s'étendait à tous les voyageurs. Il construisit le monastère de Marmoutier près de Tours et son corps, après sa mort, fut transféré dans la basilique de Tours où il devint l'objet de pèlerinages. Le chapitre de Saint-Martin tirait grand profit de la garde du tombeau.

Martin avait une solide réputation de guérisseur. Il fit aussi des miracles : l'on affirmait qu'il rendit la vie à l'un de ses compagnons dont il se fit apporter le corps dans sa cellule. La ferveur de ses prières fut telle que le mort put renaître. On trouve le même thème dans la vie de nombreux saints : même Jeanne d'Arc passait pour avoir ranimé à Lagny un enfant trépassé. Un autre miracle, fort connu, est l'apparition d'une boule de feu lors de la messe dite par le saint homme à Marmoutier.

Les Parisiens avaient élevé un oratoire à la sortie de leur ville en l'honneur de saint Martin qui avait guéri un lépreux. Le culte du saint guérisseur se répandit partout au temps des rois mérovingiens et particulièrement le long de la Loire, jusqu'en Bourgogne où les miracles s'étaient poursuivis. Le saint voyageait souvent sur les routes, se laissant aborder sans crainte, soulageant les misères humaines. C'est pourquoi son nom est souvent associé à la route. Il est Saint-Martin-le-Colonel dans la Drôme à cause des *colonnes* qui bornent la route, Saint-Martin-Lacaussade dans la Gironde et Saint-Martin-des-Besaces dans le Calvados, au bord des routes où s'ouvrent les auberges. Il est d'Entraunes, des-Entrées, d'Estréaux, ce qui signifie, « de la route » (*strata*) comme Saint-Martin-de-Lerm en Gironde ou Lestra dans la Loire.

Sa deuxième connotation est l'eau : il est le maître des sources miraculeuses, des puits d'où sortent des apparitions, des rivières aux rives enchantées : Saint-Martin-d'Entraigues dans les Deux-Sèvres, des-Fontaines en Vendée ou de-Fontenay dans le Calvados. Saint-Martin-des-Puits dans l'Aude est aussi Saint-Martin-du-Puy dans la Gironde et dans la Nièvre et Saint-Martin-Rivière dans l'Aisne. Son aire géographique s'agrandit sans cesse : il passe de la Touraine à la Bourgogne, par le Limousin gagne l'Auvergne et les pays du sud, touche même la lointaine Provence puisqu'on trouve Saint-Martin-Vésubie et Saint-Martin-du-Var. Tout l'ouest est naturellement acquis au saint guérisseur, particulièrement la Normandie, mais il n'est pas absent des villages du nord et de la région parisienne. Saint-Martin-de-Londres dans les Cévennes, où l'on a longtemps fabriqué des bas de soie, n'est pas une colonie anglaise de la guerre de Cent Ans, pas plus que Notre-Dame-de-Londres, mais une « londrerie », laverie de la laine des moutons de la montagne. À l'entrée de l'église : un saint Martin, revêtu de son manteau de voyageur sur cette étape de la route des pèlerins de Compostelle. On trouve un Saint-Martin-du-Frêne au passage de la combe de Nantua dans le Jura, probablement sur une des routes de Genève. Le village fut excommunié au XIVe siècle pour avoir protégé, contre la fureur intolérante de l'évêque, des hérétiques vaudois. Les villages portant le nom du voyageur de l'évangile ont été le lieu de création d'oratoires, de monastères ou d'églises dédiés au saint. C'est le cas de Saint-Martin-de-Ré quand les bénédictins installèrent au VIIIe siècle un monastère dans l'île où se retira le duc Eudes d'Aquitaine. C'est le cas de Saint-Martin-de-Valamas où était implantée la chartreuse de Bonnefoy. Quant à Saint-Martin-du-Vieux-Bellême dans l'Orne, le village exploitait une source d'eau miraculeuse, aux vertus thérapeutiques. Saint Martin y avait remplacé Mars et Vénus réunis sous le signe de Mercure.

Des saints concurrents

Saint Maurice, le chef de la légion thébaine, est le frère légionnaire de Martin mais il ne compte qu'une soixantaine de villages portant son nom contre trois cents pour l'évêque de Tours. Seul Germain peut rivaliser avec Martin : il est vrai qu'il existe deux saints évêques portant ce nom. Le premier, thaumaturge et voyageur, était évêque d'Auxerre, né dans cette ville en 378 et mort à Ravenne en 448. Il avait étudié le droit à Rome et le Sénat l'avait nommé gouverneur de toute la région bourguignonne en raison de sa compétence. Il avait été converti et tonsuré à Auxerre par le saint évêque Amator. Les Auxerrois, à la mort du prélat, avaient demandé à Germain de prendre sa succession, parce qu'il pouvait assurer au mieux les relations de l'église de Bourgogne avec l'administration impériale. Sur l'ordre du pape Célestin, il s'était rendu en Angleterre avec saint Loup de Troyes en tournée d'évangélisation. Il eut l'occasion de montrer ses dons de thaumaturge en guérissant des possédés. Il voyagea ensuite en Italie, jusqu'à la cour de Ravenne, où il fut présenté à l'impératrice Placidie et à son fils Valens. À Paris il avait eu le temps, au passage, de consacrer à Dieu sainte Geneviève.

L'autre Germain, né près d'Autun en 496, avait été abbé de Saint-Symphorien avant d'être élu évêque de Paris. On lui doit l'abbaye de Saint-Germain-des-Prés à Paris. L'ancienne église saint-Vincent lui fut dédiée. Il existe en Normandie un troisième Germain, apôtre de Bayeux et de Coutances, qui vint d'Angleterre à des fins d'évangélisation : on l'appelait saint Germain le Scot.

L'évêque de Paris natif d'Autun n'était pas moins thaumaturge que son prédécesseur. Ses deux principaux miracles étaient représentés par des chaînes et des flammes : il avait par ses prières arrêté l'incendie d'une maison de bois à Paris. Lors de ses funérailles, le cortège funèbre passa devant une prison ; le cercueil s'effondra. On dut libérer les prisonniers pour pouvoir enterrer le saint. Aussi l'invoquait-on dans les prisons et les casernes de pompiers. Son lieu de sépulture fut marqué par des miracles : devant le roi Chilpéric, un paralytique se mit à marcher. Il n'en fallait pas plus pour que la réputation du saint ne fût pas indigne de celle de son glorieux prédécesseur. Les miracles accomplis par l'Auxerrois étaient en effet innombrables et légendaires. Ils alimentaient une rumeur qui présidait aux dédicaces d'abbayes, églises et aux noms de villages. Ils sont ainsi très nombreux en France, les Saint-Germain. Dans la région parisienne, Saint-Germain-en-Laye fut créé au XIe siècle sur un terrain appartenant à l'abbaye de Saint-Germain-des-Prés par le roi Robert II qui y fit construire un monastère et une église. Le château fut élevé au siècle suivant par Louis le Gros, constamment agrandi et modifié par la suite. On compte en France environ cent cinquante villages ou bourgs portant le nom de saint Germain. En Normandie, l'abbaye d'Ardennes a été construite sur les ruines d'un ancien temple consacré à la déesse gauloise Arduina. L'abbaye était proche d'une léproserie, plus tard remplacée par une prison, sur le territoire de Saint-Germain-la-Blanche-Herbe. Seul l'Auxerrois pouvait faire oublier aux *pagani* les séductions des légendes anciennes, remontant au passé celtique.

Saint Georges bénéficia d'une bonne renommée, mais plus tardive : la plupart des fondations de villages s'échelonnent du Xe au XIVe siècle. Il est à peu près inconnu de la période mérovingienne, où brillent au zénith Martin et Germain. Il faut distinguer deux Georges : le martyr cappadocien supplicié au IVe siècle et l'apôtre du Velay du IIIe siècle. Seul le prince de Cappadoce martyrisé sous Dioclétien a alimenté une légende vivace. Sa dévotion fut découverte par les croisés en Orient. Il était en effet présent, à cheval, la lance au poing, dans les peintures et les sculptures d'églises et de monastères. On assurait qu'il était venu à bout d'un magicien nommé Athanase après de difficiles combats. Il avait tué le dragon qui s'apprêtait à dévorer la fille du roi de Libye. Son cheval ailé lui permettait de lutter contre les monstres, qu'ils fussent dragons ou crocodiles. Il symbolisait la lutte contre le mal, la diablerie, le royaume des enfers. Les chevaliers chrétiens le prirent pour saint patron et répandirent son culte en Occident. Les Allemands en étaient de fervents adorateurs, ainsi que les Anglais. Soixante églises lui sont consacrées outre-Manche. Il n'est pas indifférent de noter que les villages portant le nom du saint sont beaucoup plus nombreux encore en France et ne doivent rien à l'occupation anglaise : l'abbaye de Saint-Georges, en Normandie, fut créée par Guillaume de Tancarville au XIIe siècle. On donna le nom de Saint-Georges-la-Pouge à une commune de la Creuse dotée d'un dolmen monumental en granit qui marquait la limite entre la Manche et le Poitou. Le culte de saint Georges était seigneurial.

Il s'affiche dans les noms de lieux élevés, où l'on a construit un château. Il trône à Montcoq dans la Manche, à Buttavent dans la Mayenne, de-Montaigu en Vendée et de-Montclard en Dordogne. Il est Saint-Georges-des-Gardes dans le Maine-et-Loire et Saint-Georges-d'Oléron, gardien de l'île. On le trouve aux carrefours stratégiques : Saint-Georges-des-Sept-Voies ou Saint-Georges-de-la-Rivière dans la Manche comme dans tous les lieux où peut gronder la bataille. Ce saint des chevaliers au pied de fer aime le bruit des bombardes et le cliquetis des lances.

Il aurait pu devenir le saint protecteur des rois de France si les Anglais ne l'avaient annexé bien avant la guerre de Cent Ans : les rois d'Angleterre, au retour des croisades, lancèrent le culte du saint de Cappadoce et l'imposèrent à leurs vassaux. La croix de Saint-Georges, de couleur pourpre, devint l'emblème des guerriers d'Albion. Il ne restait au Capétien que le saint patrimonial de l'Île-de-France : Denis.

Saints nationaux

Dans les temps très anciens régnait saint Clovis, sanctifié par son baptême, ses guerres contre les infidèles qui ressemblaient à des croisades et les dons importants qu'il avait faits aux églises. Il n'a laissé aucune trace dans la toponymie parce que le clergé n'oubliait pas ses crimes et sa passion politique qui le portait à l'élimination physique des princes de sa propre famille. C'est beaucoup plus tard, au XVe siècle, que Clovis fut considéré comme un saint. Une légende courait alors, qui sanctifiait le roi des Francs. Il livrait un combat contre des Sarrasins entre la colline de Montjoie et la fontaine de Joyenval près de Conflans-Sainte-Honorine. Un ermite, visité par un archange, lui aurait donné les armes aux trois lis qui permirent au Franc d'être vainqueur. Il fonda alors le monastère de Joyenval sur le lieu du miracle. On développe une série de légendes qui montrent Clovis en roi thaumaturge. À Moissac, sur la route de Bordeaux à Toulouse, le roi franc a perdu mille guerriers dans un combat contre les Sarrasins. Saint Pierre, dans la nuit, apparaît au roi pour lui demander de construire un monastère où mille moines prieront pour les mille guerriers. Où le situer ? Le chef prend son arc et tire une flèche qui désigne le lac de Moissac. Il fallut construire l'abbaye sur pilotis.

Ces légendes sont répandues, longtemps après le règne de Clovis, pour conforter la monarchie française et lui donner des origines mythiques.

Le culte de saint Denis commence beaucoup plus tôt, avec Dagobert qui fonde un monastère près d'une basilique déjà construite. Les origines du premier évêque de Paris sont obscures. Pour Grégoire de Tours, il est l'envoyé du pape qui évangélise la région parisienne et subit le martyre pendant la persécution de l'empereur Dèce. Mais comment faire un seul saint tutélaire de trois personnages ? Denys l'Aréopagite est converti par saint Paul et devient évêque d'Athènes au Ier siècle. Un évêque de Corinthe du nom de Denis est signalé au IIIe siècle. Un troisième Denis est chargé, en 270, d'évangéliser les Gaules par le pape Sixte, en même temps que Martial de Limoges, Austremoine d'Auvergne, Saturnin ou Sernin de Toulouse, Gatien à Tours. On débat de siècle en siècle sur l'identité des différents Denis et les doutes d'Abélard au XIIe, qui prétend que l'évêque de Paris et l'Aréopagite ne peuvent être le même personnage, sont combattus avec ardeur. La confusion des reliques est considérable. Le crâne du martyr est à Notre-Dame mais l'abbaye de Longpont dans l'Aisne prétend avoir la tête ! Au temps de Saint Louis, on fait un pieux silence sur ces incohérences : Denis est au roi de France : Montjoie, saint Denis !

Patron des Mérovingiens depuis Dagobert, des Carolingiens et des Capétiens, il veillait sur la santé des rois et sur leur foi chrétienne. Comme l'écrit Colette Beaune (*Naissance de la nation France*, p. 106), « le saint est le particulier patron des Gaules... Il maintient la foi dans la région qu'il a convertie ». On fonde au nom de Denis quantité de villes nouvelles pourvues d'églises fortes qui gardent les frontières du domaine royal, particulièrement dans l'ouest après la sécession des provinces appartenant à Aliénor d'Aquitaine. Quand la guerre de Cent Ans fait rage et que la France est presque entièrement occupée, le duc de Bedford, représentant du roi d'Angleterre, règne sur Paris et Saint-Denis. Le saint capétien est annexé, au même titre que saint Georges par Henri VI d'Angleterre. Il faut trouver autre chose.

Mais comment renoncer à l'antique bannière, le drapeau de l'abbaye devenu l'oriflamme de France ? On ne la lève plus, tout simplement. Jeanne d'Arc a la sienne et Charles VII l'ignore. Il a emporté, dans sa retraite à Bourges, la couronne de Louis IX et le clou, pieuse relique de la croix du Christ qu'il a confiée à la Sainte-Chapelle de Bourges. Le drapeau à croix blanche remplace pour les Français l'oriflamme. Les oratoires miraculeux, les Montjoie sont encore objets de culte en raison de leurs exploits dans le passé. Mais on change à plaisir le nom des saints sur le front de la guerre anglaise : Martial, dans le Limousin, ou Michel qui a préservé le Mont-Saint-Michel de toute surprise. On raconte les miracles accomplis par le saint contre les Anglais ou les Bourguignons. Il devient le propagandiste du pouvoir royal, de la résistance française. Le dragon qu'il repousse de sa lance est anglais.

Michel n'est pas un saint, mais un archange, chef des milices célestes : il témoigne de l'intérêt particulier que Dieu porte à la France, puisqu'il envoie à Charles VII son chevalier qui a protégé Josué devant Jéricho, le peuple élu des Juifs comme celui des Français. On taxe de miraculeuse la source qui a jailli au Mont-Saint-Michel. On prétend avoir retrouvé l'épée et le bouclier de l'archange. Saint Louis a fait ériger une statue de Michel en haut de la Sainte-Chapelle et il s'est rendu en pèlerinage au Mont. Charles VI dédie une des portes de Paris à Michel et donne pour la première fois le prénom de l'archange à l'une de ses filles. Charles VII fait plus : il remplace l'oriflamme antique par un drapeau représentant saint Michel terrassant le dragon. Un ordre de Saint-Michel est créé. Les miracles se multiplient. La garnison du Chien, dans le Nord, prétend avoir vu dans le ciel un cavalier céleste brandissant une épée de feu. Jeanne d'Arc elle-même voit saint Michel lui apparaître et le fait figurer sur son étendard. Dès lors, les noms de village sont débaptisés en l'honneur du saint. Une floraison de Saint-Michel apparaît sur la frontière de l'ouest et du sud : Saint-Michel-en-Brenne dans l'Indre ou Saint-Michel-et-Chanveaux dans le Maine-et-Loire. Ils sont très nombreux dans la Dordogne, puis, accompagnant la reconquête, dans le sud-ouest et la Gironde. Ils fleurissent bientôt en Normandie à la faveur des victoires royales. Ils brilleront au XVIIe siècle dans le sud, en Catalogne, dans les Alpes, le Jura et jusqu'en Lorraine. Beaucoup de ces villages portaient déjà le nom de l'archange avant la guerre anglaise. Mais ils sont magnifiés, fortifiés, réputés lieux de miracles, de pèlerinages et de prières.

Cet aspect militaire et politique des noms de lieux passe par le culte des saints et l'utilisation dans les guerres du sentiment religieux. L'efficacité de Jeanne d'Arc était liée à son pouvoir miraculeux et le roi de France n'avait pas cessé de toucher les écrouelles ni d'être thaumaturge. La monarchie se devait de revendiquer des saints déjà nationaux, pour protéger la foi des sujets du roi durant l'immense épreuve de la guerre de Cent Ans. Si les Anglais avaient leur saint Georges, les Français brandissaient saint Michel : la croix blanche contre la croix rouge. Ainsi pouvaient-ils, comme au temps de Clovis, espérer la victoire. Les lieux-dits Saint-Michel portent témoignage de ces affrontements sanglants que la politique royale teintait de mysticisme. Ainsi les noms de villages ne sont pas innocents. Ils peuvent, suivant les hasards de conflits, faire partie de l'histoire et l'inscrire en noms de saints dans la géographie.

La corbeille
des villages de France

LES FLEURISTES savent qu'il faut unir dans un bouquet les fleurs précieuses et les sauvageonnes, les reines des prés, les roses, les iris, les marguerites des champs et les sulfureuses orchidées. Le célèbre bouquet « Bérengère » allie les dahlias, les roses, les œillets discrets et les pois de senteur, les lis majestueux soutenus par les roseaux, environnés de pieds-d'alouette et de glaïeuls. Les fleurs peuvent être précieuses, les plus belles sont aussi cueillies dans les champs et les bois, voire dans les marais comme les iris. Les noms de bourgs et de villages sont comparables aux bouquets géants qui trônent dans les antichambres des palais : ils mêlent les patronymes les plus respectables, enflés de gloire et de puissance, aux vocables les plus quotidiens, aux expressions quelquefois cocasses ou ironiques : ils sont le reflet de la vie des gens au cours de leur longue histoire, sur les terroirs de langue française.

L'humilité d'un grand nombre de lieux est totale : les villages sont désignés par leur situation, sur le flanc des coteaux ou dans le fond des vallées, sur le bord des fleuves ou perdus dans les marais, sur les côtes maritimes et les buttes de sable. Les indications sur la nature des sols sont étonnantes car elles renseignent sur l'installation des premières communautés d'agriculteurs et d'éleveurs. On sait que la boulbène fera pousser le blé, moins toutefois que le limon de Brie qui donne du beau froment. Les terres à seigle ou à sarrasin ne sont pas confondues avec celles qui donnent de la farine blanche, régal des meuniers et spéculateurs, espoir des pauvres manants. Les terres incultes sont patiemment dénombrées, répertoriées, classées selon les difficultés qu'elles offrent. Les terrains en pente, où l'on se casse le cou pour bêcher, sont annoncés aux côtés des sols caillouteux, où ne pousse que le chiendent. Les terroirs ventés sont nombreux ; on ne se plaint ni de la pluie ni de la neige, mais toujours du vent qui enlève les graines. On redoute les bourrasques et les gelées imprévisibles. On installe dans le nom des paroisses les saints qui peuvent les préserver de ces caprices de la nature.

Les terres à bestiaux sont identifiées avec autant de précision. Certaines ne nourrissent que les chèvres. D'autres peuvent satisfaire les ânes et les moutons. Seules les terres grasses et lourdes plaisent aux bœufs et aux chevaux, si rares encore dans le haut Moyen Âge où se donnent les noms de lieux. On reconnaît ici et là la tonte de la laine ou l'abattoir des porcs. Les lieux propices à l'engraissement des volailles l'affichent, heureux d'offrir des canards et des poules. Les lapins sont encensés. Conils et conins foisonnent, comme les oiseaux de chasse ou de table, les pigeons, grives et oies sauvages. Quel village ne se flatterait pas d'être riche en bêtes à plume ou en bêtes à poil, alors que la recherche du gibier est indispensable à la survie ?

Les fleurs robustes des villages affirment précisément la volonté des habitants de lutter contre une nature hostile, parfois menaçante. Comme les giroflées jaunes s'accrochent au granit des églises de Bretagne et se contentent d'un joint de mortier décomposé pour fleurir, ainsi les robustes villages accrochés aux pentes abruptes, plantés dans les lieux déserts, sur les plateaux battus par le vent glacé, savent s'embusquer, se pelotonner dans les méandres d'un ru, se cacher derrière des bosquets qui coupent le vent, pompent l'eau du sol, assainissent la terre. Les hommes aident ce mouvement, fondent des villes neuves, sont colons défricheurs pour assainir les marais, planter les déserts, évacuer par des canaux les eaux usées et brûler la grande forêt originelle, recueillant comme engrais la cendre des taillis. Les Villeneuve et les Bourganeuf poussent comme des champignons, dans un front pionnier qui prend les hommes et les femmes les plus solides dans les terroirs anciens pour construire de leurs mains du nouveau. La « conquête de l'ouest » américaine n'est pas différente de ce profond mouvement de peuples, dont les noms de village sont les témoins. Dans cette lutte contre la forêt sauvage, les premières communautés ont tenu bon, attendant avec patience le rapport de la terre qui pouvait demander plusieurs années de soins.

La nature a multiplié les épreuves, menaçant la vie des gens. Les longues sécheresses, les hivers trop froids, le printemps qui tarde à venir justifient les processions, les appels aux saints du calendrier, les trafics de reliques et les tournées de moines guérisseurs. Car les intempéries entraînent la famine, qui déchaîne toutes les maladies. On recherche les eaux pures, inspirées par Dieu, les archanges apôtres, les saints pour guérir des maux que la nature inflige. On prie l'eau du ciel quand elle manque cruellement. Le cycle des eaux, le plus mystérieux de tous, fait l'objet de cultes variés, qui ont remplacé, sur le mode chrétien, les anciennes adorations celtiques. Le vent est un compagnon douteux : on compte sur lui pour chasser les miasmes de la peste mais il peut aussi les apporter. Les Romains avaient Éole. Quel saint peut obtenir des bons vents et chasser les mauvais ? Dans les noms de village, on lit l'angoisse des hommes et les mauvaises dispositions des lieux.

L'eau, le vent, les démons qui font périr les vaches, poussent les meutes de loups contre les troupeaux de moutons, inspirent au renard ses ruses, à l'ours ses attaques soudaines, au blaireau destructeur de récoltes ses randonnées nocturnes. Les animaux, comme le vent, peuvent être ennemis ou amis : aux saints d'en décider, qui savent, comme Hervé en Bretagne, apprivoiser les loups. Les lieux-dits signalent les passages de loups, les exploits des chasseurs, les chasses infernales. Loups et renards ne sont pas les seuls ennemis des villages : les chasses seigneuriales peuvent nuire plus qu'une meute. Les plantes elles-mêmes sont dangereuses : si les fleurs robustes de la montagne soignent les maladies, les colchiques de l'automne peuvent faire mourir les vaches. Les noms de lieu en parlent.

Ils parlent encore des invasions, celles des hommes bardés de fer, montés sur des chevaux fougueux, qui se succèdent à la tête des régions, des terroirs, des châteaux forts qui bientôt se construisent sur le moindre piton. Les vilains sont en résidence surveillée sur leurs terres, et doivent payer leur écot aux nouveaux maîtres qui les protègent contre de futurs nouveaux maîtres. Sur ces remplacements de seigneurs, sur l'arrivée des Germains, des Goths, des Normands, qui suivaient les Alains et les Sarmates, la toponymie n'est pas seulement parlante, elle est bavarde. Elle n'épargne aucun roitelet burgonde, aucun chef de lance franc. Les femmes elles-mêmes, qui gardent les terres à leur profit quand les guerriers sont morts, sont soigneusement nommées. Les évêques et les curés ont-ils ainsi baptisé les villages de consonance germanique pour leur être agréables ? Il faut le croire.

L'église et ses paroissiens avaient intérêt à ce que le terroir fût gardé, surtout par des Barbares ayant, comme Clovis, la bonté d'embrasser la religion chrétienne au lieu de fondre, comme les Normands et les Vandales, les calices d'or des prêtres pour en faire des gardes d'épées.

Les fleurs inspirées ont des mauves délicats, des roses tendres, des blancheurs de lis : elles parlent des miracles et des intercessions mystérieuses des saints et des apôtres, dont les paroisses gardent dans leur nom le souvenir. Les vies de saints foisonnent et racontent les interventions divines, qui soulagent la vie des gens. Les guérisons, les prodiges, les résurrections, les récoltes miraculeuses, les bêtes sauvages détruites ou domestiquées, tous ces bienfaits dépendent de l'intercession d'un saint qui a l'oreille du ciel. Double détente : le choix du thaumaturge intercesseur n'est pas indifférent. Il faut prendre le plus sûr, le choisir comme saint patron, le sculpter au fronton de l'église et dans la chapelle des pénitences, l'exhiber en processions, lui toucher le pied comme à saint Antoine, lui offrir des cierges et des ex-voto. Martin ou Germain sont des saints efficaces du VIe au Xe siècle, des saints préférentiels.

En seconde ligne, les petits saints locaux qui ont fait leurs preuves, à qui l'on voue une tendresse particulière. Leur renommée ne dépasse pas le canton, mais elle est assez flatteuse pour que leur culte se maintienne. Les populations éparpillées en hameaux, rassemblées dans une église centrale qui donne en Bretagne son nom aux *plou*, sont les plus sensibles à ces saints de terroir, dont on se réserve jalousement les services, de crainte qu'ils ne s'intéressent de trop près à d'autres villages. Un saint ermite d'Audierne ou de Douarnenez ne peut intervenir sans scandale au profit des gens du Léon qui regorgent de prêtres et de saints. À chacun ses patrons. Renan règne à Locronan et nulle part ailleurs.

Deuxième niveau d'efficacité : les interventions sont plus sûres quand on possède les reliques des saints. La course pour ces bribes d'ossements, ces objets divers est frénétique. Elle alimente un cycle marchand qui fonde sa crédibilité sur la légende. Les saints baissent ou grimpent aux enchères de la renommée. On se déplace en pèlerinages pour les plus efficaces : s'enrichissent ainsi les paroisses qui ont l'honneur insigne de posséder un morceau de tibia ou une clavicule. La toponymie fait en sorte que la présence du saint soit connue de tous. Qu'il soit étranger, venu d'Orient, n'est pas un obstacle s'il est utile. Quand ils sont devenus les guérisseurs d'un mal universel, comme la peste, ils sont partout recherchés en priorité : ainsi s'explique la fortune de saint Roch. Les grands intercesseurs sont les plus méritants, les plus souffrants : saint Laurent, saint Maurice, sainte Catherine. Saint Antoine est aimé des pauvres et des humbles : c'est un saint nourrissier, un apôtre de la vie quotidienne. Il aide à vivre, au fil des heures, répare les oublis et console des chagrins. Humble fleur des prés, on le retrouve dans la moindre église aux côtés de saint Thomas, ou de saint Barnabé.

Que les saints remplissent de nombreuses colonnes du dictionnaire des communes de France ne doit pas étonner : on donne d'abord au village un nom utile, qui lui attire la bienveillance des cieux. La toponymie est un étrange catéchisme que les évêques ne peuvent avaliser car il donne les références des faiblesses et des misères des hommes qui adorent au fond de leur cœur celui que le poète Apollinaire appelait le « Christ inférieur des obscures espérances ».

Les importants, les illustres s'affichent aussi au fronton des paroisses dont ils disposent, en quelque sorte. Quand ils ne prennent pas les noms des lieux, ils donnent les leurs, comme si c'était un bienfait que d'être réputés du duc de Noailles ou du comte de Charolais. Les Guise, les Gramont, les Broglie, les Luynes, les grands de la cour aux Temps modernes se piquent de marquer les terroirs de leurs noms, qui sont quelquefois italiens ou espagnols. Ils sont dans la tradition des anciens guerriers barbares, à cette différence près qu'ils n'apportent pas au village la protection de leurs lances, mais celle de l'argent et de l'influence. Il arrive aussi que les grands, dans leur cavalcade guerrière, s'affrontent près des villages qui donnent leurs noms à des batailles — comme Azincourt — quand ce n'est pas la bataille qui s'ajoute à leur nom : Ivry, Arques ou Castillon. Le lieu devient illustre : plusieurs milliers de braves y sont enterrés. L'histoire précédée d'une vieille faucheuse vêtue de haillons est passée par là.

Ces mouvements de foules et ces charrois d'armées correspondent parfois à un élan mystique qui pousse les gens à s'intégrer volontairement à l'histoire, à quitter veaux, vaches, cochons et couvées pour prendre la route de Jérusalem et mourir dans la croisade des pauvres gens. Les croisés parfois reviennent, surtout s'ils sont puissants. Ils donnent alors aux paroisses humides du Limousin ou de Normandie les noms ensoleillés de Damas ou de Bethléem. Les grands ordres monastiques, enrichis spirituellement par la circulation des idées en Europe et les échanges maritimes avec l'Orient, deviennent porteurs d'une foi nouvelle mais aussi de progrès dans les techniques et les habitudes économiques, l'occupation des sols, les styles de vie dans les villes qui débordent de leurs enceintes et jettent au ciel les flèches des cathédrales.

Une nouvelle génération de toponymes est portée par les vents sur les paroisses dont les clochers sont neufs, à peine surmontés par les coqs de cuivre. Un très grand nombre de noms de lieux dénonce ce mouvement des grands ordres monastiques et son universalité. Les villages deviennent sensibles à un frisson de l'Histoire qui n'est pas guerrière, qui porte les peuples les uns vers les autres dans un élan fiévreux, comme si l'amélioration du sort des hommes dépendait de leurs échanges, de leur entente, de leur coopération. Je m'arrête. Il n'est pas besoin de faire parler les noms de lieux. Ils parlent d'eux-mêmes.

Index général

ABÈRE (Pyrénées-Atlantiques), 76
ACHIET-LE-GRAND (Pas-de-Calais), 79
ACHIET-LE-PETIT (Pas-de-Calais), 79
ADRETS (LES) (Isère), 171
AGNEAUX (Manche), 109
AGNIELLES (Hautes-Alpes), 109
AGNIÈRES (Somme), 107
AGNIÈRES-EN-DÉVOLUY (Hautes-Alpes), 107
AIGUES-MORTES (Gard), 164
AILLIÈRES-BEAUVOIR (Sarthe), 87
AIX-EN-PROVENCE (Bouches-du-Rhône), 19, 83
AJACCIO (Corse du Sud), 18
ALAINCOURT (Aisne), 200
ALAISE (Doubs), 17
ALBON (Drôme), 104
ALÇAY-ALÇABÉHÉTY-SUNHARETTE (Pyrénées-Atlantiques), 78
ALÉRIA (Haute-Corse), 18
ALINCOURT (Ardennes), 200
ALINCOURT (Moselle), 200
ALISE-SAINTE-REINE (Côte-d'Or), 17
ALLAIN (Meurthe-et-Moselle), 200
ALLAINES (Somme), 200
ALLAINVILLE (Eure-et-Loir), 21, 200
ALLAINVILLE (Yvelines), 10
ALLEUDS (LES) (Deux-Sèvres), 128
ALLEUDS (LES) (Maine-et-Loire), 128
ALLEUX (LES) (Ardennes), 128
ALLEX (Drôme), 17
ALLEZ-ET-CAZENEUVE (Lot-et-Garonne), 17-18
ALLONDRELLE-LA-MALMAISON (Meurthe-et-Moselle), 87
ALLOUE (Charente), 87
ALLUES (LES) (Savoie), 128
ALLUETS-LE-ROI (LES) (Yvelines), 128
AMBÉRAC (Charente), 19
AMBERT (Puy-de-Dôme), 162
AMIENS (Somme), 160, 162
ANGERS (Maine-et-Loire), 11, 20, 142
ANNAY (Pas-de-Calais), 17, 79
ANTIBES (Alpes-Maritimes), 15
ANZIN (Nord), 44, 142
APT (Vaucluse), 19
ARC-ET-SENANS (lieu-dit) (Jura), 168
ARDIN (Deux-Sèvres), 172
ARDON (Jura), 172
ARFEUILLE-CHÂTAIN (Creuse), 172
ARGELÈS (Hautes-Pyrénées), 41
ARGENS (Alpes-de-Haute-Provence), 41, 143
ARGENTIÈRE-LA-BESSÉE (L') (Hautes-Alpes), 41, 143
ARGENTINE (Savoie), 143
ARLES (Bouches-du-Rhône), 19, 29, 259
ARLEUF (Nièvre), 128
ARLEUX (Nord), 128
ARMAINVILLIERS (forêt d'), 12, 244
ARMENTIÈRES (Nord), 148
ARPHEUILLES-SAINT-PRIEST (Allier), 172
ARQUES-LA-BATAILLE (Seine-Maritime), 212, 286
ARRAS (Pas-de-Calais), 160, 167
ARTAISE-LE-VIVIER (Ardennes), 102
ARTAIX (Saône-et-Loire), 102
ARTALENS-SOUIN (Hautes-Pyrénées), 102
ARTANNES (Maine-et-Loire), 102

ARTAS (Isère), 102
ARTHAZ-PONT-NOTRE-DAME (Haute-Savoie), 102
ARTHEL (Nièvre), 102
ARTHÈS (Tarn), 102
ARTHEZ-D'ARMAGNAC (Landes), 102
ARTHEZ-D'ASSON (Pyrénées-Atlantiques), 102
ARTHUN (Loire), 102
ARZEMBOUY (Nièvre), 13
ASNIÈRES (Eure), 107
ASNIÈRES-EN-BESSIN (Calvados), 107
ASNIÈRES-EN-MONTAGNE (Côte-d'Or), 107
ASNIÈRES-EN-POITOU (Deux-Sèvres), 107
ASNIÈRES-LA-GIRAUD (Charente-Maritime), 107
ASNIÈRES-LÈS-DIJON (Côte-d'Or), 107
ASNIÈRES-SUR-SEINE (Hauts-de-Seine), 105
ASNIÈRES-SUR-VÈGRE (Sarthe), 107
AUBEVOYE (Eure), 160
AUBIAC (Lot-et-Garonne), 20
AUBIAT (Puy-de-Dôme), 20
AUBIGNOSC (Alpes-de-Haute-Provence), 20
AUBOUÉ (Meurthe-et-Moselle), 162
AUCALEUC (Côtes-d'Armor), 53
AUDIERNE (Finistère), 140
AULAINES (Sarthe), 61, 76
AULNAY (Aube), 17
AUMALE (Seine-Maritime), 139
AUMELAS (Hérault), 61
AUREC-SUR-LOIRE (Haute-Loire), 143
AURIAC (Aude), 143
AURIBAIL (Haute-Garonne), 143
AURIBEAU (Alpes-de-Haute-Provence), 143
AURIÉBAT (Hautes-Pyrénées), 143
AURIÈRES (Puy-de-Dôme), 41, 143
AURILLAC (Cantal), 39, 143, 238
AURIOL (Bouches-du-Rhône), 87
AUTHEVERNES (Eure), 139
AUTUN (Saône-et-Loire), 19, 166
AUZOUVILLE-SUR-RY (Seine-Maritime), 34
AUZOUVILLE-SUR-SAÂNE (Seine-Maritime), 34
AVAILLES-LIMOUZINE (Vienne), 66
AVAILLES-SUR-CHIZÉ (Deux-Sèvres), 66
AVAILLES-SUR-SEICHE (Ille-et-Vilaine), 66
AVALLON (Yonne), 66, 72
AVIGNON (Vaucluse), 19
AVOUDREY (Doubs), 66
AYDAT (Puy-de-Dôme), 20
AZINCOURT (Pas-de-Calais), 80, 211, 212, 286

BADECON-LE-PIN (Indre), 164
BADEVILLAIN (lieu-dit) (Vienne), 164
BAGNEAUX (Yonne), 237
BAGNÈRES-DE-BIGORRE (Hautes-Pyrénées), 237
BAGNÈRES-DE-LUCHON (Haute-Garonne), 237
BAGNEUX (Marne), 237
BAGNOLET (Seine-Saint-Denis), 237
BAIGNES-SAINTE-RADEGONDE (Charente), 208
BAIGNEUX-LES-JUIFS (Côte-d'Or), 237
BAIN-DE-BRETAGNE (Ille-et-Vilaine), 237
BALADOU (Lot), 124
BALADOUR (Cantal), 124
BALAN (Ain), 172
BALESMES (Indre-et-Loire), 235
BALLEDENT (Haute-Vienne), 124
BALLORE (Saône-et-Loire), 172
BALNOT-LA-GRANGE (Aube), 124
BANNALEC (Finistère), 53
BANYULS-SUR-MER (Pyrénées-Orientales), 237
BAPAUME (Pas-de-Calais), 124
BARATIER (Hautes-Alpes), 165
BARBEZIEUX-SAINT-HILAIRE (Charente), 109
BARBOUX (LE) (Doubs), 124

BARCY (Seine-et-Marne), 109
BARDENAC (Charente), 19
BARJOLS (Var), 112
BAROCHE-SOUS-LUCÉ (LA) (Orne), 26
BARRE (LA) (Indre), 137
BARRE (Tarn), 137
BARRIÈRES (LES) (Tarn), 137
BASSÉE (LA) (Nord), 169
BASSEVELLE (Seine-et-Marne), 109
BASTIA (Haute-Corse), 18, 129
BASTIDE-D'ENGRAS (LA) (Gard), 129
BASTIDE-DES-JOURDANS (LA) (Vaucluse), 129
BASTIDE-FORTUNIÈRE (LA), voir Labastide-Murat, 128
BASTIDE-L'ÉVÊQUE (LA) (Aveyron), 129
BÂTIE-NEUVE (LA) (Hautes-Alpes), 129
BÂTIE-VIEILLE (LA) (Hautes-Alpes), 129
BATIGNOLLES (Paris), 129, 130
BAUD (Morbihan), 255
BAUDINARD-SUR-VERDON (Var), 61
BAULNE-EN-BRIE (Aisne), 235
BAURECH (Gironde), 44
BAUX-DE-BRETEUIL (LES) (Eure), 172
BAUX-DE-PROVENCE (LES) (Bouches-du-Rhône), 172
BAUX-SAINTE-CROIX (LES) (Eure), 172
BAVAY (Nord), 76
BAVERANS (Jura), 23
BAYET (Allier), 77
BAYNES (Calvados), 77
BAZAIGES (Indre), 246
BAZEILLES (Ardennes), 26, 246
BAZEUGE (LA) (Haute-Vienne), 26
BAZOCHE-GOUET (LA) (Eure-et-Loir), 26
BAZOCHES (Nièvre), 246
BAZOQUE (LA) (Orne), 26, 246
BEAUCAIRE (Gard), 172, 173
BEAUCHALOT (Haute-Garonne), 44, 130, 215
BEAUCHASTEL (Ardèche), 172
BEAUCROISSANT (Isère), 122
BEAUDINARD (Bouches-du-Rhône), 61
BEAUMARCHÉS (Gers), 44, 130
BEAUNAY (Marne), 235
BEAUNAY (Seine-Maritime), 235
BEAUNE (Côte-d'Or), 65, 107, 166, 235, 249
BEAUNE-LA-ROLANDE (Loiret), 235
BEAUVALLON (Drôme), 122
BEAUVILLE (Haute-Garonne), 122
BEAUVILLIERS (Eure-et-Loir), 122
BEAUVOISIN (Gard), 122
BÉBING (Moselle), 121
BEBLENHEIM (Haut-Rhin), 121
BEC-HELLOUIN (LE) (Eure), 239
BÉCHEREL (Ille-et-Vilaine), 155
BÉDOIN (Vaucluse), 23, 83, 132
BÉDOUÈS (Lozère), 81
BEDOUS (Pyrénées-Atlantiques), 81
BÉGUDE (LA) (Vaucluse), 170
BÉGUDE-DE-MAZENC (LA) Drôme, 170
BÉHUARD (Maine-et-Loire), 44, 215
BELAN-SUR-OURCE (Côte-d'Or), 236
BELEYMAS (Dordogne), 235
BELFORT (Territoire-de-Belfort), 173
BELHOMERT-GUÉHOUVILLE (Eure-et-Loir), 244
BELLE-ÉGLISE (Oise), 246
BELLÊME (Orne), 81, 235
BELLENAVES (Allier), 122
BELLENGREVILLE (Seine-Maritime), 123
BELLERIVE-SUR-ALLIER (Allier), 122
BELLEVILLE (Meurthe-et-Moselle), 122
BELLEVILLE (Rhône), 122
BELLEVILLE-EN-CAUX (Seine-Maritime), 122
BELLEVILLE-SUR-MER (Seine-Maritime), 122
BELLOT (Seine-et-Marne), 81
BÉNISSON-DIEU (LA) (Loire), 239
BÉNOUVILLE (Calvados), 199
BERBIGUIÈRES (Dordogne), 109
BERCHÈRES-LES-PIERRES (Eure-et-Loir), 109
BÉRENGEVILLE-LA-CAMPAGNE (Eure), 123

BERGÈRES (Aube), 109
BERGERIE (LA) (Maine-et-Loire), 109
BERNES (Somme), 77
BERRE-L'ÉTANG (Bouches-du-Rhône), 44
BERSAILLIN (Jura), 136
BERTHENONVILLE (Eure), 205
BÉRULLE (Aube), 44, 215, 217
BESANÇON (Doubs), 19, 30, 94, 173, 174
BESSAIS-LE-FROMENTAL (Cher), 139
BESSAMOREL (Haute-Loire), 202
BESSAT (LE) (Loire), 81
BESSE (Cantal), 81
BESSÈDE (Creuse), 81
BESSIÈRES (Haute-Garonne), 81
BÉTHANCOURT-EN-VALOIS (Oise), 201
BETHLÉEM (lieu-dit) (Nièvre), 207, 208
BETTONCOURT (Vosges), 201
BEUZEC-CAP-SIZUN (Finistère), 254
BÉVENAIS (Isère), 124
BÉVILLE-LE-COMTE (Eure-et-Loir), 216
BÉZIERS (Hérault), 19, 65, 178, 208
BIARRITZ (Pyrénées-Atlantiques), 225
BIÈVRES (Aisne), 91
BIÈVRES (Ardennes), 91
BIGNON-MIRABEAU (LE) (Loiret), 218
BITHAINE-ET-LE-VAL (Haute-Saône), 210, 239
BLANCHEVILLE (Haute-Marne), 130, 216
BLANDAINVILLE (Eure-et-Loir), 199
BLESMES (Aisne), 235
BLIN (Nièvre), 109
BLISMES (Nièvre), 235
BOHAL (Morbihan), 216
BOIS-GUILLAUME (Seine-Maritime), 136
BOIS-LE-ROI (Eure), 136
BOIS-LE-ROI (Seine-et-Marne), 136
BOIS-ROBERT (LE) (Seine-Maritime), 136
BOISCOMMUN (Loiret), 136
BOISROGER (Manche), 136
BOISYVON (Manche), 136
BONDY (forêt de), 71
BONNEGARDE (Landes), 179
BONNEMAISON (Calvados), 179
BONNÉTABLE (Sarthe), 114
BONNEVILLE (Charente), 179
BORDEAUX (Gironde), 65, 175
BORIE (LA) (Loire), 113
BORIE (Dordogne), 113
BORIES (LES) (Haute-Loire), 113
BORMES-LES-MIMOSAS (Var), 55, 236
BOSC (Tarn-et-Garonne), 136
BOSC-BORDEL (Seine-Maritime), 136
BOSQUET (LE) (Nord), 136
BOST (Allier), 136
BOTTEREAUX (LES) (Eure), 93
BOUÉE (Loire-Atlantique), 113
BOUËR (Sarthe), 113
BOULAY (Mayenne), 81
BOULLAY-LES-DEUX-ÉGLISES (Eure-et-Loir), 246
BOULOGNE-SUR-MER (Pas-de-Calais), 140
BOURBON-L'ARCHAMBAULT (Allier), 44, 216
BOURBON-LANCY (Saône-et-Loire), 216
BOURBOULE (LA) (Puy-de-Dôme), 216
BOURESSE (Vienne), 113
BOURG-ACHARD (Eure), 179
BOURG-ARCHAMBAULT (Vienne), 179
BOURG-BEAUDOUIN (Eure), 179
BOURG-DE-BIGORRE (Hautes-Pyrénées), 180
BOURG-EN-BRESSE (Ain), 180
BOURG-L'ÉVÊQUE (Maine-et-Loire), 179
BOURG-LA-REINE (Hauts-de-Seine), 179
BOURG-LE-ROI (Sarthe), 179
BOURG-MADAME (Pyrénées-Orientales), 217, 218
BOURGANEUF (Creuse), 180, 283
BOURGES (Cher), 12
BOURGET (LE) (Jura), 180
BOURGET (LE) (Seine-Saint-Denis), 180
BOURGET-DU-LAC (LE) (Savoie), 180

BOURRET (Tarn-et-Garonne), 152
BOUSQUET (LE) (Aude), 136
BOUSQUET-D'ORB (LE) (Hérault), 138
BOUVANTE (Drôme), 113
BOUVESSE-QUIRIEU (Isère), 113
BOUVIÈRES (Drôme), 113
BOUVRESSE (Oise), 113
BOUYGUES, 126
BRACH (Gironde), 126
BRACQUEMONT (Seine-Maritime), 126
BRAGELOGNE-BEAUVOIR (Aube), 126
BRAIN (Côte-d'Or), 90
BRAMEVAQUE (Hautes-Pyrénées), 53, 113
BRANNAY (Yonne), 90
BRAY-DUNES (Nord), 227
BRÈCHE-AUX-LOUPS (LA) (lieu-dit), 96
BRÉSEUX (LES) (Doubs), 127
BRETAGNE (Territoire-de-Belfort), 205
BRETAGNOLLES (Eure), 205
BRETENIÈRE (LA) (Doubs), 206
BRETENIÈRE (Côte-d'Or), 206
BRETENOUX (Lot), 205
BRETIGNEY (Doubs), 205
BRETIGNOLLES-LE-MOULIN (Mayenne), 205
BRÉTIGNY-SUR-ORGE (Essonne), 205
BRETONNIÈRE (LA) (Vendée), 206
BRETTEVILLE-L'ORGUEILLEUSE (Calvados), 205, 211
BRETTEVILLE-LE-RABET (Calvados), 205
BRETTEVILLE-SUR-DIVES (Calvados), 205
BRETTEVILLE-SUR-LAIZE (Calvados), 205
BRETTEVILLE-SUR-ODON (Calva- dos), 205
BREUIL-CHAUSSÉE (Deux-Sèvres), 160
BRIATEXTE (Tarn), 131
BRICQUEBEC (Manche), 34
BRICQUEBOSC (Manche), 34
BRIDES-LES-BAINS (Savoie), 168
BRIE-COMTE-ROBERT (Seine-et-Marne), 125
BRILLEVAST (Manche), 124
BRISSAC-QUINCÉ (Maine-et-Loire), 155
BRIVE-LA-GAILLARDE (Corrèze), 17, 45, 163, 191, 211
BROGLIE (Eure), 44, 217
BROSSAC (Charente), 92
BROUQUEYRAN (Gironde), 92
BROUSSY-LE-GRAND (Marne), 92
BROUSSY-LE-PETIT (Marne), 92
BROUTHIÈRES (Haute-Marne), 53, 236
BROYES-LES-LOUPS-ET-VERFONTAINE (Haute-Saône), 180
BRUGAIROLLES (Aude), 54
BRUGÈRE (Dordogne), 54
BRUGUIÈRE (LA) (Gard), 54
BRUMATH (Bas-Rhin), 92
BRUSTICO (Haute-Corse), 53
BRUYÈRES (Vosges), 54
BRUYÈRES-SUR-FÈRE (Aisne), 54
BRUYÈRES-SUR-OISE (Val-d'Oise), 54
BUC (Territoire-de-Belfort), 136
BUISSARD (Hautes-Alpes), 54
BUS (Pas-de-Calais), 136
BUS-SAINT-RÉMY (Eure), 136
BUSLOUP (Loir-et-Cher), 96
BUSSEAU (LE) (Deux-Sèvres), 54
BUSSEAUT (Côte-d'Or), 54

CABRERETS (Lot), 111
CABREROLLES (Hérault), 111
CABRIÈRES (Gard), 111
CABRIS (Alpes-Maritimes), 111
CAEN (Calvados), 176, 177, 211
CAHORS (Lot), 236
CAIGNY (voir CRILLON-LE-BRAVE), 45, 219
CAISNES (Oise), 70
CALAIS (Pas-de-Calais), 140
CALDÉGAS (Pyrénées-Orientales), 104
CALVI (Haute-Corse), 18
CAMARET-SUR-MER (Finistère), 140, 168
CAMBRAI (Nord), 38
CAMELÈVE (lieu-dit) (Haute-Garonne), 125

CAMOU-CIHIGUE (Pyrénées-Atlantiques), 125
CAMOUS (Hautes-Pyrénées), 125
CANEBIÈRE (Marseille), 150
CAPELLE (LA) (Aisne), 245, 246
CARCASSONNE (Aude), 19, 178, 179
CARHAIX-PLOUGUER (Finistère), 160
CARLING (Moselle), 218
CARLUX (Dordogne), 180
CARMAUX (Tarn), 142
CARNAC (Morbihan), 234
CARNEILLE (LA) (Orne), 81
CARPENTRAS (Vaucluse), 19
CARRIÈRE (LA) (Haute-Garonne), 143
CARRIÈRES-SOUS-POISSY (Yvelines), 143
CARRIÈRES-SUR-SEINE (Yvelines), 143
CARVILLE-POT-DE-FER (Seine-Maritime), 170
CASSAGNE (LA) (Dordogne), 70
CASSAGNES-COMTAUX (Aveyron), 70
CASSAGNOLES (Hérault), 70
CASSANIOUZE (Cantal), 70
CASSEL (Nord), 160, 181
CASSENEUIL (Lot-et-Garonne), 70
CASSEUIL (Gironde), 70
CASSUÉJOULS (Aveyron), 70
CASTAGNÈDE (Pyrénées-Atlantiques), 75
CASTAGNIERS (Alpes-Maritimes), 75
CASTAGNOS-SOUSLENS (Landes), 75
CASTANDET (Landes), 75
CASTANICCIA (Corse) (région de), 73
CASTANS (Aude), 75
CASTEIDE-CAMI (Pyrénées-Atlantiques), 75
CASTEIDE-CANDAU (Pyrénées-Atlantiques), 75
CASTEIDE-DOAT (Pyrénées-Atlantiques), 75
CASTELBAJAC (Hautes-Pyrénées), 181
CASTELJALOUX (Lot-et-Garonne), 181
CASTELNAU-D'AUDE (Aude), 181
CASTELNAUDARY (Aude), 181
CASTET-ARROUY (Gers), 181
CASTETBON (Pyrénées-Atlantiques), 181
CASTETPUGON (Pyrénées-Atlantiques), 181
CASTEX (Ariège), 181
CASTIGLIONE (Haute-Corse), 181
CASTILLON-LA-BATAILLE (Gironde), 45, 212, 286
CASTINETA (Haute-Corse), 73
CAUCHIE (LA) (Pas-de-Calais), 160
CAUCHY-À-LA-TOUR (Pas-de-Calais), 160
CAURE (LA) (Marne), 76
CAUREL (Côtes-d'Armor), 76
CAUROIR (Nord), 76
CAUSSADE (Tarn-et-Garonne), 160
CAUX (pays de), 16
CAVAILLON (Vaucluse), 19, 59
CAVALAIRE-SUR-MER (Var), 104
CAVALERIE (LA) (Aveyron), 104
CAVALIÈRE (Var), 104
CAYLUS (Tarn-et-Garonne), 180
CELLE (LA) (Puy-de-Dôme), 239
CELLE (LA) (Var), 239
CELLE (Corrèze), 239
CELLE-LÉVESCAULT (Vienne), 239
CENSEAU (Jura), 131
CERBÈRE (Pyrénées-Orientales), 99
CERFONTAINE (Nord), 99
CERGNE (LE) (Loire), 136
CERGY (Val-d'Oise), 45
CERISIER (LE) (Indre), 60
CÉRISIÈRES (Haute-Marne), 60
CERISIERS (LES) (Mayenne), 60
CERISIERS (Yonne), 60
CERIZAY (Deux-Sèvres), 60
CÉRIZOLS (Ariège), 60
CESCAU (Ariège), 54
CHABLIS (Yonne), 137
CHABRELOCHE (Puy-de-Dôme), 165, 166
CHAISE-DIEU (LA) (Haute-Loire), 239
CHALMAISON (Seine-et-Marne), 152
CHALON-SUR-SAÔNE (Saône-et-Loire), 163
CHÂLUS (Haute-Vienne), 180, 181
CHAMBEAU (Nièvre), 151
CHAMBELÈVE (lieu-dit) (Puy-de-Dôme), 125

CHAMBORD (Loir-et-Cher), 163
CHAMPCENEST (Seine-et-Marne), 96
CHAMPFLEUR (Sarthe), 54
CHAMPFLEURY (Aube), 54
CHAMPOLÉON (Hautes-Alpes), 58, 59
CHAMPS-SUR-MARNE (Seine-et-Marne), 155
CHAMPTOCEAUX (Maine-et-Loire), 194
CHANAY (Ain), 70
CHANT-DE-L'ALOUETTE (Morbihan), 87
CHANTELOUP-EN-BRIE (Seine-et-Marne), 96
CHANTEMERLE (Puy-de-Dôme), 88
CHANTEPIE (Ille-et-Vilaine), 91
CHANTOISEAU (Hautes-Alpes), 87
CHANTRAINE (Vosges), 93
CHAPELLE (LA) (Savoie), 245
CHAPELLE-GRAILLOUSE (LA) (Ardèche), 90
CHARBONNIÈRE (forêt), 16, 144
CHARBONNIÈRE (LA) (Ain), 43
CHAREIL-CINTRAT (Allier), 146
CHARITÉ-SUR-LOIRE (LA) (Nièvre), 239
CHARME (LA) (Jura), 81
CHARMEIL (Allier), 81
CHARMES-SAINT-VALBERT (Haute-Saône), 81
CHARMETTES (LES) (Allier), 81
CHARMONT (Marne), 219
CHARMOY (Haute-Marne), 81
CHAROLS (Drôme), 146
CHAROST (Cher), 146
CHARRAS (Charente), 146
CHARRIÈRE (LA) (Allier), 146
CHARROUX (Allier), 146
CHASSAGNE (LA) (Côte-d'Or), 70
CHASSENEUIL-SUR-BONNIEURE (Charente), 70
CHASTANIER (Lozère), 75
CHASTENAY (Yonne), 75
CHÂTEAU-ARNOUX (Alpes-de-Haute-Provence), 181
CHÂTEAU-GAILLARD (Eure), 188, 189
CHÂTEAU-GONTIER (Mayenne), 181
CHÂTEAU-GUIBERT (Vendée), 181
CHÂTEAU-LAMBERT (Haute-Saône), 181
CHÂTEAU-LANDON (Seine-et-Marne), 155, 181
CHÂTEAU-THIERRY (Aisne), 181
CHÂTEAUBERNARD (Charente), 181
CHÂTEAUBLEAU (Seine-et-Marne), 181
CHÂTEAUBRIANT (Loire-Atlantique), 181
CHÂTEAUNEUF-DE-RANDON (Lozère), 182
CHÂTEAUNEUF-DU-PAPE (Vaucluse), 182
CHÂTEAURENARD (Bouches-du-Rhône), 182
CHÂTEAUROUX (Indre), 182
CHÂTEAUTHÉBAUD (Loire-Atlantique), 181
CHÂTELAUDREN (Côtes-d'Armor), 194
CHÂTELDON (Puy-de-Dôme), 182
CHÂTELGUYON (Puy-de-Dôme), 182
CHÂTELLERAULT (Vienne), 182
CHÂTENAY (Ain), 75
CHÂTENOIS (Haute-Saône), 75
CHÂTENOIS (Jura), 75
CHÂTENOY-LE-ROYAL (Saône-et-Loire), 75
CHÂTRES (Seine-et-Marne), 169
CHÂTRES (LES) (lieu-dit), 108
CHATTE (Isère), 239
CHAUCONIN (Seine-et-Marne), 165
CHAUDEFONDS-SUR-LAYON (Maine-et-Loire), 236
CHAUDEFONTAINE (Marne), 236
CHAUDES-AIGUES, 42, 236
CHAUFFOUR-SUR-VELL (Corrèze), 144
CHAUFOUR-LÈS-BONNIÈRES (Yvelines), 144
CHAUFOUR-NOTRE-DAME (Sarthe), 144
CHAUMARD (Nièvre), 125
CHAUSSADE (LA) (Creuse), 160
CHAUSSÉE (LA) (Charente-Maritime), 160

CHAVIALLE (Cantal), 125
CHAVILLE (Hauts-de-Seine), 125
CHEISSOUX (Haute-Vienne), 125
CHELLE-SPOU (Hautes-Pyrénées), 239
CHEMIN (Jura), 42
CHEMINOT (Moselle), 42
CHÊNEDOUIT (Orne), 70
CHENEVELLES (Vienne), 151
CHENEVIÈRES (Meurthe-et-Moselle), 151
CHENNEVIÈRES (Meuse), 151
CHENNEVIÈRES-LÈS-LOUVRES (Val-d'Oise), 151
CHENNEVIÈRES-SUR-MARNE (Val-de-Marne), 151
CHERBONNIÈRES (Charente-Maritime), 43
CHERREAU (Sarthe), 199
CHERVES (Charente), 151
CHESNAIE (LA) (Indre-et-Loire), 70
CHESNAY (LE) (Yvelines), 70, 71
CHESNAYE (LA) (Eure-et-Loir), 70
CHESNE (LE) (Ardennes), 70
CHESNE (LE) (Eure), 70
CHESNES (Isère), 70
CHEVAL-BLANC (Vaucluse), 42, 105, 171
CHEVALERIE (LA) (Maine-et-Loire), 42, 104
CHEVALIER (LE) (Rhône), 42
CHEVALIERS (LES) (Allier), 104
CHEVALINE (Haute-Savoie), 104
CHÈVRERIE (LA) (Charente), 111
CHEVRIER (Haute-Savoie), 111
CHEVRIÈRES (Isère), 111
CHEVROLIÈRE (LA) (Loire-Atlantique), 111
CHIRAC (Charente), 199
CHOISY-LE-ROI (Val-de-Marne), 45, 218
CHOLET (Maine-et-Loire), 87
CHOOZ (Ardennes), 144
CHOUE (Loir-et-Cher), 87
CHOUX (Jura), 87
CHOUY (Aisne), 87
CHOYE (Haute-Saône), 87
CINQ-MARS-LA-PILE (Indre-et-Loire), 160
CINQUETRAL (Jura), 160
CLAMECY (Nièvre), 13, 208
CLÉMENCE-D'AMBEL (Hautes-Alpes), 219
CLERMONT (Oise), 15, 166, 183
CLERMONT-FERRAND (Puy-de-Dôme), 13, 15, 19, 23
CLICHY (Paris), 129, 130
CLIOUSCLAT (Drôme), 135
CLIQUOT (Seine-et-Marne), 155
CLUE (LA) (lieu-dit) (Alpes-Maritimes), 162
CLUNY (Saône-et-Loire), 29, 39, 40, 146, 148, 161, 239
CLUSAZ (LA) (Haute-Savoie), 161
CLUSES (Haute-Savoie), 161
CLUZEL (Allier), 162
COCHÈRE (LA) (Orne), 89
COCHEREL (Seine-et-Marne), 89
COCHEREN (Moselle), 89
COCUMONT (Lot-et-Garonne), 162
COGNAC (Charente), 65
COGNERS (Sarthe), 60
COIN-LÈS-CUVRY (Moselle), 60
COIN-SUR-SEILLE (Moselle), 60
COINGT (Aisne), 60
COLIGNY (Ain), 12
COLLANGES (Ardèche), 36
COLLE-SUR-LOUP (LA) (Alpes-Maritimes), 89
COLLEMIERS (Yonne), 89
COLLOBRIÈRES (Var), 93
COLLONGES (Ain), 36
COLLONGES-AU-MONT-D'OR (Rhône), 36, 131
COLLORGUES (Gard), 36
COLOGNE (Allemagne), 210
COLOGNE (Gers), 210
COLOMBES (Hauts-de-Seine), 89
COLOMBEY-LES-BELLES (Meurthe-et-Moselle), 89
COLOMBEY-LES-DEUX-ÉGLISES (Haute-Marne), 89, 246
COLOMBIER-CHÂTELOT (Doubs), 89

COLOMBIER-LE-CARDINAL (Ardèche), 89
COMANA (Finistère), 149
COMMENAILLES (Jura), 132
CONCARNEAU (Finistère), 140
CONCORET (Morbihan), 72
CONFLANS-SAINTE-HONORINE (Yvelines), 274
CONQUES (Aveyron), 239
CONSOLATION-MAISONNETTES (Doubs), 244
CONTREMOULINS (Seine-et-Marne), 40
CORBEHEM (Pas-de-Calais), 90
CORBEL (Savoie), 90
CORBÈRE (Pyrénées-Orientales), 90
CORBIÈRES (Alpes-de-Haute-Provence), 90
CORDEBUGLE (Calvados), 113
CORDES (Tarn), 208, 209
CORDES-TOLOSANNES (Tarn-et-Garonne), 208
CORENT (Puy-de-Dome), 41, 138
CORROY (Marne), 76
CORVÉES (LES) (Eure-et-Loir), 132
CORVÉES-LES-LYS (LES) (Eure-et-Loir), 132
COTTANCE (Loire), 219
COUCOURDE (LA) (Drôme), 170-171
COUCOURON (Ardèche), 162
COUDEKERQUE (Nord), 246
COULOGNE (Pas-de-Calais), 132
COULOMBS (Calvados), 89
COULON (Deux-Sèvres), 133
COULONGES (Vienne), 36
COULONGES-SUR-L'AUTIZE (Deux-Sèvres), 36, 131
COULONVILLERS (Somme), 132-133
COUPIED (Seine-et-Marne), 155
COUPTRAIN (Mayenne), 104
COURBEVOIE (Hauts-de-Seine), 42, 160
COURSEGOULES (Alpes-Maritimes), 139
COURTEMAUX (Loiret), 203
COUTANCES (Manche), 219, 267
COUTEUGES (Haute-Loire), 123
COUTHURES-SUR-GARONNE (Lot-et-Garonne), 123
COUTIÈRES (Deux-Sèvres), 123
COUTURES (Dordogne), 123
COYOLLES (Aisne), 139
CRACH (Morbihan), 41
CRAMÉNIL (Orne), 123
CRAON (Mayenne), 41
CRAONNE (Aisne), 41
CRAU (LA) (Var), 123
CRAVANS (Charente-Maritime), 123
CRAVENT (Yvelines), 123
CREMPS (Lot), 135
CRESSONNIÈRE (LA) (Calvados), 87, 139
CREUSOT (LE) (Saône-et-Loire), 142
CREVANT (Indre), 123
CRÉVÉCHAMPS (Meurthe-et-Moselle), 124
CRÈVECŒUR-LE-GRAND (Oise), 124
CRÈVECŒUR-LE-PETIT (Oise), 124
CRÈVECŒUR-SUR-L'ESCAUT (Nord), 124
CRILLON (Oise), 45
CRILLON-LE-BRAVE (Vaucluse), 45, 219
CROISTY (LE) (Morbihan), 245
CRUAS (Ardèche), 138
CRUSCADES (Aude), 155
CUCURON (Vaucluse), 162
CURIENNE (Savoie), 133
CUSTINES (Meurthe-et-Moselle), 220

DACHSTEIN (Bas-Rhin), 139
DAMIATTE (Tarn), 212
DAMMARIE (Eure-et-Loir), 240
DAMMARIE-LES-LYS (Seine-et-Marne), 50
DAMMARTIN-EN-GOËLE (Seine-et-Marne), 155, 240
DAMMARTIN-SUR-MEUSE (Haute-Marne), 240
DAMPIERRE (Calvados), 240
DAMPJOUX (Doubs), 240
DARBONNAY (Jura), 91
DAUPHIN (Alpes-de-Haute-Provence), 94

DECAZEVILLE (Aveyron), 142, 226
DEFAYS (LES) (Maine-et-Loire), 133
DEMIE (LA) (Haute-Saône), 133
DESCARTES (Indre-et-Loire), 225
DÉSERTINES (lieu-dit) (Allier), 126
DIEPPE (Seine-Maritime), 140
DIJON (Côte-d'Or), 40, 107
DILO (Yonne), 240
DINARD (Ille-et-Vilaine), 102
DOMÉRAT (Allier), 66
DOMMARTIN (Doubs), 240
DOMPIERRE (Oise), 240
DOMPIERRE-LES-ORMES (Saône-et-Loire), 77
DOMRÉMY-LA-PUCELLE (Vosges), 225
DOUARNENEZ (Finistère), 140, 240
DOZULÉ (Calvados), 135
DRACHENBRONN-BIRLENBACH (Bas-Rhin), 93
DRAGUIGNAN (Var), 93
DRENNEC (LE) (Finistère), 125
DUCLAIR (Seine-Maritime), 183
DUNKERQUE (Nord), 10, 246

EAUNES (Haute-Garonne), 224
EAUZE (Gers), 19
ÉCAILLE (L') (Ardennes), 125
ÉCHIROLLES (Isère), 91
ÉCLIMEUX (Pas-de-Calais), 125
ÉCOUTE-S'IL-PLEUT (Seine-et-Marne), 155
ÉGLETONS (Corrèze), 53
ÉGLISE-AUX-BOIS (L') (Corrèze), 248
ÉGLISENEUVE-D'ENTRAIGUES (Puy-de-Dôme), 248
ÉGLISE-NEUVE-DE-VERGT (Dordogne), 248
ELNE (Pyrénées-Orientales), 224
ENGHIEN-LES-BAINS (Val-d'Oise), 220, 223
ENNETIÈRES-EN-WEPPES (Nord), 94
ÉPAGNE (Aube), 206
ÉPAGNE-ÉPAGNETTE (Somme), 206
ÉPAGNY (Haute-Savoie), 206
ÉPAIGNES (Eure), 206
ÉPANEY (Calvados), 206
ÉPANNES (Deux-Sèvres), 206
ÉPÉGARD (Eure), 66
ÉPEIGNÉ-LES-BOIS (Indre-et-Loire), 206
ÉPERNAY (Marne), 66
ÉPINAL (Vosges), 55
ÉPINAY (L') (Maine-et-Loire), 55
ÉPINAY-SUR-ODON (Calvados), 55
ÉPINAY-SUR-ORGE (Essonne), 55
ÉPINAY-SUR-SEINE (Seine-Saint-Denis), 55
ÉPINE (L') (Marne), 55
ÉPINETTE (L') (Nord), 55
ÉPINEUX-LE-SEGUIN (Mayenne), 55
ERRE (Nord), 125
ESCANECRABE (Haute-Garonne), 125
ESCARDES (Marne), 125
ESCORNEBŒUF (Gers), 133
ESPAGNAC (Corrèze), 206
ESPALION (Aveyron), 133
ESPANÈS (Haute-Garonne), 206
ESPINASSE-VOZELLE (Allier), 55
ESSARTS-LE-ROI (LES) (Yvelines), 135
ESSARTS-LE-VICOMTE (LES) (Marne), 135
ESSERVAL-COMBE (Jura), 135
ESSERVAL-TARTRE (Jura), 135
ÉTEIGNIÈRES (Ardennes), 143
ÉTROUSSAT (Allier), 94
EUGÉNIE-LES-BAINS (Landes), 225
ÉVAILLÉ (Sarthe), 66
EVERLY (Seine-et-Marne), 152
ÉVREUX (Eure), 80
ÉVRY (Essonne), 9, 45

FABRÈGUES (Hérault), 145
FAGET (LE) (Haute-Garonne), 77
FAGET-ABBATIAL (Gers), 77
FAJOLLE (LA) (Aude), 77
FALAISE (Calvados), 34, 176, 177, 188
FALOISE (LA) (Somme), 34
FANJEAUX (Aude), 237
FAOU (LE) (Finistère), 77
FAREMOUTIERS (Seine-et-Marne), 30, 39, 240, 241

FARGES-LÈS-CHALON (Saône-et-Loire), 145
FARGUES (Gironde), 145
FAUCON (Alpes-de-Haute-Provence), 89
FAUILLET (Lot-et-Garonne), 139
FAUX (LE) (Creuse), 77
FAUX (Nièvre), 77
FAVIÈRE (LA) (Jura), 139
FAYE (LA) (Allier), 77
FAYE (Loir-et-Cher), 77
FAYET (Aisne), 77
FAYOLLE (LA) (Allier), 77
FAYS (LE) (Yonne), 77
FÉCAMP (Seine-Maritime), 99, 140
FENOUILLER (LE) (Vendée), 139
FÉROLLES (Loiret), 41, 144
FERRALS-LES-MONTAGNES (Hérault), 41, 143-144
FERRASSIÈRES (Drôme), 41, 144
FERRES (LES) (Alpes-Maritimes), 41
FERRIÈRE-HARANG (LA) (Calvados), 145
FERRIÈRES (Meurthe-et-Moselle), 43
FERRIÈRES (Nièvre), 43
FERRIÈRES (Oise), 43
FERRIÈRES (Seine-et-Marne), 43, 145
FERRIÈRES-SUR-ARIÈGE (Ariège), 145
FERRIÈRES-SUR-SICHON (Allier), 145
FERTÉ (LA) (Jura), 183
FERTÉ-ALAIS (LA) (Essonne), 183
FERTÉ-BERNARD (LA) (Sarthe), 183
FERTÉ-EN-OULXOIS, voir FERTÉ-MILON (LA) 183
FERTÉ-MILON (LA) (Aisne), 183
FERTÉ-SUR-OUCQ, voir FERTÉ-MILON (LA) 183
FERVACHES (Manche), 146
FERVAQUES (Calvados), 146
FEURS (Loire), 19
FEY (Moselle), 77
FICAJA (Haute-Corse), 57
FIGANIÈRES (Var), 57
FIGARI (Corse-du-Sud), 57
FIGAROL (Haute-Garonne), 57
FITZ-JAMES (Oise), 221
FIXEM (Moselle), 97
FOLIE (LA) (Creuse), 125
FONTAINEBLEAU (Seine-et-Marne), 83, 95, 181
FONTENAY-AUX-ROSES (Hauts-de-Seine), 52
FORCALQUIER (Alpes-de-Haute-Provence), 144
FORGES-LES-BAINS (Essonne), 146
FORGES-LES-EAUX (Seine-Maritime), 146
FORMIGUÈRES (Pyrénées-Orientales), 94
FORNEX (Ariège), 146
FOUGÈRES (Ille-et-Vilaine), 189, 190, 191
FOULAYRONNES (Lot-et-Garonne), 166
FOUR (Isère), 146
FOURCHAMBAULT (Nièvre), 144
FOURNAUDIN (Yonne), 144
FOURNEAUX (LES) (Seine-et-Marne), 146
FOURNEAUX (Loire), 144
FOURNELS (Lozère), 144
FOURS (Nièvre), 144
FRAIGNOT-ET-VESVROTTE (Côte-d'Or), 80
FRAISSE (Loire), 80
FRAISSINES (Tarn), 80
FRAMBOISIÈRE (LA) (Eure-et-Loir), 60
FRANÇAISE (LA) (lieu-dit) (Tarn-et-Garonne), 184
FRANCHEVILLE (Rhône), 127
FRANCOURVILLE (Eure-et-Loir), 21
FRASSE (LA) (Savoie), 80
FRAUSSEILLES (Tarn), 125
FRÈCHE (LE) (Landes), 80
FRÉCHENCOURT (Somme), 199
FREISSINOUSE (LA) (Hautes-Alpes), 80
FRÉJUS (Var), 19, 224
FRÉMONTIERS (Somme), 80
FRESNAY (Aube), 80
FRESNOIS (Meuse), 80
FREYSSENET (Ardèche), 80
FROIDETERRE (Haute-Saône), 126
FROIDEVAUX (Doubs), 126

FROIDFOND (Vendée), 126
FROMENTIÈRES (Mayenne), 139
FRONTENAY-ROHAN-ROHAN (Deux-Sèvres), 221

GARENCIÈRES (Eure), 151
GARENNE (LA) (Saône-et-Loire), 92
GARENNES (LES) (Pas-de-Calais), 92
GARRIC (LE) (Tarn), 126
GARRIGUES (Hérault), 126
GASTES (Landes), 126
GASTINES (Mayenne), 126
GATTIÈRES (Alpes-Maritimes), 94
GERGOVIE, 13
GERMAINE (Aisne), 201
GERMAINES (Haute-Marne), 201
GIOU-DE-MAMOU (Cantal), 237
GIOUX (Creuse), 237
GLACERIE (LA) (Manche), 153
GLAIZIL (LE) (Hautes-Alpes), 139, 152
GLEIZÉ (Rhône), 152
GONFARON (Var), 171
GORGUE (LA) (Nord), 155
GOULAFRIÈRE (LA) (Eure), 133
GOUPILLIÈRES (Calvados), 98
GOURDON (Lot), 128, 209
GRÂCE (LA) (Lot-et-Garonne), 248
GRANDES-LOGES (LES) (Marne), 134
GRAU-DU-ROI (LE) (Gard), 164
GRENADE (Haute-Garonne), 57
GRENADE-SUR-L'ADOUR (Landes), 57, 209
GRENOBLE (Isère), 110, 161, 225
GRIVES (Dordogne), 88
GRIVESNES (Somme), 88
GRUEY-LÈS-SURANCE (Vosges), 88
GRUYÈRES (Ardennes), 88
GUÉRARD (Seine-et-Marne), 115
GUERCHE-DE-BRETAGNE (LA) (Ille-et-Vilaine), 184
GUERCHE-SUR-L'AUBOIS (LA) (Cher), 184
GUÉRET (Creuse), 241

HAGONDANGE (Moselle), 145
HARCOURT (Eure), 167
HARENGÈRE (LA) (Eure), 142
HARFLEUR (Seine-Maritime), 142
HARPONVILLE (Somme), 121
HASTINGUES (Landes), 212
HAVRE (LE) (Seine-Maritime), 225
HAŸ-LES-ROSES (L') (Val-de-Marne), 52
HAYANGE (Moselle), 145
HAYE-MALHERBE (LA) (Eure), 226
HENRICHEMONT (Cher), 222
HÉRISSON (Allier), 92
HERMEAUX (Loire), 244
HONDSCHOOTE (Nord), 121, 212
HONFLEUR (Calvados), 16
HÔPITAL (L') (Côtes-d'Armor), 249
HÔPITAL (Ain), 249
HÔPITAL-LE-GRAND (L') (Loire), 249
HÔPITAL-LE-MERCIER (L') (Saône-et-Loire), 249
HOSPITALET (L') (Alpes-de-Haute-Provence), 249
HOSPITALET-PRÈS-L'ANDORRE (L') (Ariège), 249
HOSTENS (Gironde), 122
HÔTELLERIE (L') (Calvados), 163, 249
HÔTELLERIE-DE-FLÉE (L') (Maine-et-Loire), 163, 249
HOUÉCOURT (Vosges), 121

IFFS (LES) (Ille-et-Vilaine), 79
ISLE-ADAM (L') (Val-d'Oise), 185
ISLE-AUMONT (Aude), 185
ISLE-D'ABEAU (L') (Isère), 185
ISLE-DE-NOÉ (L') (Gers), 185
ISLE-JOURDAIN (L') (Gers), 185
ISLE-SUR-LA-SORGUE (L') (Vaucluse), 185
ISSY-LES-MOULINEAUX (Hauts-de-Seine), 156
IVRY-LA-BATAILLE (Eure), 45, 212, 286

JAULDES (Charente), 201
JEUMONT (Nord), 237

JŒUF (Meurthe-et-Moselle), 203
JOINVILLE (Haute-Marne), 225
JOSSELIN (Morbihan), 222
JOU-SOUS-MONJOU (Cantal), 237
JOUARRE (Seine-et-Marne), 241
JOUARS-PONTCHARTRAIN (Yvelines), 236
JOUY-EN-ARGONNE (Meuse), 237
JUGY (Saône-et-Loire), 203
JUIF (Saône-et-Loire), 203
JUVILLE (Moselle), 237

KAYSERSBERG (Haut-Rhin), 222
KERPRICH-AUX-BOIS (Moselle), 246
KERPRICH-LÈS-DIEUZE (Moselle), 246
KIRCHBERG (Haut-Rhin), 246
KIRCHHEIM (Bas-Rhin), 246
KREMLIN-BICÊTRE) (LE) (Val-de-Marne), 170

LABASTIDE D'ANJOU (Aude), 129
LABASTIDE D'ARMAGNAC (Landes), 129
LABASTIDE-DU-TEMPLE (Tarn-et-Garonne), 129
LABASTIDE-MURAT (Lot), 129
LABASTIDE-ROUAIROUX (Tarn), 130
LABASTIDE-SAINT-GEORGES (Tarn), 129
LABOUHEYRE (Landes), 113
LABOULBÈNE (Tarn), 139
LABOUTARIE (Tarn), 136
LABRETONIE (Lot-et-Garonne), 206
LACHASSAGNE (Rhône), 70
LAFIGÈRE (Ardèche), 57
LAGNY (Oise), 155, 177, 204
LAGRUÈRE (Lot-et-Garonne), 88
LAIGNELET (Ille-et-Vilaine), 109
LALANDE (Yonne), 134
LALANNE (Gers), 134
LALEU (Orne), 128
LALINDE (Dordogne), 222
LALLEU (Ille-et-Vilaine), 128
LALŒUF (Meurthe-et-Moselle), 128
LANDE-DE-FRONSAC (LA) (Gironde), 134
LANDERNEAU (Finistère), 246-247
LANDÉVENNEC (Finistère), 241, 256
LANDOGNE (Puy-de-Dôme), 237
LANGRES (Haute-Marne), 19, 147
LANNE-SOUBIRAN (Gers), 134
LANNECAUBE (Pyrénées-Atlantiques), 134
LANNES (Haute-Marne), 237
LAON (Aisne), 14, 17
LAPALISSE (Allier), 137
LAPENCHE (Tarn-et-Garonne), 151
LAREDORTE (Aude), 137
LARGENTIÈRE (Ardèche), 143
LAUZÈS (Lot), 236
LAVANNES (Marne), 140
LAVAULT-SAINTE-ANNE (Allier), 140
LENTILLÈRES (Ardèche), 139
LÉPINAS (Creuse), 55
LÉPINE (Pas-de-Calais), 55
LÉRINS (îles de), 258-259
LESPERON (Landes), 14
LESPINASSE (Haute-Garonne), 55
LESPITEAU (Haute-Garonne), 249
LESSARD-LE-NATIONAL (Saône-et-Loire), 135
LEVALLOIS-PERRET (Hauts-de-Seine), 226
LEVROUX (Indre), 250
LIBOURNE (Gironde), 222
LIEUDIEU (Isère), 241
LIEUSAINT (Manche), 241
LIGNEROLLES (Côte-d'Or), 149
LIGNIÈRES (Somme), 149
LIGNIÈRES-LA-CARELLE (Sarthe), 149
LIGNIÈRES-SONNEVILLE (Charente), 149
LIGNORELLES (Yonne), 149
LILAS (LES) (Pyrénées-Atlantiques), 56
LILAS (LES) (Seine-Saint-Denis), 56
LILLE (Nord), 184, 185
LIMOGES (Haute-Vienne), 16, 242, 252
LINCHEUX-HALLIVILLERS (Somme), 150
LINDEBŒUF (Seine-Maritime), 80
LINSELLES (Nord), 150
LINTOT (Seine-Maritime), 80
LINZEUX (Pas-de-Calais), 150

LOCMARIAQUER (Morbihan), 235
LOCRONAN (Finistère), 149, 257, 285
LODÈVE (Hérault), 19, 238
LOGES-EN-JOSAS (LES) (Yvelines), 135
LOGES-MARCHIS (LES) (Manche), 135
LOGRIAN-FLORIAN (Gard), 226
LONGAVESNES (Somme), 139
LONS-LE-SAUNIER (Jura), 168
LOREUR (LE) (Manche), 244
LORIENT (Morbihan), 138, 140
LORIOL (Drôme), 87
LOROUX (LE) (Ille-et-Vilaine), 244
LOROUX-BOTTEREAU (Loire-Atlantique), 194
LOSNE (Côte-d'Or), 237
LOUDUN (Vienne), 14
LOUPFOUGÈRES (Mayenne), 133
LOURDES (Hautes-Pyrénées), 207, 268
LOURDOUEIX-SAINT-PIERRE (Creuse), 244
LOUROUX-BOURBONNAIS (Allier), 244
LOUVETERIE (lieu-dit), 96
LOUVIL (Nord), 134
LOUVRE (Paris), 134, 141
LOUVRES (Val-d'Oise), 134
LOUZOUER (Loiret), 203
LOYE (LA) (Jura), 134
LOYES (Ain), 134
LOYETTES (Ain), 134
LUC (LE) (Var), 138, 236
LUC (Cantal), 236
LUC-SUR-MER (Calvados), 138, 236
LUCQ-DE-BÉARN (Pyrénées-Atlantiques), 236
LUCS-SUR-BOULOGNE (LES) (Vendée), 138
LUGLON (Landes), 138
LUPSAULT (Charente), 96
LUTÈCE (Paris), 12, 13
LUTILHOUS (Hautes-Pyrénées), 138
LUX (Côte-d'Or), 236
LUYNES (Bouches-du-Rhône), 223
LUYNES (Indre-et-Loire), 222, 223
LYON (Rhône), 14, 19, 136, 236
MÂCON (Saône-et-Loire), 39
MAINCY (Seine-et-Marne), 115
MAISONS (LES) (Yonne), 160
MAISONS-LAFFITTE (Yvelines), 226
MALADIÈRES (Ferme des) (Ain), 250
MALADRERIE (Calvados), 250
MALADRERIE (Dordogne), 250
MALAKOFF (Hauts-de-Seine), 211
MALAUCÈNE (Vaucluse), 83
MALEMORT-DU-COMTAT (Vaucluse), 166
MALESTROIT (Morbihan), 166
MALICORNE (Allier), 166
MALLEMOISSON (Alpes-de-Haute-Provence), 133
MALMAISON (LA) (Hauts-de-Seine), 160
MALO-LES-BAINS (Nord), 10, 227
MAMERS (Sarthe), 61
MANS (LE) (Sarthe), 242
MARBEUF (Eure), 34
MAREUIL-EN-BRIE (Seine-et-Marne), 165
MARGERIDES (Corrèze), 55
MARLY-LE-ROI (Yvelines), 45
MARMAGNE (Cher), 21, 200
MARMEAUX (Yonne), 200
MARMOUTIER (Bas-Rhin), 39
MARNE-LA-VALLÉE (Seine-et-Marne), 9, 45
MARSEILLE (Bouches-du-Rhône), 14, 15, 29, 110, 163, 236
MATAFELON-GRANGES (Ain), 191
MAUREPAS (Somme), 61
MAUREPAS (Yvelines), 61
MAURS (Cantal), 202
MAY-EN-MULTIEN (Seine-et-Marne), 108
MÊLE-SUR-SARTHE (LE) (Orne), 88
MELLO (Oise), 88
MÉNERBES (Vaucluse), 235
MENETOU-COUTURE (Cher), 243
MENETOU-SUR-NAHON (Indre), 243
MÉNETREUIL (Saône-et-Loire), 243
MÉNÉTROL (Puy-de-Dôme), 243
MENOU (Nièvre), 223
MESLAY (Calvados), 88

METZ (Moselle), 24, 174
MEULAN (Yvelines), 90
MIGNÈRES (Loiret), 43
MINERVE (Hérault), 235
MINIÈRE (LES) (Eure), 43
MIRABEAU (Alpes-de-Haute-Provence), 62, 218
MIRABEL (Ardèche), 62, 218
MIRABEL (Tarn-et-Garonne), 62
MIRABEL-AUX-BARONNIES, 62
MIREBEAU (Vienne), 62
MIREBEL (Jura), 218
MIREPOIX (Ariège), 192
MIRIBEL (Ain), 62, 218
MITSOU (Seine-et-Marne), 155
MOCQUESOURIS (Seine-et-Marne), 155
MOISSAC (Tarn-et-Garonne), 274
MOITIERS-D'ALLONNE (LES) (Manche), 39
MONACO, 15
MONASTÈRE (LE) (Aveyron), 243
MONBAZILLAC (Dordogne), 65
MONESTIER (Allier), 243
MONFAUCON (Dordogne), 89
MONT-ROC (Tarn), 185
MONTALEMBERT (Deux-Sèvres), 186
MONTAUBAN (Tarn-et-Garonne), 160, 186
MONTAURIOL (Tarn), 186
MONTBÉLIARD (Doubs), 187
MONT-BLANC (LE) (lieu-dit), 153
MONTCEAU-LES-MINES (Saône-et-Loire), 43
MONTCOURT (Haute-Saône), 153
MONTCUQ (Lot), 185
MONTESPAN (Haute-Garonne), 186
MONTESQUIOU (Gers), 186
MONTFALCON (Isère), 89
MONTFAUCON (Lot), 89
MONTFERMEIL (Seine-Saint-Denis), 185
MONTFERMIER (Tarn-et-Garonne), 185
MONTGISCARD (Haute-Garonne), 186, 199
MONTLHÉRY (Essonne), 186
MONTLUÇON (Allier), 126, 145, 174, 183
MONTMARTRE (Paris), 242
MONTMÉDY (Meuse), 187
MONTMORENCY (forêt de), 74
MONTMORENCY (Val-d'Oise), 60
MONTMOTIER (Vosges), 39
MONTPELLIER (Hérault), 164, 250
MONTREUIL (Pas-de-Calais), 243
MONTREUIL (Seine-Saint-Denis), 242
MONT-SAINT-MICHEL (LE) (Manche), 275, 276
MONTSÉGUR (Ariège), 192
MOROSAGLIA (Haute-Corse), 73
MORT-AUX-JUIFS (lieu-dit) (Loiret), 203
MORTAGNE-AU-PERCHE (Orne), 25, 202
MORTAGNE-DU-NORD (Nord), 25, 202
MORTAGNE-SUR-GIRONDE (Charente-Maritime), 202
MORTAGNE-SUR-SÈVRE (Vendée), 25, 202
MORTAIN (Manche), 202
MOUETTES (Eure), 169
MOULIN-D'ENFER (Seine-et-Marne), 155
MOULIN-GABOT (Seine-et-Marne), 155
MOULIN-MAILLARD (Seine-et-Marne), 155
MOULINS (Allier), 155
MOUSSEAUX-LÈS-BRAY (Seine-et-Marne), 169
MOUSTIER (Lot-et-Garonne), 243
MOUTIERS (Ille-et-Vilaine), 39, 243
MOUTON-TAILLEUX (LE) (lieu-dit), 108
MUDAISON (Hérault), 160
MUETTE (Paris), 169
MUIZON (Marne), 160
MULATIÈRE (LA) (Rhône), 106
MÛR-DE-BRETAGNE (Côtes-d'Armor), 194
MURAT (Cantal), 194, 195
MURET (Haute-Garonne), 194, 195
MUROL (Puy-de-Dôme), 194, 195
MURON (Charente-Maritime), 194

NARBONNE (Aude), 19, 65
NÉGREVILLE (Manche), 202
NEMOURS (Seine-et-Marne), 153
NÉRIS-LES-BAINS (Allier), 236
NEVERS (Nièvre), 17
NICE (Alpes-Maritimes), 15, 236
NÎMES (Gard), 19, 65
NIORT (Deux-Sèvres), 162
NOCARIO (Haute-Corse), 58
NOCETA (Haute-Corse), 58
NOËS (LES) (Loire), 58
NOËS-PRÈS-TROYES (LES) (Aube), 58
NOGARO (Gers), 58
NOGUÈRES (Pyrénées-Atlantiques), 58
NOIRMOUTIER-EN-L'ÎLE (Vendée), 39, 243
NOISEAU (Val-de-Marne), 58
NOISIEL (Seine-et-Marne), 58
NOISY-LE-GRAND (Seine-Saint-Denis), 58
NOISY-LE-ROI (Yvelines), 58
NOISY-LE-SEC (Seine-Saint-Denis), 58
NOISY-SUR-ÉCOLE (Seine-et-Marne), 58
NOISY-SUR-OISE (Val-d'Oise), 58
NOJALS-ET-CLOTTE (Dordogne), 58
NONANCOURT (Eure), 243
NONETTE (Puy-de-Dôme), 243
NOTRE-DAME-D'ASPRES (Orne), 248
NOTRE-DAME-D'ÉPINE (Eure), 249
NOTRE-DAME-D'OÉ (Indre-et-Loire), 248
NOTRE-DAME-D'OR (Vienne), 249
NOTRE-DAME-DU-HAMEL (Eure), 248
NOUGAROULET (Gers), 58
NOYERS-PONT-MAUGIS (Ardennes), 58
NOYERS-SAINT-MARTIN (Oise), 58
NOYERS-SUR-JABRON (Alpes-de-Haute-Provence), 58
NOYON (Oise), 58

OLIVES (LES) (Bouches-du-Rhône), 59
OLIVESE (Corse-du-Sud), 59
OLIVET (Loiret), 59
OLIVIER (Pyrénées-Orientales), 59
OLLIOULES (Var), 59
OLMES (LES) (Rhône), 77
OMET (Gironde), 77
ORADOUR-SUR-GLANE (Haute-Vienne), 244
ORADOUR-SUR-VAYRES (Haute-Vienne), 244
ORANGE (Vaucluse), 19
ORLÉANS (Loiret), 143
ORLY (Val-de-Marne), 143
ORMEAUX (Seine-et-Marne), 77
ORMES-SUR-VOULZIE (LES) (Seine-et-Marne), 152
ORMESSON (Seine-et-Marne), 77
ORMOY (Eure-et-Loir), 77
OULMES (Vendée), 77
OYTIER-SAINT-OBLAS (Isère), 160
OZOIR-LA-FERRIÈRE (Seine-et- Marne), 244
OZOUER-LE-REPOS (Seine-et-Marne), 244
OZOUER-LE-VOULGIS (Seine-et-Marne), 96

PAIMPONT (Ille-et-Vilaine), 72
PALAVAS-LES-FLOTS (Hérault), 18, 164
PAMIERS (Ariège), 207
PAMPELONNE (Tarn), 209
PANTIN (Seine-Saint-Denis), 169
PARAY-VIEILLE-POSTE (Essonne), 171
PARIS, 12, 24, 115, 136, 141, 160, 185, 204
PECHELBRONN (Bas-Rhin), 44
PECQUEUR (Pas-de-Calais), 141
PECQUEUSE (Essonne), 140, 141
PÉGAIROLLES-DE-BUÈGES (Hérault), 140
PÉGOMAS (Alpes-Maritimes), 140
PELLERIN (LE) (Loire-Atlantique), 163
PELLERINE (LA) (Maine-et-Loire), 163
PENNES-MIRABEAU (LES) (Bouches-du-Rhône), 218
PESCADOIRES (Lot), 141
PESCHADOIRES (Puy-de-Dôme), 141
PIMBO (Landes), 87
PIN (LE) (Allier), 83

PIN (LE) (Gard), 83
PIN (LE) (Jura), 83
PIN (LE) (Loire-Atlantique), 83
PIN-AU-HARAS (LE) (Orne), 83
PIN-LA-GARENNE (LE) (Orne), 83
PIN-MORIÈS (Lozère), 83
PINAY (Loire), 83
PINEAUX (LES) (Vendée), 83
PINET (LE) (Isère), 83
PINEUILH (Gironde), 83
PINO (Haute-Corse), 83
PINOLS (Haute-Loire), 83
PINS (LES) (Charente), 83
PIS (Gers), 83
PISCOP (Val-d'Oise), 169
PISSELEU (Oise), 169
PLAISANCE (Gers), 209
PLAISANCE (Vienne), 209
PLAISANCE-DU-TOUCH (Haute-Garonne), 209
PLESSIS-ROBINSON (LE) (Hauts-de-Seine), 224
PLEYBEN (Finistère), 247
PLOMBIÈRES-LES-BAINS (Vosges), 143
PLOMBIÈRES-LÈS-DIJON (Côte-d'Or), 143
PLOUGASTEL-DAOULAS (Finistère), 60
POISSONS (Haute-Marne), 141
POIX-DU-NORD (Nord), 141
POIX-TERRON (Ardennes), 141
POMARÈDE (Lot), 67
POMAREZ (Landes), 67
POMEYS (Rhône), 67
POMMARD (Côte-d'Or), 67
POMMERAIE-SUR-SÈVRE (LA) (Vendée), 67
POMMERAYE (LA) (Calvados), 67
POMMERET (Côtes-d'Armor), 67
POMMERIEUX (Mayenne), 67
POMMERIT-LE-VICOMTE (Côtes-d'Armor), 67
POMMEUSE (Seine-et-Marne), 67
POMMIER (Pas-de-Calais), 67
POMMIERS (Aisne), 66
POMMIERS (Gard), 66
POMMIERS (Indre), 66
POMMIERS (Loire), 66
POMMIERS-MOULONS (Charente-Maritime), 66
POMPEY (Meurthe-et-Moselle), 145
POMPIDOU (LE) (Lozère), 124
POMPONNE (Seine-et-Marne), 124
POMPS (Pyrénées-Atlantiques), 67
PONT-AUDEMER (Eure), 162
PONT-L'ABBÉ (Finistère), 162, 168
PONT-L'ÉVÊQUE (Calvados), 162
PONT-SAINT-ESPRIT (Gard), 162
PONTCARRÉ (Seine-et-Marne), 42
PONTIVY (Morbihan), 45
PONTOISE (Val-d'Oise), 46, 189
PONTS-DE-CÉ (LES) (Maine-et-Loire), 142
PORCELETTE (Moselle), 115
PORCHEUX (Oise), 115
PORCIEU-AMBLAGNIEU (Isère), 115
PORETTES (lieu-dit) (Seine-et-Marne), 115
PORT-LAUNAY (Finistère), 163
PORT-MORT (Eure), 163-164
PORT-SAINT-LOUIS-DU-RHÔNE (Bouches-du-Rhône), 164
PORT-SAINT-PÈRE (Loire-Atlantique), 164
PORT-SAINTE-FOY-ET-PONCHAPT (Dordogne), 164
PORT-SUR-SAÔNE (Haute-Saône), 163
PORT-SUR-SEILLE (Meurthe-et-Moselle), 163
PORT-VENDRES (Pyrénées-Orientales), 236
PORTE-JOIE (Eure), 164
POSSONNIÈRE (LA) (Maine-et-Loire), 153
POTELIÈRES (Gard), 153
POTERIE (LA) (Côtes-d'Armor), 153
POTERIE-AU-PERCHE (LA) (Orne), 153
POTERIE-MATHIEU (LA) (Eure), 153
POTHIÈRES (Côte-d'Or), 153
POURCHARESSES (Lozère), 115
POURCIEUX (Var), 115
POURCY (Marne), 115
POURNOY-LA-CHÉTIVE (Moselle), 62

POURNOY-LA-GRASSE (Moselle), 62
PRENOIS (Côte-d'Or), 62
PRÉNY (Meurthe-et-Moselle), 62
PROVINS (Seine-et-Marne), 52, 152, 177, 178
PRUGNANES (Pyrénées-Orientales), 62
PRUGNY (Aube), 62
PRUNELLI-DI-CASACCONI (Haute-Corse), 62
PRUNELLI-DI-FIUMORBO (Haute-Corse), 62
PRUNIÈRES (Lozère), 62
PRUNIERS (Indre), 62
PRUNOY (Yonne), 62
PUELLEMONTIER (Haute-Marne), 243
PULNOY (Meurthe-et-Moselle), 62
PUY-D'ARNAC (Corrèze), 106

QUELNEUC (Morbihan), 69
QUERCITELLO (Haute-Corse), 69
QUESNAY-GUESNON (Calvados), 70
QUESNOY-LE-MONTANT (Somme), 70
QUESNOY-SUR-AIRAINES (Somme), 70
QUICANGROGNE (Seine-et-Marne), 155
QUINCIÉ-EN-BEAUJOLAIS (Rhône), 64
QUINCY (Cher), 165

REBAIS (Seine-et-Marne), 241
REIMS (Marne), 22, 66, 143, 204
REINE (LA) (Saône-et-Loire), 93
REMIREMONT (Vosges), 244
RENARDIÈRE (Mayenne), 98
RENNES (Ille-et-Vilaine), 71, 95
RIEUX (Oise), 162
RIEZ (Alpes-de-Haute-Provence), 19
RIOM (Puy-de-Dôme), 13
ROAIX (Vaucluse), 210
ROBICHON (lieu-dit), 108
ROBICHES (LES) (lieu-dit), 108
ROBINS (LES) (lieu-dit), 108
ROBINETS (LES) (lieu-dit), 108
ROCHE-D'AGOUX (Puy-de-Dôme), 201
ROCHELLE (LA) (Charente-Maritime), 167
ROCHEPOT (LA) (Côte-d'Or), 224
ROQUEFIXADE (Ariège), 192
ROQUEFORT (Gers), 192
ROQUEFORT-LES-PINS (Alpes-Maritimes), 83
ROSENAU (Haut-Rhin), 53
ROSIÈRE (LA) (Isère), 52
ROSIERS-D'ÉGLETONS (Corrèze), 53
ROUEN (Seine-Maritime), 17, 175
ROUILLY (Seine-et-Marne), 153
ROZAY (Aisne), 52
ROZAY-EN-BRIE (Seine-et-Marne), 155
ROZIERS-SAINT-GEORGES (Haute-Vienne), 53
RUEIL-MALMAISON (Hauts-de-Seine), 45

SAINT-AGATHON (Côtes-d'Armor), 263
SAINT-ALEXANDRE (Gard), 264
SAINT-AMANS-SOULT (Tarn), 130
SAINT-AMARIN (Haut-Rhin), 265
SAINT-AMÉ (Vosges), 265
SAINT-ANASTAISE (Puy-de-Dôme), 264
SAINT-ANDOCHE (Haute-Saône), 261
SAINT-ASTIER (Dordogne), 264
SAINT-AUBIN-DU-CORMIER (Ille-et-Vilaine), 190
SAINT-AUBIN-LES-FORGES (Nièvre), 43-44
SAINT-AUSTREMOINE (Haute-Loire), 267
SAINT-AVIT (Loir-et-Cher), 264
SAINT-BARNABÉ (Côtes-d'Armor), 266
SAINT-BARTHÉLEMY (Isère), 266
SAINT-BÉNÉZET (Gard), 40, 264
SAINT-BENOIST-SUR-MER (Vendée), 40, 264
SAINT-BENOIST-SUR-VANNE (Aube), 40
SAINT-BENOÎT-DES-OMBRES (Eure), 264
SAINT-BENOÎT-DES-ONDES (Ille-et-Vilaine), 264
SAINT-BENOÎT-DU-SAULT (Indre), 264
SAINT-BENOÎT-LA-CHIPOTTE (Vosges), 264

SAINT-BENOÎT-LA-FORÊT (Indre-et-Loire), 264
SAINT-BENOÎT-SUR-LOIRE (Loiret), 40, 239
SAINT-BENOÎT-SUR-SEINE (Aube), 40
SAINT-BERNARD (Côte-d'Or), 265
SAINT-BERTHEVIN (Mayenne), 261
SAINT-BLIMONT (Somme), 265
SAINT-BRÉVIN-LES-PINS (Loire-Atlantique), 264
SAINT-BRIEUC (Côtes-d'Armor), 256
SAINT-CASSIEN (Dordogne), 259
SAINT-CASSIEN (Vienne), 259
SAINT-CASSIN (Savoie), 259
SAINT-CERNIN (Lot), 261
SAINT-CÉSAIRE-DE-GAUZIGNAN (Gard), 259
SAINT-CÉZAIRE-SUR-SIAGNE (Alpes-Maritimes), 259
SAINT-CHEF (Isère), 265
SAINT-CLAUDE (Jura), 30
SAINT-CLOUD (Hauts-de-Seine), 31
SAINT-CLOUD-EN-DUNOIS (Eure-et-Loir), 31
SAINT-COLOMBAN-DES-VILLARDS (Savoie), 265
SAINT-CRÉPIN (Hautes-Alpes), 261
SAINT-DENIS (Seine-Saint-Denis), 10, 175, 275
SAINT-DONAT (Puy-de-Dôme), 265
SAINT-EDMOND (Saône-et-Loire), 264
SAINT-ÉLOY-DE-LA-GLACIÈRE (Puy-de-Dôme), 252
SAINT-ÉLOY-LES-MINES (Puy-de-Dôme), 43, 142, 251
SAINT-ÉLOY-LES-TUILERIES (Corrèze), 252
SAINT-ÉMILION (Gironde), 65
SAINT-ESTEBEN (Pyrénées-Atlantiques), 262
SAINT-ESTÈPHE (Dordogne), 262
SAINT-ÉTIENNE (Loire), 262
SAINT-EUGÈNE (Aisne), 263
SAINT-EUGÈNE (Charente-Maritime), 263
SAINT-FLOUR (Cantal), 267
SAINT-GEIN (Landes), 265
SAINT-GEORGES-BUTTAVENT (Mayenne), 273
SAINT-GEORGES-D'OLÉRON (Charente-Maritime), 273
SAINT-GEORGES-DE-LA-RIVIÈRE (Manche), 273
SAINT-GEORGES-DE-MONTAIGU (Vendée), 273
SAINT-GEORGES-DE-MONTCLARD (Dordogne), 273
SAINT-GEORGES-DES-SEPT-VOIES (Maine-et-Loire), 273
SAINT-GEORGES-DES-GARDES (Maine-et-Loire), 273
SAINT-GEORGES-LA-POUGE (Creuse), 273
SAINT-GEORGES-MONTCOQ (Manche), 273
SAINT-GÉRÉON (Loire-Atlantique), 262
SAINT-GERMAIN (forêt de), 12
SAINT-GERMAIN-EN-LAYE (Yvelines), 272
SAINT-GERMAIN-LA-BLANCHE-HERBE (Calvados), 272
SAINT-GÉRON (Haute-Loire), 262
SAINT-GILDAS-DE-RHUYS (Morbihan), 256
SAINT-GILLES (Gard), 265
SAINT-GILLES-PLIGEAUX (Côtes-d'Armor), 255
SAINT-GRATIEN (Val-d'Oise), 261
SAINT-GRATIEN-SAVIGNY (Nièvre), 261
SAINT-GUILHEM-LE-DÉSERT (Hérault), 264
SAINT-HONORAT (Alpes-Maritimes), 30
SAINT-HONORÉ (Isère), 259
SAINT-HONORÉ-LES-BAINS (Vienne), 259
SAINT-HUBERT (Moselle), 253
SAINT-JAMES (Pyrénées-Atlantiques), 266
SAINT-JEAN-DE-BŒUF (Côte-d'Or), 266
SAINT-JEAN-DE-LOSNE (Côte-d'Or), 237, 262

SAINT-JEAN-DES-ESSARTIERS (Calvados), 135
SAINT-JEAN-DU-BOIS (Sarthe), 266
SAINT-JEAN-DU-DOIGT (Finistère), 255
SAINT-JOACHIM (Loire-Atlantique), 263
SAINT-JOSEPH (Loire), 263
SAINT-JOSEPH (Manche), 263
SAINT-JOSSE (Pas-de-Calais), 267
SAINT-JUDOCE (Côtes-d'Armor), 267
SAINT-LAGER (Rhône), 264
SAINT-LAURENT-DU-VAR (Alpes-Maritimes), 262
SAINT-LAURENT-DU-VERDON (Alpes-de-Haute-Provence), 262
SAINT-LAURENT-LE-MINIER (Gard), 142, 251
SAINT-LÉGER (Charente), 264
SAINT-LÉON (Gironde), 263
SAINT-LÉONARD (Marne), 264
SAINT-LÉONARD (Pas-de-Calais), 264
SAINT-LÉONARD-EN-BEAUCE (Loir-et-Cher), 264
SAINT-LOUIS-EN-L'ISLE (Dordogne), 264
SAINT-MALO (Ille-et-Vilaine), 256
SAINT-MALON-SUR-MEL (Ille-et-Vilaine), 72
SAINT-MARCELLIN (Isère), 263
SAINT-MARTIAL-D'ARTENSET (Dordogne), 102
SAINT-MARTIN-D'ENTRAIGUES (Deux-Sèvres), 269
SAINT-MARTIN-D'ENTRAUNES (Alpes-Maritimes), 269
SAINT-MARTIN-D'ESTRÉAUX (Loire), 269
SAINT-MARTIN-DE-FONTENAY (Calvados), 269
SAINT-MARTIN-DE-LERM (Gironde), 269
SAINT-MARTIN-DE-LONDRES (Hérault), 270
SAINT-MARTIN-DE-RÉ (Charente-Maritime), 270
SAINT-MARTIN-DE-VALAMAS (Ardèche), 269
SAINT-MARTIN-DES-BESACES (Calvados), 269
SAINT-MARTIN-DES-ENTRÉES (Calvados), 269
SAINT-MARTIN-DES-FONTAINES (Vendée), 269
SAINT-MARTIN-DES-PUITS (Aude), 269
SAINT-MARTIN-DU-FRÊNE (Ain), 270
SAINT-MARTIN-DU-PUY (Nièvre), 269
SAINT-MARTIN-DU-VAR (Alpes-Maritimes), 269
SAINT-MARTIN-DU-VIEUX-BELLÊME (Orne), 270
SAINT-MARTIN-LA-SAUVETÉ (Loire), 245
SAINT-MARTIN-LACAUSSADE (Gironde), 269
SAINT-MARTIN-LE-COLONEL (Drôme), 269
SAINT-MARTIN-LESTRA (Loire), 269
SAINT-MARTIN-RIVIÈRE (Aisne), 269
SAINT-MARTIN-VÉSUBIE (Alpes-Maritimes), 269
SAINT-MARTORY (Haute-Garonne), 32, 264
SAINT-MAUR-DES-FOSSÉS (Val-de-Marne), 36, 141
SAINT-MAURICE (Valais, Suisse), 28, 262
SAINT-MAXIMIN (Gard), 260
SAINT-MAXIMIN (Isère), 260
SAINT-MAXIMIN-LA-SAINTE-BAUME (Var), 260
SAINT-MAY (Drôme), 265
SAINT-MICHEL-EN-BRENNE (Indre), 276
SAINT-MICHEL-ET-CHANVEAUX (Maine-et-Loire), 276
SAINT-NAZAIRE (Loire-Atlantique), 103, 258
SAINT-NECTAIRE (Puy-de-Dôme), 267
SAINT-NICOLAS-DE-PORT (Meurthe-et-Moselle), 267
SAINT-OFFENGE-DESSOUS (Savoie), 267
SAINT-OFFENGE-DESSUS (Savoie), 267
SAINT-OURS (Savoie), 262

SAINT-PAUL-TROIS-CHÂTEAUX (Drôme), 266
SAINT-PÉRAVY-ÉPREUX (Loiret), 266
SAINT-PÉRAVY-LA-COLOMBE (Loiret), 211
SAINT-PÈRE-EN-RETZ (Loire-Atlantique), 266
SAINT-PÈRE-SOUS-VÉZELAY (Yonne), 120-121, 266
SAINT-PHILIBERT-DE-GRAND-LIEU (Loire-Atlantique), 257
SAINT-PIERRE-QUIBERON (Morbihan), 266
SAINT-POL-DE-LÉON (Finistère), 256
SAINT-POURÇAIN (Allier), 65
SAINT-PREST (Eure-et-Loir), 261
SAINT-QUENTIN (Aisne), 38
SAINT-QUINTIN-SUR-SIOULE (Puy-de-Dôme), 261
SAINT-RAPHAËL (Var), 259
SAINT-RÉMY-DE-PROVENCE (Bouches-du-Rhône), 260
SAINT-RENAN (Finistère), 257
SAINT-RIQUIER (Somme), 265
SAINT-ROCH-SUR-ÉGRENNE (Orne), 250
SAINT-SATUR (Cher), 65
SAINT-SIGISMOND (Haute-Savoie), 30, 264
SAINT-SIGISMOND (Loiret), 30, 264
SAINT-SIGISMOND (Maine-et-Loire), 30, 264
SAINT-SIGISMOND (Vendée), 30
SAINT-SIXT (Haute-Savoie), 263
SAINT-SIXTE (Loire), 263
SAINT-SYMPHORIEN (Deux-Sèvres), 261
SAINT-SYMPHORIEN-LE-VALOIS (Manche), 261
SAINT-THÉGONNEC (Finistère), 255
SAINT-THÉOFFREY (Isère), 265
SAINT-THIBAULT-DES-VIGNES (Seine-et-Marne), 63
SAINT-THOMAS (Haute-Savoie), 267
SAINT-TROPEZ (Var), 260
SAINT-VIAUD (Loire-Atlantique), 255
SAINT-VICTORET (Bouches-du-Rhône), 30
SAINT-VICTOUR (Corrèze), 263
SAINT-YRIEIX (Haute-Vienne), 180
SAINTE-ANNE-D'AURAY (Morbihan), 254
SAINTE-AUSTREBERTHE (Seine-Maritime), 265
SAINTE-BARBE (Moselle), 252
SAINTE-BARBE-SUR-GAILLON (Eure), 252
SAINTE-BLANDINE (Deux-Sèvres), 263
SAINTE-BLANDINE (Isère), 263
SAINTE-BRIGITTE (Morbihan), 263
SAINTE-CONSORCE (Rhône), 33
SAINTE-CROIX-AUX-MINES (Haut-Rhin), 142
SAINTE-ÉNIMIE (Lozère), 264
SAINTE-EUGÉNIE-DE-VILLENEUVE (Haute-Loire), 263
SAINTE-FAUSTE (Indre), 32
SAINTE-FLORENCE (Gironde), 263
SAINTE-FLORENCE (Vendée), 263
SAINTE-FOI (Ariège), 263
SAINTE-GAUBURGE-SAINTE-COLOMBE (Orne), 265
SAINTE-GENEVIÈVE (Seine-Maritime), 254
SAINTE-MARIE-AUX-MINES (Haut-Rhin), 44, 142, 144, 251
SAINTE-MAXIME (Var), 260
SAINTE-MÈRE-ÉGLISE (Manche), 248
SAINTE-RADEGONDE (Cher), 30
SAINTE-RADEGONDE (Deux-Sèvres), 30
SAINTE-RADEGONDE (Dordogne), 30
SAINTE-RADEGONDE (Somme), 30
SAINTE-RADEGONDE (Vienne), 30, 266
SAINTE-RUFFINE (Moselle), 263
SAINTE-SCOLASSE-SUR-SARTHE (Orne), 265
SAINTE-TRÉPHINE (Côtes-d'Armor), 255
SAINTE-VAUBOURG (Ardennes), 265
SAINTES (Charente-Maritime), 16
SAINTES-MARIES-DE-LA-MER (Bouches-du-Rhône), 29, 251

SALCES (LES) (Ardèche), 168
SALCES (LES) (Lozère), 168
SALETTE-FALLAVAUX (LA) (Isère), 268
SALIES-DE-BÉARN (Pyrénées-Atlantiques, 169
SALIN-DE-GIRAUD (Bouches-du- Rhône), 168
SALINDRES (Gard), 169
SALINELLES (Gard), 169
SALINS-D'HYÈRES (Var), 168
SALINS-LES-BAINS (Jura), 168
SALINS-LES-THERMES (Savoie), 168
SALLES (LES) (Gironde), 169
SALT-EN-DONZY (Loire), 162
SALVETAT (LA) (Cantal), 245
SANCERRE (Cher), 65, 74
SAP (LE) (Orne), 82
SAP-ANDRÉ (LE) (Orne), 82
SAPOGNE-SUR-MARCHE (Ardennes), 82
SAPOIS (Jura), 82
SAPOIS (Vosges), 138
SAPPEY (LE) (Haute-Savoie), 82
SAUBUSSE (Landes), 14
SAULNIÈRES (Eure-et-Loir), 169
SAULNIÈRES (Ille-et-Vilaine), 169
SAULT (Ardèche), 162
SAULXEROTTE (Meurthe-et-Moselle), 168
SAULXURES-LÈS-BULGNÉVILLE (Vosges), 168
SAULXURES-SUR-MOSELOTTE (Vosges), 168
SAUNIÈRE (LA) (Creuse), 169
SAUSSES (Alpes-de-Haute-Provence), 168
SAUT-DU-LOUP (LE) (Puy-de- Dôme), 96
SAUVETAT (LA) (Gers), 245
SAUVETERRE-DE-BÉARN (Pyrénées-Atlantiques), 245
SAUVETERRE-DE-GUYENNE (Gironde), 245
SEMOUTIERS-MONTSAON (Haute-Marne), 244
SEMUR-EN-AUXOIS (Côte-d'Or), 192, 193
SEMUR-EN-BRIONNAIS (Saône-et-Loire), 193
SÉNART (forêt de), 12
SENLIS (Oise), 22
SENS (Yonne), 16
SEPPOIS-LE-BAS (Haut-Rhin), 138
SEPPOIS-LE-HAUT (Haut-Rhin), 138
SEPTÈMES-LES-VALLONS (Bouches-du-Rhône), 160
SERGENAUX (Jura), 135
SERMAISE (Maine-et-Loire), 200
SERMAISES (Loiret), 200
SERMAIZE (Oise), 200
SERMAIZE-LES-BAINS (Marne), 200
SERMESSE (Saône-et-Loire), 200
SERMIZELLES (Yonne), 200
SERPENT (LA) (Aude), 92-93
SERVAL (Aisne), 100
SERVES-SUR-RHÔNE (Drôme), 100
SERVIÈS (Tarn), 100
SERVIN (Doubs), 100
SINDÈRES (Landes), 14
SINGLEYRAC (Dordogne), 101
SIXT-FER-À-CHEVAL (Haute-Savoie), 161
SOISSONS (Aisne), 22, 24
SOISSONS-SUR-NACEY (Côte-d'Or), 201
SOISY-BOUY (Seine-et-Marne), 152
SOLFÉRINO (Landes), 211
SOS (Lot-et-Garonne), 14
STORCKENSOHN (Haut-Rhin), 88
SUAUX (Charente), 114

TABARDERIE (LA) (Seine-et-Marne), 155
TART-L'ABBAYE (Côte-d'Or), 237
TART-LE-BAS (Côte-d'Or), 237
TART-LE-HAUT (Côte-d'Or), 236
TARTAS (Landes), 14
TEILLEUL (LE) (Manche), 80
TEMPLE (LE) (Morbihan), 245
TEMPLEMARS (Nord), 237
THANN (Haut-Rhin), 82
THANNENKIRCH (Haut-Rhin), 82

THANVILLÉ (Bas-Rhin), 82
THEIL (LE) (Allier), 80
THEY-SOUS-VAUDÉMONT (Meurthe-et-Moselle), 80
THIEULLOY-L'ABBAYE (Somme), 152
THIEULLOY-LA-VILLE (Somme), 152
THIEULOYE (LA) (Pas-de-Calais), 152
THIEUX (Oise), 80
THIOLIÈRES (Puy-de-Dôme), 152
THORIGNY-SUR-MARNE (Seine-et-Marne), 155
TILH (Landes), 80
TILLOLOY (Somme), 80
TILLOU (Deux-Sèvres), 80
TORFOU (Maine-et-Loire), 77
TOUL (Meurthe-et-Moselle), 174, 175
TOULOUSE (Haute-Garonne), 19, 78, 160
TOUQUIN (Seine-et-Marne), 169
TOURNUS (Saône-et-Loire), 257
TOURTRÈS (Lot-et-Garonne), 89
TREMBLAY-LES-VILLAGES (Eure-et-Loir), 82
TRÈVES (Gard), 161
TRÈVES (Maine-et-Loire), 161
TRIADOU (LE) (Hérault), 109
TRICHE (LA) (Seine-et-Marne), 155
TRIMOUILLE (LA) (Vienne), 82
TROCHE (Corrèze), 77
TRONÇAIS (forêt de), 70, 71, 72
TROUSSE-VACHE (Seine-et-Marne), 114
TROYES (Aube), 20, 177, 238
TRUIE-PENDUE (lieu-dit) (Seine-et-Marne), 115
TUBŒUF (Orne), 113
TUILERIE (LA) (Creuse), 152
TUILES (LES) (Dordogne), 152
TULLE (Corrèze), 237
TURBIE (LA) (Alpes-Maritimes), 212
TURGON (Charente), 101

URTIÈRE (Doubs), 94

VACHÈRES (Alpes-de-Haute-Provence), 13
VACHERESSE (Haute-Savoie), 113
VACHERESSE-ET-LA-ROUILLIE (LA) (Vosges), 114
VACHERIE (LA) (Loir-et-Cher), 113
VACQUERETTE-ERQUIÈRES (Pas-de-Calais), 113
VACQUERIE (LA) (Calvados), 113
VACQUERIE-LE-BOUCQ (Pas-de-Calais), 113
VACQUEYRAS (Vaucluse), 113
VACQUIERS (Haute-Garonne), 113
VAIRE (Yonne), 79
VAIRES-SUR-MARNE (Seine-et-Marne), 79
VALCIVIÈRES (Puy-de-Dôme), 139
VALENCE (Drôme), 19
VALENCE-SUR-BAÏSE (Gers), 209
VALLOUISE (Hautes-Alpes), 225
VANAULT-LES-DAMES (Marne), 244
VAUCHOUX (Haute-Saône), 152
VÉDRINES (Cantal), 153
VÉLIZY-VILLACOUBLAY (Yvelines), 9, 46
VENDREST (Seine-et-Marne), 114
VERDUN (Meuse), 11, 174, 175, 196
VERDUN-SUR-GARONNE (Tarn-et-Garonne), 196
VERDUN-SUR-LE-DOUBS (Saône-et-Loire), 196
VERGNE (LA) (Creuse), 79
VERNAJOUL (Ariège), 79
VERNAY (Haute-Savoie), 79
VERNE (Doubs), 79
VERNET (Cantal), 79
VERNEUIL (Allier), 79
VERNEUIL-L'ÉTANG (Seine-et-Marne), 79
VERNEUIL-SUR-AVRE (Eure), 79
VERNEUIL-SUR-INDRE (Indre-et-Loire), 79
VERNEUIL-SUR-SEINE (Yvelines), 79
VERNEUIL-SUR-SERRE (Aisne), 79
VERNEUIL-SUR-VIENNE (Haute-Vienne), 79
VERNINES (Puy-de-Dôme), 79
VERNIOLLE (Ariège), 79

VERNOUILLET (Eure-et-Loir), 79
VERPILLIÈRES (Somme), 98
VERRERIE (Mayenne), 153
VERRIÈRES (bois de), 12, 71
VERRIÈRES (Aube), 153
VERRIÈRES-DE-JOUX (Doubs), 153
VERRIÈRES-DU-GROSBOIS (Doubs), 153
VERRINES (Creuse), 153
VERTUS (Marne), 237
VÉZELAY (Yonne), 120, 260
VIENNE (Isère), 19, 150
VIGNATS (Calvados), 63
VIGNAU (LE) (Landes), 63
VIGNAUX (LES) (Haute-Garonne), 63
VIGNEAUX (LES) (Hautes-Alpes), 63
VIGNEMONT (Oise), 64
VIGNES (Pyrénées-Atlantiques), 64
VIGNES (Yonne), 64
VIGNEUL-SOUS-MONTMÉDY (Meuse), 63
VIGNEULLES (Meurthe-et-Moselle), 63
VIGNEULLES-LÈS-HATTONCHÂTEL (Meuse), 63
VIGNEUX-HOCQUET (Aisne), 63
VIGNEVIEILLE (Aude), 64
VIGNIEU (Isère), 64
VIGNOL (Nièvre), 63
VIGNOLLES (Aisne), 63
VIGNOLLES (Charente), 63
VIGNOT (Meuse), 63
VIGNY (Moselle), 64
VIGNY-LÈS-PARAY (Saône-et-Loire), 64
VIGUERON (Tarn-et-Garonne), 38
VILLAR-LOUBIÈRE (Hautes-Alpes), 96
VILLE-AUX-NONAINS (LA) (Eure-et-Loir), 244
VILLE-ÈS-NONAIS (LA) (Ille-et-Vilaine), 244
VILLEBOIS-LAVALETTE (Charente), 214
VILLECERF (Seine-et-Marne), 98, 100
VILLECHIEN (Manche), 92
VILLECONIN (Essonne), 92
VILLEFRANCHE (Gers), 127
VILLEFRANCHE-DE-ROUERGUE (Aveyron), 39
VILLEFRANCHE-DU-PÉRIGORD (Dordogne), 154
VILLEFRANCHE-SUR-SAÔNE (Rhône), 39
VILLENEUVE-D'OLMES (Ariège), 192
VILLENEUVE-LE-COMTE (Seine-et-Marne), 38, 127, 218
VILLENEUVE-LE-ROI (Val-de-Marne), 45
VILLENEUVE-LOUBET (Alpes-Maritimes), 96
VILLENEUVE-SAINT-DENIS (Seine-et-Marne), 127
VIMONT (Calvados), 34
VINAY (Marne), 64
VINEUSE (LA) (Saône-et-Loire), 64
VIODOS-ABENSE-DE-BAS (Pyrénées-Atlantiques), 109
VIRICELLES (Loire), 244
VITROLLES (Hautes-Alpes), 153
VITRY-LE-FRANÇOIS (Marne), 215
VOISSAY (Charente-Maritime), 76
VOUZIERS (Ardennes), 22

WARTY, voir FITZ-JAMES 221
WISSOUS (Essonne), 201
WY-DIT-JOLI-VILLAGE (Val-d'Oise), 222

YVRENCH (Somme), 93

Index des noms propres

Les dieux et les déesses

Athéna
NICE (*Nikê*), 15, 236

Belenos
BAULNE-EN-BRIE, 235
BEAUNAY, 235
BEAUNE, 65, 107, 166, 235, 249
BEAUNE-LA-ROLANDE, 235
BELAN-SUR-OURCE, 236

Belisama
BALESMES, 235
BELEYMAS, 235
BELLÊME, 81, 235
BLESMES, 235
BLISMES, 235

Bormo
BORMES-LES-MIMOSAS, 55, 236
BOURBOULE (LA), 216
BROUTHIÈRES, 53, 236

Jupiter
FANJEAUX (*fanum Jovis* : temple de Jupiter), 237
GIOU-DE-MAMOU, 237
GIOUX, 237
JOU-SOUS-MONJOU, 237
JOUARS-PONTCHARTRAIN (ancienne *Divodurum* : citadelle divine), 236
JOUY-EN-ARGONNE, 237
JUVILLE, 237

Latone
LANNES, 237
LOSNE, 237
SAINT-JEAN-DE-LOSNE, 237, 262

Leucetio
LAUZÈS, 236

Lug
LAON, 14, 17
LUC (LE), 138, 236
LUC, 236
LUC-SUR-MER, 138, 236
LUCQ-DE-BÉARN, 236
LUX, 236
LYON (*Lug dunum*), 14, 19, 136, 236

Mars
TEMPLEMARS, 237

Minerve, Ménerba
MÉNERBES, 235
MINERVE, 235

Neptune
LANDOGNE, 237

Nérius
NÉRIS-LES-BAINS, 236

Tarvos
TART-L'ABBAYE, 237
TART-LE-BAS, 237
TART-LE-HAUT, 236

Tutela
TULLE, 237

Vénus
PORT-VENDRES, 236

Verotutes
VERTUS, 237

Les batailles et les lieux sacrés

Apamée
PAMIERS, 207

Bataille
ARQUES-LA-BATAILLE, 212, 286
CASTILLON-LA-BATAILLE, 45, 212, 286
IVRY-LA-BATAILLE, 45, 212, 286
SAINT-PÉRAVY-LA-COLOMBE, 211
SOLFÉRINO, 211
TURBIE (La), 212

Béthanie
BITHAINE-ET-LE-VAL, 210, 239

Bethléem
BAIGNES-SAINTE-RADEGONDE, 208
BETHLÉEM, 207, 208

Bétique
BÉZIERS (*Baetis* : ancien nom du Guadalquivir→Bétique), 19, 65, 178, 208

Cologne (Allemagne)
COLOGNE, 210

Damiette (Égypte)
DAMIATTE, 212

Édesse (Palestine)
ROAIX (Er-Roha), 209-210

Grenade (Espagne)
GRENADE (prise de Grenade sur les Maures), 57
GRENADE-SUR-L'ADOUR (prise de Grenade sur les Maures), 57, 209

Hastings
HASTINGUES, 212

Kremlin
KREMLIN-BICÊTRE (Kremlin : campagne de Russie, 1813 + Bicêtre déform. de Winchester, en souvenir de l'occupation anglaise pendant la guerre de Cent Ans), 170

Malakoff
MALAKOFF, 211
SAINT-PÉRAVY-LA-COLOMBE, 211
TURBIE (La), 212

Pampelune (Espagne)
PAMPELONNE, 209

Plaisance (Italie)
PLAISANCE, 209
PLAISANCE-DU-TOUCH, 209

Valence
VALENCE-SUR-BAÏSE, 209

Les gens illustres et les inconnus

Aizo
AZINCOURT, 80, 211, 212, 286

Ambarrius
AMBÉRAC, 19

Ambel
CLÉMENCE-D'AMBEL (Clémence, fille de Raymond d'Ambel), 219

Angoulême (duchesse d')
BOURG-MADAME, 217

Anso
ANZIN, 44, 142

Armalius ou Armarius
DOMÉRAT (ancienne Domairac), 66

Asolf ou Asulf
AUZOUVILLE-SUR-RY, 34
AUZOUVILLE-SUR-SAÂNE, 34

Aubin
AUBIAT, 20

Auguste (empereur)
AUTUN (*Augusto dunum*), 19 166
CLERMONT-FERRAND (*Augusto nemetum*), 13, 15, 19, 23
LIMOGES (*Augusto ritum*; puis Lemovices), 16, 242, 252
SENLIS (*Augusto magus*), 22
TROYES (*Augusto bona*), 20, 177, 238

Aurelius
ORLÉANS, 143
ORLY, 143

Avitus (empereur)
AYDAT, 20

Baba
BAVERANS, 23

Babilo
BEBLENHEIM, 121

Bardanus
BARDENAC, 19

Beaumarchais (Eustache de)
BEAUMARCHÉS, 44, 130

Béhuard
BÉHUARD, 44, 215

Bérenger
BÉRENGEVILLE-LA-CAMPAGNE, 123

Bérulle
BÉRULLE, 44, 215, 217

Bet-win
BÉDOIN, 23, 83, 132

Betto
BÉTHANCOURT-EN-VALOIS, 201
BETTONCOURT, 201

Bjoern-Wulf (homme-loup)
BÉNOUVILLE, 199

Blanda
BLANDAINVILLE, 199

Blois-Champagne (comte de)
BÉVILLE-LE-COMTE, 216

Bobo
BÉBING, 121

Bohalle (Jean de)
BOHAL, 216

Bourbons
BOURBON-L'ARCHAMBAULT, 44, 216
BOURBON-LANCY, 216

Bray
BRAY-DUNES, 227

Broglie
BROGLIE, 44, 217

Carius
CHERREAU, 199
CHIRAC, 199

Carrus
CHARRAS, 146

Cervius ou Servius
CERGY, 45

Chaillot (Raoul)
BEAUCHALOT, 44, 130, 215

Champagne-Navarre (Blanche de)
BLANCHEVILLE, 130, 216

Charles
CHARMONT, 219

Clunius
CLUNY, 29, 39, 40, 146, 148, 161,239

Condé (duc d'Enghien)
ENGHIEN-LES-BAINS, 220, 223

Connius
COGNAC, 65

Constance Chlore (empereur)
COTTANCE, 219
COUTANCES, 219, 267

Crillon (Louis de)
CAIGNY (voir Crillon-le-Brave), 45, 219
CRILLON, 45
CRILLON-LE-BRAVE, 45, 219

Custine
CUSTINES, 220

Dag-Wulf
ROCHE-D'AGOUX, 201

Decazes
DECAZEVILLE, 142, 226

Descartes
DESCARTES, 225

Draconius
DRAGUIGNAN, 93

Eugénie (impératrice)
EUGÉNIE-LES-BAINS, 225

Florian
LOGRIAN-FLORIAN, 226

François Ier
HAVRE (Le), 225
VITRY-LE-FRANÇOIS, 215

Frédéric II (empereur)
KAYSERSBERG, 222

Frisikka
FRÉCHENCOURT, 199

Gauzilin (roi)
JOSSELIN, 222

Gratien (empereur)
GRENOBLE, 110, 161, 225

Grivy
GRIVES, 88
GRIVESNES, 88

Guiscardo
MONTGISCARD, 186, 199

Hago
HAYANGE, 145

Harcourt
HARCOURT, 167

Harpo
HARPONVILLE, 121

Hélène (mère de l'empereur Constantin)
EAUNES, 224
ELNE, 224

Henri IV
HENRICHEMONT, 222
WY-DIT-JOLI-VILLAGE, 222

Hermold
COURTEMAUX, 203

Hundo
HONDSCHOOTE, 121, 212

Ingold
HAGONDANGE, 145

Jacques II (roi d'Angleterre)
FITZ-JAMES (*fitz* : fils ; *James* : Jacques II d'Angleterre), 221

Joinville (duc de)
JOINVILLE, 225

Jules César
ANGERS (*Julio magus*), 11, 20, 142
FRÉJUS (*Forum Julii*), 19, 224

Laffitte (Jacques)
MAISONS-LAFFITTE, 226

La Linde (Jean de)
LALINDE, 222

La Valette (cardinal de)
VILLEBOIS-LAVALETTE, 214

Levallois (N.E.)
LEVALLOIS-PERRET, 226

Leybourne (Roger de)
LIBOURNE, 222

Louis XI
VALLOUISE, 225

Luynes
LUYNES, 222-223

Maincius
MAINCY, 115

Malherbe
LA HAYE-MALHERBE, 226

Malo (M.)
MALO-LES-BAINS, 10, 227

Menou de Charnizay (F.C. de)
MENOU, 223

Mirabeau
BIGNON-MIRABEAU (Le), 218

Montmorency
MONTMORENCY, 60, 74

Nac-Hari
NÉGREVILLE, 202

Napoléon
NAPOLÉONVILLE ; puis PONTIVY, 45
Nassau (Charles-Louis de)
CARLING, 218
Osta
HOSTENS, 122
Pompennius
POMPEY, 145
Porcelets de Maillane
PORCELETTE, 115
Pot (Philippe)
ROCHEPOT (La), 224
Quintius
QUINCIÉ-EN-BEAUJOLAIS, 65
Rohan
FRONTENAY-ROHAN-ROHAN, 221
Velitius
VÉLIZY-VILLACOUBLAY, 9, 46
Verego (évêque)
BAURECH, 44
Vimundr
VIMONT, 34

Les gens d'ailleurs

Alains
ALINCOURT, 200
ALLAIN, 200
ALLAINES, 200
ALLAINVILLE, 10, 21, 200

Atrébates
ARRAS, 160, 167

Boïens
ARZEMBOUY *(Arx-in-Boiis)*, 13

Bituriges
BOURGES, 12

Bretons
BERTHENONVILLE, 205
BRETAGNE, 205
BRETAGNOLLES, 205
BRETENIÈRE, 206
BRETENOUX, 205
BRETIGNEY, 205
BRETIGNOLLES-LE-MOULIN, 205
BRÉTIGNY-SUR-ORGE, 205
BRETONNIÈRE (La), 206
BRETTEVILLE-L'ORGUEILLEUSE, 205, 211
BRETTEVILLE-LE-RABET, 205
BRETTEVILLE-SUR-DIVES, 205
BRETTEVILLE-SUR-LAIZE, 205
BRETTEVILLE-SUR-ODON, 205
LABRETONIE, 206

Burgondes
BOURGOGNE, 21

Calètes
CAUX (pays de), 16

Cenomanni
MANS (Le), 242

Eburovices
ÉVREUX, 80

Espagnols
ÉPAGNE, 206
ÉAGNE-ÉPAGNETTE, 206
ÉPAGNY, 206
ÉPAIGNES, 206
ÉPANEY, 206
ÉPANNES, 206
ÉPEIGNÉ-LES-BOIS, 206
ESPAGNAC, 206
ESPANÈS, 206

Francs
FRANCOURVILLE, 201

Gallita
JAULDES, 201

Germains
GERMAINE, 201
GERMAINES, 201

Juifs
JŒUF, 203
JUIF, 203
MORT-AUX-JUIFS, 203

Lemovices
LIMOGES, 16, 242, 252

Marcomans
MARMAGNE, 21, 200
MARMEAUX, 200

Maures
BESSAMOREL, 202
MAURS, 202
MOROSAGLIA, 73
MORTAGNE-AU-PERCHE, 202
MORTAGNE-DU-NORD, 202
MORTAGNE-SUR-GIRONDE, 202
MORTAGNE-SUR-SÈVRE, 202
MORTAIN, 202

Parisii
PARIS, 12, 24, 115, 136, 141, 160, 185, 204

Rèmes
REIMS, 22, 66, 143, 204

Santones
SAINTES, 16

Sarmates
SERMAISE, 200
SERMAISES, 200
SERMAIZE, 200
SERMAIZE-LES-BAINS, 200
SERMESSE, 200
SERMIZELLES, 200

Saxons
SOISSONS-SUR-NACEY, 201

Sibusates
SAUBUSSE, 14

Sotiates
SOS, 14

Suèves
WISSOUS, 201

Tarusates
TARTAS, 14

Tricasses
TROYES, 20, 177,

Veliocasses
ROUEN, 17, 175

La Vierge et les saints des paroisses

Adrien
BAUD, 255

Agathon (pape)
SAINT-AGATHON, 263

Albin
SAINT-AUBIN-DU-CORMIER, 190

Alexandre
SAINT-ALEXANDRE, 264

Amand
SAINT-AMANS-SOULT, 130

Amarin (abbé)
SAINT-AMARIN, 265

Amatus (abbé)
SAINT-AMÉ, 265

Anastase
SAINT-ANASTAISE, 264

Andoche (martyr)
SAINT-ANDOCHE, 261

Anne
COMANA, 149

Sainte-Anne-d'Auray, 254
Asterius
Saint-Astier, 264
Austroberta (abbesse)
Sainte-Austreberthe, 265
Avit (ermite, puis évêque)
Saint-Avit, 264
Barbe
Sainte-Barbe, 252
Sainte-Barbe-sur-Gaillon, 252
Barnabé
Saint-Barnabé, 266
Barthélemy
Saint-Barthélemy, 266
Benoît
Saint-Bénézet, 40, 264
Saint-Benoist-sur-Mer, 40, 264
Saint-Benoist-sur-Vanne, 40
Saint-Benoît-des-Ombres, 264
Saint-Benoît-des-Ondes, 264
Saint-Benoît-du-Sault, 264
Saint-Benoît-la-Chipotte, 264
Saint-Benoît-la-Forêt, 264
Bertwin (martyr)
Saint-Berthevin, 261
Beuzec
Beuzec-Cap-Sizun, 254
Blandine (martyre)
Sainte-Blandine, 263
Blitmund (abbé)
Saint-Blimont, 265
Bregwin (archevêque)
Saint-Brévin-les-Pins, 264
Brieuc
Saint-Brieuc, 256
Cassianus (abbé)
Saint-Cassien, 259
Saint-Cassin, 259
Césaire
Saint-Césaire-de-Gauzignan, 259
Saint-Cézaire-sur-Siagne, 259
Chaffrey
Saint-Théoffrey, 265
Colomban
Saint-Colomban-des-Villards, 265
Crispin (martyr)
Saint-Crépin, 261
Donatus
Saint-Donat, 265
Douglas (Daoulas)
Plougastel-Daoulas, 60
Edmond
Saint-Edmond, 264
Éloi
Saint-Éloy-de-la-Glacière, 252
Saint-Éloy-les-Mines, 43, 142, 251
Saint-Éloy-les-Tuileries, 252
Émile
Saint-Émilion, 65
Énimie (sœur du roi Dagobert)
Sainte-Enimie, 264
Étienne
Saint-Esteben, 262
Saint-Estèphe, 262
Saint-Étienne, 262
Eugène (pape)
Saint-Eugène, 263
Eugénie (martyre)
Sainte-Eugénie-de-Villeneuve, 263
Euphémie
Saint-Offenge-Dessous, 267
Sant-Offenge-Dessus, 267
Fides (martyre)
Sainte-Foi, 263
Florence (martyre)
Sainte-Florence, 263
Florus
Saint-Flour, 267
Geneviève
Sainte-Geneviève, 254

Genius
Saint-Gein, 265

Georges
Dampjoux, 240
Saint-Georges-Buttavent, 273
Saint-Georges-d'Oléron, 273
Saint-Georges-de-la-Rivière, 273
Saint-Georges-de-Montaigu, 273
Saint-Georges-de-Montclard, 273
Saint-Georges-des-Sept-Voies, 273
Saint-Georges-la-Pouge, 273
Saint-Georges-Montcoq, 273

Gereo
Saint-Géréon, 262

Germain
Saint-Germain-en-Laye, 272
Saint-Germain-la-Blanche-Herbe, 272

Gildas
Saint-Gildas-de-Rhuys, 256

Gilles
Saint-Gilles, 269
Saint-Gilles-Pligeaux, 255

Gratien (martyr)
Saint-Gratien, 261
Saint-Gratien-Savigny, 261

Guillaume
Saint-Guilhem-le-Désert, 264

Honoratus
Saint-Honoré, 259
Saint-Honoré-les-Bains, 259

Honorine
Conflans-Sainte-Honorine, 274

Hubert
Saint-Hubert, 253

Jacques
Saint-James, 266

Jean
Saint-Jean-de-Bœuf, 266
Saint-Jean-de-Losne, 237, 262
Saint-Jean-du-Bois, 266
Saint-Jean-du-Doigt, 255

Joachim
Saint-Joachim, 263

Joseph
Saint-Joseph, 263

Judocus
Saint-Josse, 267
Saint-Judoce, 267

Laurent
Saint-Laurent-du-Var, 262
Saint-Laurent-du-Verdon, 262
Saint-Laurent-le-Minier, 142, 251

Léon (pape)
Saint-Léon, 263

Léonard
Saint-Léonard, 264
Saint-Léonard-en-Beauce, 264

Leudgari
Saint-Lager, 264
Saint-Léger, 264

Louis
Saint-Louis-en-l'Isle, 264

Maclou
Saint-Malo (Maklow→Maclou→Malo), 256
Saint-Malon-sur-Mel, 72

Mammès
Mamers, 61

Marcellin (pape)
Saint-Marcellin, 263

Martin
Dammartin-sur-Meuse, 240
Dommartin, 240
Saint-Martin-d'Entraigues, 269
Saint-Martin-d'Entraunes, 269
Saint-Martin-d'Estréaux, 269
Saint-Martin-de-Fontenay, 269
Saint-Martin-de-Lerm, 269
Saint-Martin-de-Londres, 270
Saint-Martin-de-Ré, 270
Saint-Martin-de-Valamas, 269

Saint-Martin-des-Besaces, 269
Saint-Martin-des-Entrées, 269
Saint-Martin-des-Fontaines, 269
Saint-Martin-des-Puits, 269
Saint-Martin-du-Frêne, 270
Saint-Martin-du-Puy, 269
Saint-Martin-du-Var, 269
Saint-Martin-du-Vieux-Bellême, 270
Saint-Martin-Lacaussade, 269
Saint-Martin-le-Colonel, 269
Saint-Martin-Lestra, 269
Saint-Martin-Rivière, 269
Saint-Martin-Vésubie, 269

Marius
Saint-May, 265

Martyrius
Saint-Martory, 39, 264

Maurice
Saint-Maurice, 28, 262

Maxima
Sainte-Maxime, 260

Maximin
Saint-Maximin, 260
Saint-Maximin-la-Sainte-Baume, 260

Michel
Mont-Saint-Michel (Le), 275, 276
Saint-Michel-en-Brenne, 276
Saint-Michel-et-Chanveaux, 276

Nazareus
Saint-Nazaire, 103, 258

Nectaire
Saint-Nectaire, 267

Nicolas
Saint-Nicolas-du-Port, 267

Paul
Saint-Paul-Trois-Châteaux (*Paulus*), 266

Philibert
Saint-Philibert-de-Grand-Lieu, 257
Tournus, 257

Pierre
Dampierre, 240
Dompierre, 240
Saint-Péravy-Épreux, 266
Saint-Père-en-Retz, 266
Saint-Père-sous-Vézelay, 120-121, 266
Saint-Pierre-Quiberon, 266

Pol-Aurélien
Saint-Pol-de-Léon, 256

Portiannus (abbé)
Saint-Pourçain, 65

Priscus (martyr)
Saint-Prest, 261

Quentin (martyr)
Saint-Quintin-sur-Sioule, 261

Raphaël
Saint-Raphaël, 259

Rémi
Saint-Rémy-de-Provence, 260

Renan
Locronan, 149, 257, 285
Saint-Renan, 257

Ric-hari
Saint-Riquier, 265

Rufina (martyre)
Sainte-Ruffine, 263

Saturnin (martyr)
Saint-Cernin, 261

Satyrus
Saint-Satur, 65
Sancerre, 65, 74

Sigismond
Saint-Sigismond, 30, 264

Sixte (pape)
Saint-Sixt, 263
Saint-Sixte, 263

Scolastica (sœur de saint Benoît)
Sainte-Scolasse-sur-Sarthe, 265

Stremonius (apôtre de l'Auvergne)
Saint-Austremoine, 267

Symphorien
Saint-Symphorien, 261
Saint-Symphorien-le-Valois, 261

Thégonnec
Saint-Thégonnec, 255

Theoderius (abbé)
Saint-Chef, 265

Thomas
Saint-Thomas, 267

Trephina
Sainte-Tréphine, 255

Tropez ou Torpez
Saint-Tropez, 260

Ursus
Saint-Ours, 262

Vierge Marie
Dammarie, 240
Sainte-Marie-aux-Mines, 44, 142, 144, 251
Saintes-Maries-de-la-Mer, 29, 251

Victor (pape)
Saint-Victour, 263

Walburgis (abbesse)
Sainte-Gauburge-Sainte-Colombe, 265
Sainte-Vaubourg, 265

Index de la faune, de la flore et du terroir

Abbaye

BEC-HELLOUIN (LE) (*bec* : ruisseau ; Herlevin : nom de l'abbé fondateur), 239
BÉNISSON-DIEU (LA) (*beneiçon* : bénédiction), 239
BITHAINE-ET-LE-VAL (Béthanie →Bithaine), 210, 239
CELLE (LA) (*cella* : ermitage), 239
CELLE (*cella* : ermitage), 239
CELLE-LÉVESCAULT (*cellula* : monastère + Lévescault : dépendant de l'évêque), 239
CHAISE-DIEU (LA) (*casa* : domaine rural), 239
CHARITÉ-SUR-LOIRE (LA), 239
CHATTE (*casta* : couvent), 239
CHELLE-SPOU (*cella* : ermitage ; *espou* : versant), 239
CLUNY (nom propre : Clunius), 29, 39, 40, 146, 148, 161, 239
CONQUES (*concha* : coquille), 239
DILO (*Dei locus* : lieu consacré à Dieu), 240
DOUARNENEZ (Tutuarn [saint] + *enez* île), 140, 240
FAREMOUTIERS (Fare : nom de la fondatrice ; *monasterium* : monastère), 30, 39, 240, 241
JOUARRE, 241
LANDÉVENNEC (*lan* : territoire consacré à un saint + Guénnolé), 241, 256
LÉRINS (îles de), 258, 259
LIEUDIEU, 241
LIEUSAINT, 241
MENETOU-COUTURE (*monastellum*- →*menesto* : monastère), 243
MENETOU-SUR-NAHON, 243
MÉNETREUIL (*monasterium* : monastère), 243
MÉNÉTROL (*monasterium* : monastère), 243
MONASTÈRE (LE), 243
MONESTIER, 243
MONTMARTRE, 242
MONTREUIL (*monasterium* : monastère), 39, 243
MOUSTIER (*monasterium* : monas tère), 243
MOUTIERS (*monasterium* : monastère), 39, 243
NOIRMOUTIER-EN-L'ÎLE (Herium : nom ancien de l'île + *monasterium* : monastère), 39, 243
NONANCOURT (*nonnain* : religieuse), 243
NONETTE, 243
PUELLEMONTIER (*puella* : jeune fille ; *monasterium* : monastère), 243
REBAIS (*ross* : cheval ; *baki* : ruisseau →Resbacis), 241
REMIREMONT (*mons* : montagne ; *Romarici* : de Romaric), 244
SAINT-BENOÎT-SUR-LOIRE, 40, 239
SEMOUTIERS-MONTSAON (*summum* : le plus haut ; *monasterium* : monastère), 244
VANAULT-LES-DAMES (Wazo : nom propre →Wasnou→Vanault), 244
VILLE-AUX-NONAINS (LA), 244

VILLE-ÈS-NONAIS (LA), 244
VIRICELLES (*vetus* : vieux ; *cella* : monastère), 244

Agneau
AGNEAU, 109
AGNIELLES, 109
AGNIÈRES, 107
AGNIÈRES-EN-DÉVOLUY, 107
BOURRET (laine grossière pour rembourrer), 152
LAIGNELET, 109
VIODOS-ABENSE-DE-BAS (*bildot* : agneau→Biodos→Viodos), 109

Ail
AILLIÈRES-BEAUVOIR, 87

Alleu
ALLEUDS (LES), 128
ALLEUX (LES), 128
ALLUES (LES), 128
ALLUETS-LE-ROI (LES), 128
ARLEUF (*alod* : alleu), 128
ARLEUX (*alod* : alleu), 128
LALLEU (*alodio* : alleu), 128
LALŒUF (dériv. de Les Alieufz), 128

Alouette *(alauda)*
ALLOUE, 87
CHANT-DE-L'ALOUETTE, 87

Amande *(amydala)*
AUMELAS, 61

Âne *(asinus)*
ASNIÈRES, 107
ASNIÈRES-EN-MONTAGNE, 107
ASNIÈRES-EN-POITOU, 107
ASNIÈRES-LA-GIRAUD, 107
ASNIÈRES-LÈS-DIJON, 107
ASNIÈRES-SUR-VÈGRE, 107
PUY-D'ARNAC, 106

Argent *(argentum)*
ARGENS, 41, 143
ARGENTIÈRES-LA-BESSÉE (L'), 41, 143
ARGENTINE, 143
LARGENTIÈRE, 143

Argile *(argilla)*
ARGELÈS, 41

Aubépine, épine,
DRENNEC (LE) (*drenn* : ronces), 125
ÉPERNAY (*sparn* : épine), 66
ÉPINAL, 55
ÉPINAY (L'), 55
ÉPINAY-SUR-ODON, 55
ÉPINAY-SUR-ORGE, 55
ÉPINAY-SUR-SEINE, 55
ÉPINE (L'), 55
ÉPINETTE (L'), 55
ÉPINEUX-LE-SEGUIN, 55
ESPINASSE-VOZELLE, 55
LÉPINAS, 55
LÉPINE, 55
LESPINASSE, 55

Auberge (*béure* : boire)
BÉGUDE (LA), 170
BÉGUDE-DE-MAZENC (LA), 170
CARVILLE-POT-DE-FER (enseigne d'auberge), 170
CHEVAL-BLANC (nom d'une ancienne auberge), 42, 105, 171
COUCOURDE (LA) (enseigne d'auberge ; *cucurbita* : courge), 170-171
GONFARON (enseigne d'auberge ; *gonfalon* : étendard de combat), 171

Aulne
ALÇAY-ALÇABÉHÉTY-SUNHARETTE (*altz* : aulne), 78
ANNAY (*alnus* : aulne), 17, 79
AULNAY (*alnus* : aulne), 17
VAIRE (*verna* : aulne), 79
VAIRES-SUR-MARNE (*verna* : aulne), 79
VERGNE (LA) (*verna* : aulne), 79
VERNAJOUL (*verna* : aulne + *ialo* : champ), 79
VERNAY (*verna* : aulne), 79
VERNE (*verna* : aulne), 79
VERNET (*verna* : aulne), 79
VERNEUIL (*verna* : aulne), 79

VERNEUIL-L'ÉTANG, 79
VERNEUIL-SUR-AVRE, 79
VERNEUIL-SUR-INDRE, 79
VERNEUIL-SUR-SEINE, 79
VERNEUIL-SUR-SERRE, 79
VERNEUIL-SUR-VIENNE, 79
VERNINES, 79
VERNIOLLE, 79
VERNOUILLET, 79

Autruche *(struthio)*
ÉTROUSSAT, 94

Avoine
AUTHEVERNES (*alta* : haute + *avena* : avoine), 139
LONGAVESNES (long + *aveine* : avoine), 139

Basalte *(coren)*
CORENT, 41, 138

Bastide
BASTIA, 18, 129
BASTIDE-D'ENGRAS (LA) (+ nom propre Gras), 129
BASTIDE-DES-JOURDANS (LA) (+ nom propre Jourdans), 129
BASTIDE-L'ÉVÊQUE (LA), 129
BÂTIE-NEUVE (LA), 129
BÂTIE-VIEILLE (LA), 129
BATIGNOLLES (bastille→Bastilloles→Batignolles), 129, 130
LABASTIDE D'ANJOU, 129
LABASTIDE D'ARMAGNAC, 129
LABASTIDE-DU-TEMPLE, 129
LABASTIDE-ROUAIROUX, 130
LABASTIDE-SAINT-GEORGES, 129

Bélier
BASSEVELLE, 109
BLIN, 109

Bergerie
BARBEZIEUX-SAINT-HILAIRE (*berzil* : bergerie→Berbezil), 109
BERBIGUIÈRES (*berbicaria* : bergerie →Berbegaras), 109
BERCHÈRES-LES-PIERRES (*berbicaria* : bergerie→Bercherie), 109

Bétail *(lieu d'élevage du)*
ARMENTIÈRES (*armentum* : gros bétail), 148

Bison
BESANÇON (armes de la ville), 19, 30, 94, 173, 174

Blaireau
BROSSAC (*broccos* : blaireau→Brocac), 92
BROUSSY-LE-GRAND (*broccos* : blaireau→Brociacus), 92
BROUSSY-LE-PETIT, 92
BRUMATH (*broccos* : blaireau + *magus* : marché), 92

Blé, froment
BESSAIS-LE-FROMENTAL, 139

Bœuf
BOUËR (*bos* : bœuf→Boeria), 113
LABOUHEYRE (*bos* : bœuf→Le Boer), 113
BORIE (LA) (*bovaria* : étable à bœufs), 113
BORIE, 113
BORIES (LES), 113
BOURESSE (*bos* : bœuf→Boerecia), 113
BOUVANTE (*bos* : bœuf→Bovanti), 113
BOUVESSE-QUIRIEU (*bovicia* : étable à bœufs→Bovecia), 113
BOUVIÈRES (*bovaria* : étable à bœufs), 113
BOUVRESSE (*bovaria* : étable à bœufs→Bovaresche), 113
CORDEBUGLE (*bugle* : bœuf sauvage ; corne-bugle : lieu où cornent [mugissent] les bœufs), 113
ESCORNEBŒUF (lieu où souffle un vent à écorner un bœuf), 133
TUBŒUF (tue-bœuf→abattoir), 113

Bois *(boscus)*
BERSAILLIN (*bersail* : cible→lieu de fabrication des cibles, arcs et flèches), 136
BOIS-GUILLAUME (+ nom du propriétaire), 136

BOIS-LE-ROI, 136
BOIS-ROBERT (LE) (+ nom du propriétaire), 136
BOISCOMMUN, 136
BOISROGER (+ nom du propriétaire), 136
BOISYVON (+ nom du propriétaire), 136
BOSC, 136
BOSC-BORDEL (bord du bois), 136
BOST, 136
BOUSQUET-D'ORB (LE), 138
BUC (*busco* : bois), 136
BUS (*boscus* : bois), 136
BUS-SAINT-RÉMY, 136
CERGNE (LE) (*cerne*→village de bûcherons où on cernait les troncs), 136
CHABLIS (*capulum* : câble ; flottage du bois ; lieu de passage des troncs reliés par des câbles), 137
LABOUTARIE (*botarié* : tonnellerie, métier du bois), 136
LUC (LE) (*lucus* : bois sacré), 138, 236
LUC-SUR-MER (*lucus* : bois sacré), 138, 236
LUCS-SUR-BOULOGNE (LES) (*lucus* : bois sacré), 138
LUGLON (*lucus* : bois sacré + long), 138

Bouleau (*betu; betia* : bois de bouleaux)
BÉDOUÈS, 81
BEDOUS, 81
BELLÊME, 81, 235
BELLOT, 81
BESSAT (LE), 81
BESSE-EN-CHANDESSE, 81
BESSÈDE, 81
BESSIÈRES, 81
BOULAY, 81

Brebis
TRIADOU (LE) (*triatorium* : parc triangulaire de tri des brebis), 109

Bruyère
BRUGAIROLLES, 54
BRUGÈRE, 54
BRUGUIÈRE (LA), 54
BRUYÈRES, 54
BRUYÈRES-SUR-FÈRE, 54
BRUYÈRES-SUR-OISE, 54

Buis
BUISSARD, 54
BUSSEAU (LE), 54
BUSSEAUT, 54

Cabane (*loge* : cabane au toit de feuillage)
GRANDES-LOGES, 134
LOGES-EN-JOSAS (LES), 135

Canard sauvage *(anet)*
ENNETIÈRES-EN-WEPPES, 94

Carrière
CARRIÈRE (LA), 143
CARRIÈRES-SOUS-POISSY, 143
CARRIÈRES-SUR-SEINE, 143

Castor *(beber; bibera)*
BIÈVRES, 91
VIVIERS, 91

Cerf *(cervus)*
CERBÈRE, 99
CERFONTAINE, 99
SERVAL, 100
SERVES-SUR-RHÔNE, 100
SERVIÈS, 100
VILLECERF, 98, 100

Cerise
CERISIER (LE), 60
CERISIÈRES, 60
CERISIERS (LES), 60
CERISIERS, 60
CERIZAY, 60
CÉRIZOLS, 60

Champs
CHAMPFLEUR, 54
CHAMPFLEURY, 54
CHAMPTOCEAUX, 194
CRÉVÉCHAMPS (*crepatum campum* : champ crevé), 124

CRÈVECŒUR-LE-GRAND (terrain infertile qui crève le cœur), 124
CRÈVECŒUR-LE-PETIT, 124
CRÈVECŒUR-SUR-L'ESCAUT, 124

Chanvre *(cannabis)*
CANEBIÈRE (Marseille) (cannabis ou marécage), 150
CHENEVELLES, 151
CHENNEVIÈRES, 151
CHENNEVIÈRES-LÈS-LOUVRES,151
CHENNEVIÈRES-SUR-MARNE,151
CHAMBEAU (chenevière dans le Massif central et l'ouest), 151
CHERVES, 151
LAPENCHE (*penche* : peigne à chanvre), 151

Charbon *(carbo)*
CHARBONNIÈRE (forêt), 16, 144
CHARBONNIÈRE (LA), 43
CHERBONNIÈRES, 43

Chardon
AUCALLEUC (*askold* : chardon →Oscalleuc), 53

Charme *(carpinus; carne)*
CARNEILLE (LA), 81
CHARME (LA), 81
CHARMEIL, 81
CARMES-SAINT-VALBERT, 81
CHARMETTES (LES), 81
CHARMOY, 81

Chasse (*movita* : logis de chasse)
MOUETTES, 169
MUETTE, 169

Châtaigne *(actaneum)*
CASTANDET (*castanet*), 75
CASTINETA, 73
CASTAGNÈDE, 75
CASTAGNIERS, 75
CASTAGNOS-SOUSLENS, 75
CASTANDET, 75
CASTANICCIA, 73
CASTANS, 75
CASTEIDE-AMI, 75
CASTEIDE-CANDAU, 75
CASTEIDE-DOAT, 75
CHASTANIER, 75
CHASTENAY, 75
CHÂTENAY, 75
CHÂTENET-EN-DOGNON (LE), 75
CHÂTENOIS, 75
CHÂTENOY-LE-ROYAL, 75

Château, citadelle
ARDIN (*are* : devant; *dunum* : citadelle), 172
ARDON (*are* : devant; *dunum* : citadelle), 172
BALAN (*bala dunum* : forteresse), 172
BALLORE (*bal* : hauteur), 172
BAUX-DE-BRETEUIL (LES) (*bal* : hauteur→Balcium), 172
BAUX-DE-PROVENCE (LES), 172
BAUX-SAINTE-CROIX (LES), 172
BEAUCAIRE (*quadrum* : pierre de taille), 172, 173
BEAUCHASTEL, 172
BELFORT, 173
BESANÇON (*ves* : montagne→Vesontio), 19, 30, 94, 173, 174
CAEN (*catu* : combat; *magos* : champ→Catumagos), 176, 177, 211
CARCASSONNE (*kar* : rocher; *cassanos* : chêne), 19, 178, 179
CASSEL, 160, 181
CASTELNAUDARY (+ nom propre Ari), 181
CASTEX, 181
CHÂTEAU-ARNOUX (+ nom propre Arnoux), 181
CHÂTEAU-GAILLARD, 188, 189
CHÂTEAU-GONTIER (+ nom propre Gontier), 181
CHÂTEAU-GUIBERT (+ nom propre Guibert), 181
CHÂTEAU-LAMBERT (+ nom propre Lambert), 181
CHÂTEAU-LANDON (+ nom propre Landon), 155, 181
CHÂTEAU-THIERRY (du roi Thierry IV), 181

CHÂTEAUBERNARD (+ nom propre Bernard), 181
CHÂTEAUBLEAU, 181
CHÂTEAUBRIANT (+ nom propre Bryan), 181
CHÂTEAUNEUF-DE-RANDON, 182
CHÂTEAUNEUF-DU-PAPE (ancien : Château-Calcernier ; *calx* : chaux), 182
CHÂTEAURENARD (+ nom propre Rainardo), 182
CHÂTEAUROUX (+ nom propre Raoul), 182
CHÂTEAUTHÉBAUD (+ nom propre Thé[i]baud), 181
CHÂTELAUDREN (+ nom propre Audren), 193, 194
CHÂTELDON (+ nom propre Odon), 182
CHÂTELGUYON (+ nom propre Guidon), 182
CHÂTELLERAULT (+ nom propre Adroaldus→Hérault), 182
CHÂTRES (*castrum* : camp fortifié puis château fort), 169
FALAISE (citadelle sur un rocher à pic), 34, 176, 177, 188
MATAFELON (« mater le félon »), 191
METZ (*Divo durum* : forteresse divine ; puis Mediomatrici), 24, 174
MONTLUÇON, 126, 145, 174, 183
MONTSÉGUR (mont + *sécure* : sûr), 192
MÛR-DE-BRETAGNE, 193
PROVINS, 52, 152, 177, 178
ROQUEFIXADE, 192
ROQUEFORT, 192
SEMUR-EN-AUXOIS (mur de montagne), 192, 193
SEMUR-EN-BRIONNAIS (mur de montagne), 193
TOUL (*tol* : pierre, éminence), 174, 175
TOURS (nom de peuple : Turones ; puis Caesarodunum : forteresse de César), 175, 268
VERDUN (*Vero dunum* : forteresse), 11, 174, 175, 196

Chaux

CHAUFFOUR-SUR-VELL (*calcis furnus* : four à chaux), 144
CHAUFOUR-LÈS-BONNIÈRES (four à chaux), 144
CHAUFOUR-NOTRE-DAME (four à chaux), 144
CHOOZ (*calx* : chaux→Calcum), 144
FORCALQUIER (*furnus* : four + *calx* : chaux), 144

Chemin, route

(*calceata* : chaussée),
(*caminum* : chemin),
(*strata* : route),
(*via* : voie),
AUBEVOYE (*alba* : blanche + *via* : route), 160
BREUIL-CHAUSSÉE, 160
CARHAIX-PLOUGUER (*kaer* : ville + Ahès : ancien nom des Osismi), 160
CAUCHIE (LA) (*calceata* : chaussée), 160
CAUCHY-À-LA-TOUR, 160
CAUSSADE, 160
CHAUSSADE (LA), 160
CHAUSSÉE (LA), 160
CHEMIN, 42
CHEMINOT, 42
CHEVAL-BLANC (ancien nom d'une auberge), 42, 105, 171
CHEVALERIE (LA), 42, 104
CHEVALIER (LE), 42
CINQ-MARS-LA-PILE (*pile* : monument romain au bord de la route), 160
CINQUETRAL (*quinque stratae* : cinq routes), 160
COURBEVOIE, 42, 160
MAISONS (LES) (*mansio* : relais routier), 160
MALMAISON (LA) (*mala* : mauvaise + maison), 160
MUDAISON (*mutatio* : relais de poste), 160

MUIZON (*mutatio* : relais de poste), 160
OYTIER-SAINT-OBLAS (*octavum* : 8 [milles à l'est de Vienne]), 160
PARAY-VIEILLE-POSTE (relais de poste), 171
SEPTÈMES-LES-VALLONS (*septimus* : 7 [milles à l'est de Vienne]), 160
SIXT-FER-À-CHEVAL (*sextum* : 6 [milles]), 161
TRÈVES (*trivium* : carrefour), 161

Chêne *(cassanos)*
CAISNES, 70
CASSAGNE (LA), 70
CASSAGNES-COMTAUX, 70
CASSAGNOLES, 70
CASSANIOUZE, 70
CASSENEUIL, 70
CASSEUIL, 70
CASSUÉJOULS, 70
CHANAS, 70
CHANAY, 70
CHASNANS, 70
CHASSAGNE (LA), 70
CHASSENEUIL-SUR-BONNIEURE, 70
CHÊNEDOUIT (*doie* : cours d'eau →chêne évidé par l'eau ?), 70
CHESNAIE (LA), 70
CHESNAY (LE), 70
CHESNAYE (LA), 70
CHESNE (LE), 70
LACHASSAGNE, 70
QUERCITELLO (*quercus* : chêne), 69
QUESNAY-GUESNON, 70
QUESNOY-LE-MONTANT, 70
QUESNOY-SUR-AIRAINES (*cassanos* : chêne + *arena* : sable→Airaines), 70

Cheval
ALBON (*epo* : cheval ; ancienne Epauna), 104
CALDÉGAS (*calm de eguas* : pâturage pour juments), 104
CAVALAIRE-SUR-MER, 104
CAVALERIE (LA), 104
CHEVALERIE (LA), 42, 104
CHEVALIERS (LES), 104
CHEVALINE, 104
COUPTRAIN (*poutre* : jument →Corpoutrein), 104

Chèvre *(capra)*
CABRERETS, 111
CABREROLLES, 111
CABRIÈRES, 111
CABRIS, 111
CHÈVRERIE (LA), 111
CHEVRIER, 111
CHEVROLIÈRE (LA), 111

Chien
VILLECHIEN, 92

Chou
CHOLET (*caulis* : chou→Coletum), 87
CHOUY, 87
CHOYE, 87
COYOLLES (*caulis* : chou→Coliole), 139

Chouette *(cava)*
CHOUE, 87
CHOUX, 87

Cigogne *(storch)*
STORCKENSOHN, 88

Clôture, haie
BARRE (LA), 137
BARRIÈRES (LES), 137
LAPALISSE (*palisse* : haie), 137
LAREDORTE (*redorta* : lien d'osier ; clôtures de branches entrelacées), 137

Coing
COGNERS, 60
COIN-LÈS-CUVRY, 60
COIN-SUR-SEILLE, 60
COINGS, 60
COINGT, 60

Colombe, colombier
COLLE-SUR-LOUP (LA), 89
COLLEMIERS, 89
COLOMBES, 89
COLOMBEY-LES-BELLES, 89

COLOMBEY-LES-DEUX-ÉGLISES, 89, 246
COLOMBIER-CHÂTELOT, 89
COLOMBIER-LE-CARDINAL, 89
COULOMBS, 89

Communaux
COMMENAILLES (*communalia* : terres de la commune), 132

Coq
COCHÈRE (LA), 89
COCHEREL, 89
COCHERON, 89

Corbeau, corneille
BRAIN (*brannus* : corbeau), 90
BRANNAY (*brannus* : corbeau), 90
CHAPELLE-GRAILLOUSE (LA) (*gralha* : corneille), 90
CORBEHEM (*corbel* : corbeau + *hem* : village), 90
CORBÈRE (*corb-aria* : lieu fréquenté par les corbeaux), 90
CORBIÈRES (*corb-aria* : lieu fréquenté par les corbeaux), 90

Craie *(creta)*
CRAON, 41
CRAONNE, 41

Crapaud *(boterel)*
BOTTEREAUX (LES), 93

Cresson
CRESSONNIÈRE (LA), 87, 139

Défilé
CLUSAZ (LA) (*clusa* : défilé), 161
CLUSES, 161
CLUZEL, 162
MALEMORT-DU-COMTAT (défilé dangereux), 166
SALT-EN-DONZY (*saltus* : défilé), 162
SAULT (*saltus* : défilé), 162

Droits seigneuriaux
CENSEAU (*cens*), 131
CORVÉES (LES), 132
CORVÉES-LES-LYS (LES) (*corua* : corvée), 132
CURIENNE (*corua* : corvée), 133
DEFAYS (LES) (*defensum* : défense de laisser paître), 133
DEMIE (LA) (moitié des récoltes), 133

Eau
CHAUDEFONDS-SUR-LAYON (*calidus* : chaud + *fons* : fontaine), 236
CHAUDEFONTAINE, 236
CHAUDES-AIGUES (*calidis aquis* : eaux chaudes), 42, 236
PISCOP (pisse-coq), 169
PISSELEU (pisse-loup), 169

Écureuil *(scuriolus)*
ÉCHIROLLES, 91

Églantier
ROSENAU, 53
ROSIÈRE (LA), 52
ROZAY, 52
ROZAY-EN-BRIE, 155
ROZIERS-SAINT-GEORGES, 53

Église, basilique
BAROCHE-SOUS-LUCÉ (LA), 26
BAZAIGES (basilique), 246
BAZEILLES (basilique), 26, 246
BAZEUGE (LA), 26
BAZOCHE-GOUET (LA), 26
BAZOCHES (basilique), 246
BAZOQUE (LA) (basilique), 26, 246
BELLE-ÉGLISE, 246
BOULLAY-LES-DEUX-ÉGLISES, 246
CAPELLE (LA), 245, 246
CARNAC (*karn* : tas de pierres), 234
CHAPELLE (LA), 245
COLOMBEY-LES-DEUX-ÉGLISES, 89, 246
COUDEKERQUE (*kouk* : froid + *kerk* : église), 246
DUNKERQUE (*kerk* : église→église des dunes), 10, 246
ÉGLISE-AUX-BOIS (L'), 248
ÉGLISENEUVE-D'ENTRAIGUES, 248
ÉGLISE-NEUVE-DE-VERGT, 248
GRÂCE (LA), 248
KERPRICH-AUX-BOIS (*kirche* : église + *berg* : montagne→ Kirchberg), 246

KERPRICH-LÈS-DIEUZE (*kirche* : église + *berg* : montagne →Kirperg), 246
KIRCHBERG, 246
KIRCHHEIM (*kirche* : église + *heim* : village), 246
LANDERNEAU (*lan* : sanctuaire), 246, 247
LOCMARIAQUER (*loc* : lieu ; *ker* : village), 235
LOURDES, 207, 268
MOISSAC (nom propre : Mustius), 274
MONT-SAINT-MICHEL (LE), 275, 276
MONTPELLIER, 164, 250
NÎMES (*nem* : sanctuaire), 19, 65
NOTRE-DAME-D'ASPRES, 248
NOTRE-DAME-DE-L'ÉPINE, 249
NOTRE-DAME-D'OÉ, 248
NOTRE-DAME-D'OR, 249
NOTRE-DAME-DU-HAMEL, 248
PLEYBEN (*plé* : lieu de culte), 247
SAINT-ROCH-SUR-ÉGRENNE, 250
SAINTE-MÈRE-ÉGLISE, 248
SALETTE-FALLAVAUX (LA), 268

Étape de pèlerins
HÔTELLERIE (L'), 163, 249
HÔTELLERIE-DE-FLÉE (L'), 163, 249
PELLERIN (LE), 163
PELLERINE (LA), 163

Falaise
ALAISE (*alisa* : falaise), 17
ALISE-SAINTE-REINE (*alisa* : falaise), 17
ALLEX (*alisa* : falaise), 17
ALLEZ-ET-CAZENEUVE (*alisa* : falaise), 17-18
ESPALION (*spal* : falaise), 133

Faucon
MONFAUCON, 89
MONTFALCON, 89
MONTFAUCON, 89

Fenouil
FAUILLET, 139
FENOUILLER (LE), 139

Fer, forge *(ferrum)*
CHAROLS, 146
CHAROST (métier lié au fer ; charron), 146
CHARROUX, 146
FABRÈGUES (*fabrica* : forge), 145
FARGES-LÈS-CHALON (*fabrica* : forge), 145
FARGUES (forge), 145
FÉROLLES, 41, 144
FERRALS-LES-MONTAGNES, 41, 143-144
FERRASSIÈRES (*ferrasso* : plaque de fer), 41, 144
FERRES (LES), 41
FERRIÈRE-HARANG (LA), 145
FERRIÈRES, 43
FERRIÈRES-SUR-ARIÈGE, 145
FERRIÈRES-SUR-SICHON, 145
FERVACHES (*fabrica* : forge→Favarchis), 146
FERVAQUES, 146
FORGES-LES-BAINS, 146
FORGES-LES-EAUX, 146
FORNEX (*furnus* : four→Furnellis), 146
FOUR, 146
FOURCHAMBAULT (four à fonte), 144
FOURNAUDIN, 144
FOURNEAUX (LES), 146
FOURNEAUX, 144
FOURNELS, 144
FOURS, 144

Ferme
CRAMÉNIL (*crassus* : gros + *mansionile* : ferme), 123

Fève
FAVIÈRE (LA), 139

Figue *(fica)*
FIGANIÈRES (*fica nera* : figue noire), 57
FICAJA, 57
FIGARI, 57
FIGAROL (*ficari-olum* : lieu planté de figuiers), 57

LAFIGÈRE, 57

Fleuve
CHALON-SUR-SAÔNE, 163
CHAMBORD (*cambo* : courbe), 163
NARBONNE (Narbo : Aude), 19, 65

Fourmi *(formica)*
FORMIGUÈRES, 94

Framboise
FRAMBOISIÈRE (LA), 60

Frêne *(fraxinum)*
ACHIET-LE-GRAND (*ask* : frêne), 79
ACHIET-LE-PETIT (*ask* : frêne), 79
FRAIGNOT-ET-VESVROTTE, 80
FRAISSE, 80
FRAISSINES, 80
FRASSE (LA), 80
FRÈCHE (LE), 80
FRÉMONTIERS, 80
FRESNAY, 80
FRESNOIS, 80
FREYSSENET, 80

Friche
BOUYGUES (= friche dans le Massif central), 125
BOUYGUETTE (= friche dans le Tarn-et-Garonne), 126
BRACQUEMONT (*brak* : friche), 126
BRILLEVAST (*gast*→*vast* : friche), 124
CHAUMARD (*calamus* : chaume →friche), 125
CHAVILLE, 125
DÉSERTINES, 126
FRAUSSEILLES (*frauces* : terres incultes), 125
GASTES, 126
GASTINES, 126

Garance
GARENCIÈRES, 151

Garenne
GARENNE (LA), 92
GARENNES (LES), 92

Garrigue
GARRIC (LE), 126
GARRIGUES, 126

Genêt
BANNALEC (*banadloc* : genêt), 53

Glaïeul
CESCAU (*césque* : glaïeul), 54

Glaise
GLAIZIL (LE), 139, 152
GLEIZÉ, 152
SOISY-BOUY, 152

Gland
BALNOT-LA-GRANGE (*balanos* : gland), 124

Grenouille
CHANTRAINE (*rana* : grenouille), 93

Grue cendrée *(grus)*
GRUEY-LÈS-SURANCE, 88
GRUYÈRES, 88
LAGRUÈRE, 88

Gué
AMERT (*ambe* : rivière + *ritos* : gué), 162
AUBOUÉ, 162
BOUÉE (*bonum vadum* : bon gué →Bonwez), 113
NIORT (*novio* : nouveau + *ritum* : gué), 162
RIEUX (*roto-* : gué→Rius), 162

Guéret
GUÉRET, 241

Gui
BROUTHIÈRES (*brost* : gui→Brotereium), 53, 236

Hauteur
BORMES-LES-MIMOSAS (*bor* : hauteur), 55, 236
BRIE-COMTE-ROBERT (*briga* : Brie), 125
CAVAILLON (*cab-* : hauteur→Caballion), 19, 59
CLERMONT (mont clair), 15, 166, 183
COCUMONT (sommet arrondi), 162
CORDES (*cor* : hauteur), 208, 209
COUCOURON (*cuco* : meule + mont→sommet arrondi), 162

CUCURON (sommet arrondi), 162
DINARD (*din* : colline + *arth* : ours), 102
ÉGLETONS (*egletous* : mamelon), 53
GOURDON (*cor* : hauteur), 128, 209
MIRABEAU (*mirar* : regarder →belle vue), 62, 218
MIRABEL (*mirar* : regarder→belle vue), 62, 218
MIRABEL-AUX-BARONNIES (*mirar* : regarder→belle vue), 62
MIREBEAU (*mirar* : regarder →belle vue), 62
MIREBEL, 218
MIREPOIX (*mirar* : regarder→belle vue), 192
MIRIBEL (*mirar* · regarder→ belle vue), 62, 218
MONBAZILLAC (*mons* : mont + nom propre : Basilius), 65
MONT-ROC, 185
MONTALEMBERT (+ nom propre), 186
MONTAUBAN (*mons alba* : mont blanc), 160, 186
MONTAURIOL, 186
MONTBÉLIARD, 187
MONTCUQ (*cucuo* : pic), 185
MONTESPAN (+ nom propre), 186
MONTESQUIOU (+ nom propre), 186
MONTLHÉRY, 186
MONTLUÇON (mont clair), 126, 145, 174, 183
MONTMÉDY (+ nom propre : Madia), 187
MONTPELLIER (*mons puellarum* : colline des pucelles), 164, 250
PENNES-MIRABEAU (LES) (*mirar* : regarder), 218

Hirondelle
ALLONDRELLE-LA-MALMAISON, 87

Hôpital
HÔPITAL (L'), 249
HÔPITAL, 249
HÔPITAL-LE-GRAND (L'), 249
HÔPITAL-LE-MERCIER (L'), 249
HOSPITALET (L'), 249
HOSPITALET-PRÈS-L'ANDORRE (L'), 249
LESPITEAU, 249

Houx
BRUSTICO (*brustum* : houx), 53
QUELNEUC (*kelenn* : houx), 69

If
ÉVREUX (Eburovices : combattants de l'*eburos* : if), 80
IFFS (LES), 79

Île
ISLE-ADAM (L'), 185
ISLE-JOURDAIN (L'), 185
ISLE-AUMONT, 185
ISLE-D'ABEAU (L'), 185
ISLE-DE-NOÉ (L'), 185
ISLE-SUR-LA-SORGUE (L'), 185
LILLE, 184, 185

Lande
LALANDE, 134
LALANNE, 134
LANNE-SOUBIRAN, 134

Lapin
VILLECONIN (*conin* : lapin), 92

Lentilles
LENTILLÈRES, 139

Léproserie
LEVROUX (*vicus leprosus* : léproserie), 250
MALADIÈRES, 250
MALADRERIE, 250

Lieu fortifié
BONNEGARDE, 179
BONNEMAISON, 179
BONNEVILLE, 179
BOURG-ACHARD (+ nom propre : Achard), 179
BOURG-ARCHAMBAULT (+ nom propre : Archambault), 179
BOURG-BEAUDOUIN (+ nom propre : Beaudouin), 179
BOURG-DE-BIGORRE, 180
BOURG-EN-BRESSE, 180
BOURG-L'ÉVÊQUE, 179

Bourg-la-Reine, 179
Bourg-le-Roi, 179
Bourganeuf (*neuf* : nouveau), 180, 283
Bourget (Le), 180
Bourget-du-Lac (Le), 180
Broyes-les-Loups-et-Verfontaine (*broye* : hauteur), 180
Carlux, 180
Caylus, 180
Châlus, 180, 181
Castelbajac, 181
Casteljaloux, 181
Castelnau-d'Aude, 181
Castet-Arrouy, 181
Castetbon, 181
Castetpugon, 181
Castiglione, 181
Falaise, 34, 176, 177, 188
Ferté, 183
Ferté-Alais (La) (+ nom propre : Adélaïde), 183
Ferté-Bernard (La) (+ nom propre : Bernard), 183
Ferté-Milon (La) (+ nom propre : Milon), 183
Fougères, 189, 190, 191
Guerche-de-Bretagne (La) (*werki* : fortification→Wirchia), 184
Guerche-sur-l'Aubois (La), 241
Monaco (*monos oïkos* : temple unique), 15
Montfermeil (*firmus* : fermeté →fermeil), 185
Montfermier (*firmus* : fermeté), 185
Nevers (*Novio dunum* : forteresse), 17
Verdun (*Vero dunum* : forteresse), 11, 174, 175, 196
Verdun-sur-Garonne, 196
Verdun-sur-le-Doubs, 196

Lieu sûr
Croisty (Le) (ordre du Temple), 245
Saint-Martin-la-Sauveté, 245
Salvetat (La), 245
Sauveterre-de-Béarn, 245
Sauveterre-de-Guyenne, 245
Temple (Le) (ordre du Temple), 245

Lilas
Lilas (Les), 56

Lin
Lignières, 149
Lignières-la-Carelle, 149
Lignières-Sonneville, 149
Lignorelles, 149
Lincheux-Hallivillers, 150
Linselles, 150
Linzeux, 150

Lis
Dammarie-les-Lys, 50

Loriot
Auriol (*aureolus* : loriot), 87
Loriol, 87

Loup *(lupus)*
Busloup, 96
Chanteloup, 96
Loupfougères, 133
Louvil, 134
Louvre, 134, 141
Louvres, 134
Lupsault (*saltus* : défilé aux loups), 96
Saut-du-Loup (Le), 96
Villar-Loubière, 96
Villeneuve-Loubet, 96

Marais
Brach (*brachu* : vallée marécageuse), 126
Bragelogne-Beauvoir (*bracu-* : marais→Brachenoille), 126
Mousseau-lès-Bray, 169
Pantin (*unum Pentini alodium* : marécage), 169
Pommard (*pol* : mare + *marka* : terrain), 67

Marché
Riom (*Rio magus* : marché du roi), 13
Rouen (*Roto magus* : marché), 17, 175
Senlis (*Rat* : forteresse + *magos* : marché ; puis *civitas Silvanectum* : cité des Silvanectes), 22

Marguerite
Margerides, 55
Margerie-Chantagret, 55
Marguerittes, 55

Merle
Chantemerle, 88
Mêle-sur-Sarthe (Le), 88
Meslay, 88

Mimosa
Bormes-les-Mimosas, 55, 236

Mine
Anzin (nom propre : Anso), 44, 142
Aurec-sur-Loire (nom propre : Aurius), 143
Auriac (nom propre : Aurius), 143
Aurillac (nom propre : Aurius), 39, 143, 238
Carmaux, 142
Creusot (Le) (creux), 142
Decazeville (nom propre : Decazes), 142, 226
Mignères, 43
Minière (Les), 43
Montceau-les-Mines, 43
Plombières-les-Bains (source contenant du plomb), 143
Plombières-lès-Dijon (source contenant du plomb), 143
Saint-Éloy-les-Mines, 43, 142, 251
Saint-Laurent-le-Minier, 142, 251
Sainte-Croix-aux-Mines, 142
Sainte-Marie-aux-Mines, 44, 142, 144, 251

Moulin
Bécherelles (surnom), 155
Brissac-Quincé (où le meunier brise les sacs), 155
Contremoulins, 40
Coupied, 155
Écoute-s'il-Pleut, 155
Issy-les-Moulineaux, 156
Mitsou (la farine était *mixta* : plus ou moins pure), 155
Mocquesouris, 155
Moulin d'Enfer, 155
Moulin-Gabot (dont le meunier se moquait [*gabot*] des gens), 155
Moulin-Maillard, 155
Moulins (Molinae), 155
Quicangrogne, 155
Ricangrogne, 155
Tabarderie (*tabard* : bruit, bruyant), 155
Triche (La), 155
Vauchoux (moulin à foulon), 152

Mulet
Mulatière (La), 106

Mur, muraille
Murat, 194, 195
Muret, 194, 195
Murol, 194, 195
Muron, 194

Mûre
Pin-Moriès (*moriès* : mûrier), 83

Noisette
Abère (*aballena* : noisette), 76
Ablois-Saint-Martin (*avellana* : noisette), 61
Aulaines (*avellana* : noisette), 61, 76
Caure (La) (*corylus* : noisetier →courra), 76
Caurel (*corylus* : noisetier →courra), 76
Cauroir (*corylus* : noisetier →courra), 76
Corroy (*corylus* : noisetier →courra), 76
Voissay (*vaissa* : noisette), 76

Noix *(nucaria)*
Nocario, 58
Noceta, 58

NOËS (LES), 58
NOËS-PRÈS-TROYES (LES), 58
NOGARO, 58
NOGUÈRES, 58
NOISEAU, 58
NOISIEL, 58
NOISY-LE-GRAND, 58
NOISY-LE-ROI, 58
NOISY-LE-SEC, 58
NOISY-SUR-ÉCOLE, 58
NOISY-SUR-OISE, 58
NOJALS-ET-CLOTTE, 58
NOUGAROULET, 58
NOYERS-PONT-MAUGIS, 58
NOYERS-SAINT-MARTIN, 58
NOYERS-SUR-JABRON, 58

Nymphe
BAGNEAUX, 237
BAGNÈRES-DE-BIGORRE, 237
BAGNÈRES-DE-LUCHON, 237
BAGNEUX, 237
BAGNOLET, 237
BAIGNEUX-LES-JUIFS, 237
BAIN-DE-BRETAGNE, 237
BANYULS-SUR-MER, 237

Oie
LOYE (LA), 134
LOYES, 134
LOYETTES, 134

Oignon
VALCIVIÈRES, 139

Oiseau
CHANTOISEAU, 87

Olive
CHAMPOLÉON (*campus olivus* : mont des Oliviers), 58, 59
OLLIOULES *(Ilivola)*, 59
OLIVET (mont des Oliviers), 59
OLIVES (LES), 59
OLIVESE, 59
OLIVIER, 59

Or
AURIBAIL, 143
AURIBEAU, 143
AURIÉBAT, 143
AURIÈRES, 41, 143

Oratoire
BELHOMERT-GUÉHOUVILLE (Lhomer : nom du fondateur), 244
CONSOLATION-MAISONNETTES, 244
LOREUR (LE) (*oratorium* : oratoire), 244
LOROUX (LE), 244
LOURDOUEIX-SAINT-PIERRE, 244
LOUROUX-BOURBONNAIS, 244
ORADOUR-SUR-GLANE, 244
ORADOUR-SUR-VAYRES, 244
OZOIR-LA-FERRIÈRE (*oratorium* : oratoire), 244
OZOUER-LE-REPOS, 244
OZOUER-LE-VOULGIS, 96

Orme
DOMPIERRE-LES-ORMES, 77
OLMES (LES), 77
OMET, 77
ORMEAUX, 77
ORMES-SUR-VOULZIE (LES), 152
ORMESSON, 77
ORMOY, 77
OULMES, 77

Ortie *(urtica)*
URTIÈRE, 94

Ours *(artos)*
ARTAISE-LE-VIVIER, 102
ARTAIX, 102
ARTALENS-SOUIN, 102
ARTANNES, 102
ARTAS, 102
ARTHAZ-PONT-NOTRE-DAME, 102
ARTHEL, 102
ARTHÈS, 102
ARTHEZ-D'ARMAGNAC, 102
ARTHEZ-D'ASSON, 102
ARTHUN, 102
DINARD (*din* : colline ; *arth* : ours→colline aux ours), 102
SAINT-MARTIAL-D'ARTENSET, 102

Palier
POMPIDOU (LE) (*pumpidou* : palier), 124

POMPONNE, 124

Passage
GRAU-DU-ROI (LE) (*gradus* : passage), 164

Pêche
(*piscis* : poisson ; *piscatoria* : pêcherie)
HARENGÈRE (LA) (nom propre : Hareng), 142
LAVANNES (*venna* : réserve de pêche), 140
PECQUEUR, 141
PECQUEUSE, 140, 141
PÉGAIROLLES-DE-BUÈGES (*pic* : poix pour le calfatage), 140
PÉGOMAS (*pic* : poix pour le calfatage), 140
PESCADOIRES, 141
PESCHADOIRES, 141
POIX-DU-NORD (*piceio* : vivier), 141
POIX-TERRON (*piceio* : vivier), 141

Pie
CHANTEPIE, 91

Pin
PIN-MORIÈS (*moriès* : mûrier), 83
PIN (LE), 83
PIN-AU-HARAS (LE), 83
PIN-LA-GARENNE (LE), 83
PINAY, 83
PINEAUX (LES), 83
PINET (LE), 83
PINEUILH, 83
PINO, 83
PINOLS, 83
PINS (LES), 83
PIS, 83
ROQUEFORT-LES-PINS, 83

Plaine
BALADOU (*ballatorium* : lieux plat où l'on danse), 124
MEULAN (*mediolanum* : plaine du milieu), 90

Pomme
(apuldr- ; aballo)
AVAILLES-LIMOUZINE, 66
AVAILLES-SUR-CHIZÉ, 66
AVAILLES-SUR-SEICHE, 66
AVALLON, 66, 72
AVOUDREY, 66
ÉPÉGARD (*appel-gart* : jardin de pommiers), 66
ÉVAILLÉ, 66
POMARÈDE, 67
POMAREZ, 61
POMEYS, 67
POMMERAIE-SUR-SÈVRE (LA), 67
POMMERAYE (LA), 67
POMMERET, 67
POMMERIT-LE-VICOMTE, 67
POMMIER, 67
POMMIERS, 66
POMMIERS-MOULONS, 66
POMPS, 67

Pont
AMIENS (*briva* : pont ; Samara : Somme→Samarobriva ; puis Ambianum [Ambiani : Belges]), 160, 162
BRIVE-LA-GAILLARDE (*briva* : pont), 17, 45, 163, 191, 211
PAIMPONT (pennpont : bout du pont), 72
POMMEUSE (*pons* + Macra : actuel Grand-Morin), 67
PONT-AUDEMER (bâti par Hebert), 162
PONT-L'ABBÉ, 162, 168
PONT-L'ÉVÊQUE, 162
PONT-SAINT-ESPRIT, 162
PONTOISE, 46, 189

Porc, porcherie
PORCHEUX, 115
PORCIEU-AMBLAGNIEU, 115
POURCHARESSES, 115
POURCIEUX, 115
POURCY, 115
SUAUX (*sutis* : porcherie), 114
TRUIE-PENDUE, 115

Port fluvial
PORT-LAUNAY (rivière Aulne →Aulnay), 163

PORT-MORT, 163-164
PORT-SAINT-LOUIS-DU-RHÔNE, 164
PORT-SAINT-PÈRE, 164
PORT-SAINTE-FOY-ET-PONCHAPT, 164
PORT-SUR-SAÔNE, 163
PORT-SUR-SEILLE, 163
PORTE-JOIE, 164
SEINE-PORT, 163

Port maritime
AIGUES-MORTES (*aqua mortua* : eaux stagnantes), 164
AUDIERNE (saint Guédian : Goaien), 140
BOULOGNE-SUR-MER (*bonal* : fondation ; puis Portus Itius), 140
CALAIS (*kal* : pierre), 140
CAMARET (*camp* : champ), 140, 168
CONCARNEAU (« baie de Cornouailles »), 140
DIEPPE (*deop* : profond), 140
DOUARNENEZ (île de saint Tutuarn), 140, 240
FÉCAMP (*fisk* : poisson + *hafn* : port), 99, 140
HARFLEUR (port à hautes eaux dans une crique), 142
LORIENT (Orient), 138, 140
PALAVAS-LES-FLOTS (*palus* : marais), 18, 164

Poterie
POSSONIÈRE (LA), 153
POTELIÈRES, 153
POTERIE (LA), 153
POTERIE-AU-PERCHE (LA), 153
POTERIE-MATHIEU (LA), 153
POTHIÈRES, 153
ROUILLY, 153

Prune
POURNOY-LA-CHÉTIVE, 62
POURNOY-LA-GRASSE, 62
PRENOIS, 62
PRÉNY, 62
PRUGNANES, 62
PRUGNY, 62
PRUNELLI-DI-CASACCONI, 62
PRUNELLI-DI-FIUMORBO, 62
PRUNIÈRES, 62
PRUNIERS, 62
PRUNOY, 62

Renard
FIXEM (*fuchs* : renard), 97
GOUPILLIÈRES, 98
RENARDIÈRE, 98
VERPILLIÈRES (*vulpicula* : renard), 98

Roche
AUMALE (*alba margila* : marne blanche), 139
BIARRITZ (= les deux roches), 225
CORENT (*coren* : basalte), 41, 138
CRUAS (calcaire), 138
DACHSTEIN (*dachstein* : ardoisière), 139
GLAIZIL (LE) (glaise, argile), 139, 152
LABOULBÈNE (*boulbeno* : silice), 139

Rose
FONTENAY-AUX-ROSES, 52
HAŸ-LES-ROSES (L'), 52
ROSIERS-D'ÉGLETONS, 53

Sanglier
SINGLEYRAC (*singularis* : sanglier), 101
TURGON (*turco-* : sanglier), 101

Sapin
SAP (LE) (*sappo* : sapin), 82
SAP-ANDRÉ (LE) (*sappo* : sapin), 82
SAPOGNE-SUR-MARCHE (*sappo* : sapin), 82
SAPOIS (*sappo* : sapin), 82, 138
SAPPEY (LE) (*sappo* : sapin), 82
SEPPOIS-LE-BAS (*sappo* : sapin), 138
SEPPOIS-LE-HAUT (*sappo* : sapin), 138
THANN (*tanna* : sapin), 82
THANNENKIRCH (*tanna* : sapin), 82
THANVILLÉ (*tanna* : sapin), 82

Seigle
COURSEGOULES (*segle* : seigle), 139

Sel
ARC-ET-SENANS, 168
LONS-LE-SAUNIER, 168

SALCES (LES), 168
SALIES-DE-BÉARN, 169
SALIN-DE-GIRAUD, 168
SALINDRES, 169
SALINELLES, 169
SALINS-D'HYÈRES, 168
SALINS-LES-BAINS, 168
SALINS-LES-THERMES, 168
SALLES (LES), 169
SAULNIÈRES, 169
SAULXURES-LÈS-NANCY, 168
SAUNIÈRE (LA), 169
SAUSSES, 168

Serpent
COLLOBRIÈRES (*colubra* : couleuvre), 93
DRACHENBRONN-BIRLENBACH (*drache* : dragon, serpent), 93
SERPENT (LA), 92-93
YVRENCH (*vipera* : vipère), 93

Source
CAHORS, 236
NEMOURS, 153
SAULXEROTTE, 168
SAULXURES-LÈS-BULGNÉVILLE, 168
SAULXURES-SUR-MOSELOTTE, 168

Souterrain (*fodiculare* : creuser)
ARFEUILLE-CHÂTAIN, 172
ARPHEUILLES, 172
ARPHEUILLES-SAINT-PRIEST, 172

Taupe *(darbon)*
DARBONNAY, 91

Terres cultivées
COUTEUGES (*cultus* : cultivé ; *ialo* : champ→Coulteugheo), 123
COUTHURES-SUR-GARONNE, 123
COUTIÈRES, 123
COUTURES, 123

Terres cultivées par des colons *(colonica)*
COLLANGES, 36
COLLONGES, 36
COLLONGES-AU-MONT-D'OR, 36, 131
COLLORGUES, 36
COULOGNE, 132
COULON, 133
COULONGES, 36
COULONGES-SUR-L'AUTIZE, 36, 131
COULONVILLERS, 132, 133

Terres défrichées (brûlis)
CLIOUSCLAT (*clivum usclatum* : pente brûlée), 135
CREMPS (*cremar* : brûler), 135

(essarts)
ESSARTS-LE-ROI (LES), 135
ESSARTS-LE-VICOMTE (LES), 135
ESSERVAL-COMBE, 135
ESSERVAL-TARTRE, 135
LESSARD-LE-NATIONAL, 135
SAINT-JEAN-DES-ESSARTIERS, 135

Terres pauvres
BALLEDENT (bala-dent : agite la dent→terroir ingrat), 124
BAPAUME (bat des paumes en signe de désespoir), 124
BARBOUX (LE) (bois barbu : où poussent les lichens), 124
BÉVENAIS (*bovinus* : mauvais pâturages pour les bœufs), 124
CRAU (LA) (*car* : pierre→terre caillouteuse), 123
CRAVANS, 123
CRAVENT, 123
CREVANT, 123
ERRE (*hare* : terre aride→Hera), 125
GOULAFRIÈRE (LA) (*goulafrer* : dévorer ; terre ingrate qui engloutit tout investissement), 133
LALANDE (landes), 134
LALANNE (landes), 134
LANNECAUBE (landes + *calva* : chauve), 134
LOUPFOUGÈRES, 133
MALLEMOISSON (mauvaise moisson), 133

Terres riches
BEAUCROISSANT (*bellicrescentis* : terre fertile), 122

BEAUVALLON, 122
BEAUVILLE, 122
BEAUVILLIERS, 122
BEAUVOISIN (*vicus* : communal), 122
BELLENAVES (*nava* : plaine encaissée), 122
CAMOU-CIHIGUE (*camou* : terrain fertile), 125
CAMOUS, 125

Thym
PIMBO (*pimbou* : thym), 87

Tilleul *(tilia ; lind)*
LINDEBEUF (*lind* : tilleul + *bodh* : abri), 80
LINTOT, 80
LUTILHOUS (*lucus* : bois sacré + tilleuls), 138
TEILLEUL (LE), 80
THEIL (LE), 80
THEY-SOUS-VAUDÉMONT, 80
THIEUX, 80
TILH, 80
TILLOLOY, 80
TILLOU, 80

Tourterelle *(turtur)*
TOURTRÈS, 89

Tremble *(tremulus)*
TREMBLAY-LES-VILLAGES, 82
TRIMOUILLE (LA), 82

Tuf
MALAUCÈNE (*malausseno* : mollasse, tuf), 83

Tuilerie
THIEULLOY-L'ABBAYE, 152
THIEULLOY-LA-VILLE, 152
THIEULOYE (LA), 152
THIOLIÈRES, 152
TUILERIE (LA), 152
TUILES (LES), 152

Vache *(vacca)*
BRAMEVAQUE (bramar : crier→le colchique, plante vénéneuse, fait meugler les vaches), 53, 113
TROUSSE-VACHE, 114
VACHÈRES, 113
VACHERESSE, 113
VACHERESSE-ET-LA-ROUILLIE (LA), 113
VACHERIE (LA), 113
VACQUERETTE-ERQUIÈRES, 113
VACQUERIE (LA), 113
VACQUERIE-LE-BOUCQ, 113
VACQUEYRAS, 113
VACQUIERS, 113

Vallée
LAVAULT-SAINTE-ANNE (vallée encaissée), 140
VERGNE (LA), 79
VERNAJOUL, 79
VERNAY, 79
VERNE, 79
VERNET, 79
VERNEUIL, 79
VERNEUIL-L'ÉTANG, 79
VERNEUIL-SUR-AVRE, 79
VERNEUIL-SUR-INDRE, 79
VERNEUIL-SUR-SEINE, 79
VERNEUIL-SUR-SERRE, 79
VERNEUIL-SUR-VIENNE, 79
VERNINES, 79
VERNIOLLE, 79
VERNOUILLET, 79

Verrerie *(vitrina)*
GLACERIE (LA), 153
VÉDRINES, 153
VERRERIE, 153
VERRIÈRES, 153
VERRIÈRES-DE-JOUX, 153
VERRIÈRES-DU-GROSBOIS, 153
VERRINES, 153
VITROLLES, 150

Vigne
SAINT-THIBAULT-DES-VIGNES, 63
VIGNATS, 63
VIGNAU (LE), 63
VIGNAUX (LES), 63
VIGNEAUX (LES), 63
VIGNEMONT, 64
VIGNES, 64

VIGNEUL-SOUS-MONTMÉDY, 63

Ville franche
FRANCHEVILLE, 127
VILLEFRANCHE, 127
VILLEFRANCHE-DE-ROUERGUE, 39
VILLEFRANCHE-SUR-SAÔNE, 39

Ville neuve
BEAUCHALOT (nom propre : Raoul Chaillot), 44, 130, 215
BEAUMARCHÉS (nom propre : Eustache de Beaumarchais), 44, 130
BLANCHEVILLE (Blanche de Champagne-Navarre), 130, 216
BRIATEXTE (Simon Briseteste = brise-tête), 131
VILLENEUVE-D'OLMES, 192
VILLENEUVE-LE-COMTE, 38, 127, 218
VILLENEUVE-SAINT-DENIS, 127

Table

Lieux de naissance et naissance des lieux 7

La nuit des temps 12
Au temps de nos ancêtres gaulois 16
Les Romains sont dans la plaine 19
Les femmes des Barbares prêtent aussi leur nom... 22
Les saints des paroisses 25
Les noms de lieux ne sont pas innocents 29
Les noms déguisés 31
Les Barbares s'affichent au village 33
Les villages des défricheurs 37
Les noms de métiers 40
Noms illustres 44

1. Des fruits, des arbres et des fleurs 47

Les fleurs royales 49
Les fleurs des champs 52
Corbeilles de fruits 56
Les fruits de la vigne 63
La reine des fruits 66
Le chêne et le roseau 69
Le châtaignier corse 73
Le roi des aulnes 75
Les pins d'Italie 79

2. Des oiseaux, des cerfs et des petits lapins 85

La pie voleuse 87
Les villages de castors 91
Goupils et Ysengrins 94

Les ours sont à Dinard! 98
Les chevaux sont partout 103
L'âne 105
La chèvre de monsieur Seguin 107
La civilisation de la vache 111

3. *Les charrons, les meuniers et les fondeurs d'étain* 117

La terre commande 120
Les bons et les mauvais terrains 123
Les moines défricheurs 127
Les bastides 128
Villages de pionniers 131
À la conquête des terres 134
Des noms pleins de relief 138
Noms de bord de mer 140
Noms de mines 142
Les moines métallurgistes 146
Les ailes de nos moulins 154

4. *Brigands, routiers et gens de guerre* 157

Les routes sont bavardes 160
On voyage sur les fleuves 163
Gare aux malandrins! 164
Les greniers à sel 166
Bandits de grands chemins 170
Les citadelles à prendre 172
Les cent mille forteresses du royaume de France .. 174
Le Bourget est un fortin! 179
Château-Gaillard tombe aussi... 188
Tous les villages ont leur château 191

5. *Les étrangers au village* 197

Les noms barbares 200
Les juifs 203
Les Bretons 205
Les Espagnols 206
Des noms extravagants 207

Le rappel des batailles 211
L'histoire est passée par là! 214
Les illustres familles 215
À tout seigneur tout honneur 218

6. Saints de garde et de sauvegarde 229

Des noms sans religion 234
Les moines ne se reposent jamais 238
Villages pieux 244
Saints guérisseurs 249
Sainte Bretagne 254
Saints du midi 258
De martyrs en villages 261
Des saints venus d'ailleurs 266
Des saints concurrents 270
Saints nationaux 273

La corbeille des villages de France 279

Index général 289

Index des noms propres 315

Index de la faune, de la flore et du terroir 327

La composition de ce livre
a été réalisée par Charente-Photogravure à L'Isle-d'Espagnac
l'impression et le brochage ont été effectués
sur presse CAMERON
dans les ateliers de BCA à Saint-Amand-Montrond
pour les éditions Albin Michel

Achevé d'imprimer en juin 1993.
N° d'édition : 13027. N° d'impression : 93/378.
Dépôt légal : juin 1993.